# BALÓN
# DIVIDIDO

# JUAN VILLORO

# BALÓN DIVIDIDO

Planeta

Diseño de portada: Óscar O. González
Fotografías de portada: Shutterstock

© 2014, Juan Villoro

Derechos reservados

© 2014, Editorial Planeta Mexicana, S.A. de C.V.
Bajo el sello editorial PLANETA M.R.
Avenida Presidente Masarik núm. 111, 2o. piso
Colonia Chapultepec Morales
C.P. 11570, México, D.F.
www.editorialplaneta.com.mx

Primera edición: abril de 2014
ISBN: 978-607-07-2124-3

También disponible en e-book

Impreso en los talleres de Litográfica Ingramex, S.A. de C.V.
Centeno núm. 162-1, colonia Granjas Esmeralda, México, D.F.
Impreso y hecho en México - Printed and made in Mexico

# Índice

El 12 de junio de 2011 llegué al paralelo 38 para visitar la Zona Desmilitarizada que divide a Corea del Sur y Corea del Norte. La tierra de nadie es una franja donde crece la vegetación y prospera la fauna silvestre. A lo lejos se distinguen las casetas de vigilancia de un mundo próximo y rigurosamente extraño. En la cerca del lado sur hay papeletas con consignas de paz y reunificación. Casi todas son colocadas ahí por escolares. Escogí una al azar y le pedí a mi intérprete que la tradujera:

«Quiero jugar futbol con niños de Corea del Norte», decía el mensaje. Recordé una socorrida expresión de los cronistas de futbol: «balón dividido». El placer elemental por el juego había llegado a la frontera más vigilada del mundo.

Disputar por una pelota es una peculiar forma de estar unidos. Las historias de este libro surgen de esa imprescindible tensión.

En la tierra de nadie, el cronista aguarda el momento en que los adversarios muestren que uno no existe sin el otro.

# Onetti, vendedor de entradas

En un tiempo en que los personajes literarios fumaban mucho, Juan Carlos Onetti reinventó el arte de respirar. La voz del escritor uruguayo tiene el ritmo de lo que debe ser dicho con suave firmeza; las verdades, siempre dolorosas, son amortiguadas por un tono cómplice y piadoso. Sus personajes se embarcan en proyectos sin futuro y amores contrariados; luchan por imponer una razón que sólo ellos conocen. Pierden en el mundo de los hechos, pero conservan la dignidad de quien supo oponerse a la evidencia.

Curiosamente, el supremo artífice de la devastación fue durante un tiempo un vendedor de ilusiones. El 10 de julio de 1937 escribe en una carta: «Novedades no hay —salvo que me han prometido emplearme como vendedor de entradas en el Estadio o cancha del Nacional de Fútbol; creo que el domingo ya entraré en funciones».

Hugo Verani dio a conocer en 2009 la correspondencia del autor de *La vida breve* con el pintor y crítico de arte argentino Julio E. Payró, a quien dedicó dos veces *Tierra de nadie* (primero se limitó a escribir el nombre del amigo; veinticuatro años después agregó: «con reiterado ensañamiento»).

Onetti fue peón de albañil, pintor de paredes, portero de un edificio, vendedor de máquinas de sumar y neumáticos hasta que pasó a las esforzadas tareas del periodismo (llegó a dormir en la sala de una redacción). Su trabajo más extraño fue el del Estadio Centenario. ¿Qué es un vendedor de entradas si no un promotor de la esperanza? Una magnífica ironía hizo que el puesto recayera en un inventor de derrotas.

En las *Cartas de un joven escritor*, el novelista recomienda ver Montevideo «desde el mástil del estadio»: «Frente a mí, el pueblo; encima mío, el orgulloso mástil donde flameara la insignia de la historia, las gloriosas tardes de 4 a 0, 4 a 2 y 3 a 1, la gloria entre aullidos, sombreros, botellas y naranjas» (alude al Mundial de 1930 y a la final en que Uruguay ganó 4-2 a Argentina).

En las cartas habla de su «absoluta falta de fe». Un rabioso escepticismo le permite decir: «Me está madurando una cínica indiferencia». Los escritores se han servido del futbol de muy diversos modos (uno de ellos ha sido ignorarlo). En el caso de Onetti, el trabajo en la cancha le sirvió de irónico contrapeso emocional: «Me voy para el *Stadium* a fin de crearme una sensibilidad de masas, multitudinaria y unanimista». Nada más ajeno al autor de *El astillero* que lo unánime, pero siente esa entusiasta tentación cuando «raja pal *jurgo*» (cuando «va al fútbol»).

La correspondencia revela que en 1937 escribía una obra de teatro que se perdió: *La isla del señor Napoleón*. En forma típica, abordó al emperador en su desgracia, cuando ya sólo podía comandar reproches.

¿Qué clase de aficionado al futbol fue Onetti? En una carta dice: «Un personaje de mi libraco le hace la apología de una isla fantástica a una mujer triste. Ella lo escucha y luego le dice: "¿Pero todo eso es mentira, verdad?". Él, desolado, asiente. La muchacha sonríe: "Pero no importa. De todos modos esa isla es un lugar encantador. ¿No le parece?"». Hay mentiras necesarias, falsedades que alivian. Seguramente vio los partidos de ese modo. César Luis Menotti coincide con él: «El fútbol es el único sitio donde me gusta que me engañen».

En sus libros y en el Estadio Centenario Onetti permitió la entrada a un entorno que mejora por lo que creemos y mostró que la gloria es, a fin de cuentas, una causa modesta que ocurre «entre aullidos, sombreros, botellas y naranjas».

Declararse discípulo de Onetti es una forma absurda de la vanidad: el maestro es único. Sin embargo, de tanto leerlo he concebido una ilusión menor. No lo veo como el entrenador que me revela mi posición en el equipo ni como el delantero estrella al que debo darle un pase. Su legado me llega de un modo más sencillo, como lo que fue por corto tiempo: un vendedor de entradas.

Los libros de Onetti me convencieron de que la ilusión de escribir es posible. Imagino que una tarde de sol me entrega un boleto en la taquilla, como un salvoconducto para pasar de los libros y al estadio. Lo hace con magnífico desgano, sin responsabilizarse de las consecuencias.

Este libro combina las pasiones de la literatura y el futbol. No existiría sin los magos del gol, pero tampoco sin los maestros que me convencieron de un axioma: la realidad mejora por escrito.

«Entre aullidos, sombreros, botellas y naranjas», comienza el partido.

# La pasión muere al último

No es por presumir, pero me llevo bien con la derrota. El mérito no es mío sino del futbol mexicano. Si nuestra alegría dependiera del marcador seríamos profesionales de la tristeza. Los resultados adversos y los goles fallados a un metro de la portería nos han acostumbrado a disfrutar del juego sin pedirle demasiado a la diosa Fortuna.

Cuando un seleccionado nacional anota un gol de tijera, como la que Negrete logró en el Mundial de 1986 o la que Raúl Gutiérrez cuajó a unos segundos de que terminara un partido de eliminatoria en 2013, decimos que se trata de una jugada de «otro partido», muy distinto al que se disputa en ese momento en el Estadio Azteca.

Nuestro grito de guerra, «¡Sí se puede!», es un recordatorio de que los nuestros casi nunca han podido. De acuerdo con el doctor Johnson, el que se vuelve a casar demuestra «el triunfo de la esperanza sobre la experiencia». Lo mismo define al aficionado mexicano. Su fe en el equipo no proviene de la realidad sino de la zona de las promesas incumplidas. La victoria es para nosotros un milagro. Si ocurre, lo celebramos en el Ángel, estatua que representa a un cartero del cielo; si no ocurre, descubrimos que lo importante no era ganar sino echar desmadre juntos.

El hincha mexicano hace que la pasión no dependa de los récords sino de la fantasía. Sin llegar al masoquismo de perder adrede, administra los infortunios con la resignación de un filósofo estoico. Una derrota de Brasil hace que los televisores salgan volando por las ventanas. Una derrota mexicana provoca que pidamos más cervezas y nos traslademos al reino de la fantasía para cantar con reivindicativo orgullo: «pero sigo siendo el rey...»

¿Acaso estamos locos? No lo creo. La fiesta nos interesa más que el motivo para celebrarla. En el fondo, somos realistas: convencidos de que no llegaremos lejos, disfrutamos el lugar que los goles nos deparan. Esto en modo alguno significa que seamos conformistas, pues no dejamos de rezarle a Nuestra Señora de la Chiripa.

Vivir el futbol desde México me ha convertido en coleccionista de situaciones ajenas al triunfo que no por ello están exentas de grandeza.

En el espléndido libro colectivo *Memorias de San Mamés*, el legendario José Ángel Iríbar, portero que alcanzó una fama similar a la de Lev Yashin, comenta que la mejor jugada del Athletic de Bilbao no ha sido un gol ni una espectacular parada. De los muchos lances de su prolífica vida, elige uno que no protagonizó, pero que cambió para siempre su concepción del juego.

Telmo Zarra fue seis veces Pichichi de la Liga española, anotó un inolvidable tanto contra Inglaterra en Maracaná, en el Mundial de 1950, y se convirtió en dueño de todas las estadísticas relacionadas con el gol. Su especialidad era el remate de cabeza. Como el país vasco suele mirar con admiración hacia Inglaterra, se dijo que Zarra tenía «la mejor cabeza de Europa después de Churchill».

Sólo en una ocasión fue expulsado, lo cual habla de su caballerosidad en el campo. La jugada que llamó la atención de Iríbar tiene que ver con esa conducta ética. Obsesionado por el gol, Zarra no deseaba ganar a cualquier precio. En un partido contra el Málaga, el arquero Arnau se lesionó a unos metros de él, dejando abierta la portería. En un gesto que honra la invención del futbol, el más temible de los goleadores echó el balón afuera de la cancha. Este indulto disminuyó su abultado palmarés, pero le ganó la Insignia de Oro del club Málaga y la admiración de quienes creen que la honestidad puede existir en la oficina más peleonera del planeta: el área chica.

En un brillante texto publicado en el periódico *Récord*, Miguel Mejía Barón contó la siguiente anécdota: «Mi compañero Héctor Sanabria cometió una falta que el árbitro no sancionó con la severidad que merecía… Don Renato [Cesarini, entrenador de Pumas en 1963], le comentó a Héctor: "Si el juez no te expulsó, yo sí lo hago", y ante el asombro de mi compadre y de todos nosotros lo sacó de la cancha y no lo sustituyó por ningún suplente».

En ese mismo artículo, Mejía Barón recuerda el gesto del delantero alemán Miroslav Klose, que en 2005 recordó que el *fair-play* puede tener un sitio en el competitivo ámbito de las patadas. Jugando con el

Werder Bremen, recibió una entrada de un defensa del Arminia Bielefeld que hizo que Herbert Fandel, árbitro del partido, marcara penalti. En forma inaudita, Klose se acercó al silbante y le dijo que no había sido falta. Después de consultar con su abanderado, el juez rectificó su decisión. «Nunca vi nada parecido en veinticinco años de arbitraje», comentó al respecto. No es común que la ética prevalezca en un oficio donde el insigne Diego Armando Maradona le robó una picardía al destino para anotar con la mano ante Inglaterra. La mayoría de los futbolistas buscan y fingen faltas. Pero hay excepciones, y esas deben ser recordadas.

El astro de las canchas suele ser un egoísta que sólo por azar practica un deporte de conjunto. La mejor jugada es la que lo beneficia a él. A Cristiano Ronaldo le cuesta mucho trabajo festejar un gol en el que no participó. Protagonista absoluto de la gesta, se siente como actor de reparto si otro anota, aunque lo haga para su propio equipo.

La inmensa mayoría de los delanteros sienten el futbol de ese modo pero no se atreven a decirlo. El narcisismo de Cristiano es tan sincero que nos hace olvidar otras de sus facetas. Una de las desgracias de ver partidos por televisión es que la cámara es esclava de la pelota; sólo vemos lo que ocurre en las inmediaciones del balón; esto impide advertir los largos desplazamientos de los jugadores que no participan en esa jugada pero aspiran a protagonizar la siguiente. Los recorridos de CR7 en el Real Madrid son tan formidables y sacrificados como los de Sergio Ramos; baja a defender y participa en lances sin gracia a cambio de recuperar el balón. Desde el punto de vista atlético es ampliamente generoso. No lo es desde el punto de vista emocional: el abnegado jugador que recorre el campo una y otra vez sólo abraza a quienes lo felicitan.

A muchos otros les gustaría actuar con el mismo descaro, pero carecen de la contundencia anotadora para que su egoísmo se perdone. Por eso llama tanto la atención que un futbolista como el francés Eric Cantona, a quien nunca le faltó protagonismo, considerara que la mejor jugada de su vida no era un gol. En la excelente película *Looking for Eric*, dirigida por Ken Loach, el delantero que vistió en forma inolvidable la camiseta roja del Manchester United repasa sus partidos y elige la siguiente jugada perfecta: un pase de gol. Con elocuencia, explica que el futbol no sería nada sin la presencia de los otros. Acabar una jugada es menos importante que crearla.

No se necesita ser un sufrido espectador mexicano para entender que algunos de los mayores momentos del futbol son ajenos al gol. Zarra se negó a sí mismo para no humillar a un guardameta injustamente abatido. El centro delantero del Athletic estaba dispuesto a vencerlo, no a que lo venciera el destino.

He tratado de ver el futbol desde una perspectiva en la que el éxito es un invitado recurrente, pero no ocupa la cabecera. Incluso al abordar figuras que lo han conseguido en forma avasallante, descubrimos que cada logro se alimenta de un descalabro.

Las fiestas mexicanas suelen tener un curioso desarrollo. Lo primero que se acaba es el hielo, luego el agua mineral y después los refrescos. Lo último que se acaba es el alcohol. Lo mismo sucede en los estadios. Cuando el triunfo, la fama y la gloria ya se han ido de la cancha, nuestra pasión sigue intacta.

## La segunda infancia

«Tenemos de genios lo que conservamos de niños», escribió Baudelaire. La frase alude al origen de la creatividad pero también al optimismo con que solemos recordar una etapa no siempre feliz.

Muchas veces concebimos la niñez como una arcadia donde todo es placentero. Gracias a la nostalgia, aquellos años que acaso fueron terribles se convierten en un campo que reverdece a medida que nos alejamos de él.

Javier Marías escribió con acierto: «El futbol es la recuperación semanal de la infancia». Sin embargo, eso no significa retornar necesariamente a un momento de dicha: «Para el niño no hay cosa más seria que el juego». El que se divierte, sufre.

Las virtudes que solemos atribuir a la niñez tienen menos que ver con lo que fue en realidad que con las ganas de huir del presente. Recuperar la infancia a voluntad por medio del juego o el arte permite que el adulto tome vacaciones de sí mismo. Este acto liberador nos lleva a mejorar la niñez en el recuerdo, aunque hubiese sido una etapa de grisura o de dolor. Ser niño resulta más complejo y áspero de lo que recordamos.

De pronto, el bote de una pelota o el indescriptible impacto de una melodía nos devuelven a un mundo anterior, el instante pueril en que los milagros eran posibles y el destino podía resolverse con un truco. El regreso consciente a esa condición engrandece y mitifica las posibilidades de la primera infancia. Una Olimpiada o un libro abierto son espejismos deliberados, simulacros en los que decidimos creer en busca de una posibilidad para la magia.

Todo placer tiene un componente ilusorio. Lo que deseamos se mezcla con lo que obtenemos.

Los sueños ponen en funcionamiento curiosos mecanismos compensatorios. Mientras un aficionado común sueña que mete tres goles en Maracaná, Pelé sueña que falla un penalti. Lo que para el hincha carece de problemas, para el *crack* es una realidad que exige cuentas. Sólo desde la vida adulta podemos concebir la infancia como territorio de la felicidad absoluta. Del mismo modo, sólo desde otro destino podemos imaginar el sabor de la gloria sin el esfuerzo de conseguirla.

Todo deporte ocurre en la cancha y la imaginación. Cuando algo cristaliza, el aficionado alza los brazos. Marías ha llamado la atención sobre la extraña gestualidad del fanático en estado de gol. Es muy difícil encontrar otra circunstancia que impulse a darle puñetazos al aire y soltar un alarido; el más disciplinado de los doctores de pronto profiere un grito de pánico. ¿Por qué ocurre eso?

El resorte que activa al fan tiene claves internas —agravios, deseos de reparación, supersticiones, anhelos incumplidos— que se condensan al ver la pelota en la red. Todos los goles exigen la participación de la cabeza.

La doble condición del juego (deportiva y mental) adquiere en estos tiempos de fantasmagoría mediática una tercera realidad. Hay cosas que «suceden» sólo porque aparecen en una pantalla. El cabezazo de Zidane a Materazzi en la final de Alemania 2006 no fue visto en la cancha, pues la pelota —destino de los ojos— estaba en otro sitio: fue detectado porque el cuarto árbitro lo vio en televisión. Yo me encontraba en el palco de transmisiones y ninguno de mis compañeros advirtió la falta; sólo al ver la repetición existió para nosotros.

Pero no siempre la televisión es un tribunal objetivo. El futbol depende tanto de la subjetividad que incluso influye en las cámaras.

En ocasiones, una toma muestra que un jugador está en posición correcta y otra lo muestra en fuera de lugar. Durante mucho tiempo, el gol fantasma de Wembley botó en miles de películas sin que se supiera si había entrado a la portería.

Las palabras convocan un mundo paralelo. Escribir de futbol equivale a recrear de otro modo lo que los espectadores ya conocen. ¿Quién, que pueda estar en un estadio, desea que le cuenten el partido? No es esa la función de la palabra. Ningún libro descubrirá quién es Pelé o el Chicharito Hernández. Eso ya está en la mente del aficionado. El raro misterio de las palabras consiste en darle valor y emoción a lo que ya sabíamos.

Cuando tu equipo anota en el último minuto haces los gestos raros de la felicidad anotadora. Eso dura unos segundos. Misteriosamente, la discusión de esa jugada con los amigos durará toda la vida.

Los grandes momentos reclaman palabras. Nadie sobrevive en silencio a una tragedia y nadie se queda callado ante un gol que importe.

Vemos partidos y escribimos de futbol para recuperar la infancia, no la que en verdad vivimos, sino la que nos asignamos a nosotros mismos. Ser niño puede ser duro, injusto, angustioso. Recuperar mentalmente la infancia es liberador.

El futbol mejora la infancia que tuvimos, del mismo modo en que los sueños permiten que seamos diferentes.

Sumidos en ese trance dichoso, los hombres comunes anotamos como Pelé. Mientras tanto, el esforzado Edson Arantes sueña que falla un gol.

## Padres e hijos

Cada vez que se acerca un Mundial, los aficionados revisamos recuerdos en busca de méritos sentimentales para recibir milagros. La autobiografía se convierte en una forma de cortejar a la fortuna. Al repasar las tardes sin gloria en que recibimos la lluvia en las tribunas, descubrimos que tenemos muchas razones para que le vaya bien a nuestra selección.

Todo aficionado tiene una relación íntima con el juego: la multitud que llena un estadio representa la más estruendosa versión de la vida familiar. La inmensa mayoría de los aficionados están ahí porque alguna vez su padre los llevó a ese sitio. Gritar en pro de unos colores es un signo —acaso el más primitivo y duradero— de filiación. Hay quienes no heredan otra cosa que el adorado nombre de un equipo.

Pertenezco a una generación en la que el divorcio era tan inusual como tener un pariente en África. Los padres carecían de códigos precisos para tratar a los niños que ya no vivían con ellos. El zoológico, el cine y el futbol eran los destinos más socorridos para sobrevivir al fin de semana. Ver animales en cautiverio resultaba fascinante pero desembocaba en la rutina. Luego de visitar durante diez domingos al perro que había crecido en la jaula de los lobos en el zoológico de Chapultepec, te sentías parte de esa tediosa jauría. El cine ofrecía más variedad, pero la cartelera no siempre brindaba epopeyas para niños.

En cambio, el futbol renovaba sus esperanzas con la puntualidad de las estaciones.

Mi padre había apoyado sin muchas ganas al equipo Asturias. Cuando los Pumas de la Universidad subieron a primera división, los respaldó con solidaridad gremial. De niño me hizo creer que los goles lo apasionaban y que disfrutaba tanto como yo. Extrañaba Barcelona, su ciudad natal, y hablaba del club *blaugrana* con el fervoroso sentido de pertenencia que sólo puede tener alguien que vive al otro lado del mar. Cuando terminé la preparatoria y partí de viaje por seis meses con una mochila en la espalda, me escribió cada lunes, metiendo en el sobre la tabla de resultados del futbol.

La tribuna era para él una extensión del aula. Rodeado de quienes comían pepitas y chicharrones, no dejaba de ser un profesor de ética. Si alguien insultaba al equipo rival, lo reprendía con un argumento que nadie osó rebatir: «¡Así no se trata a los invitados!».

En el *Excélsior* de Julio Scherer escribió un texto sobre el Mundial de Alemania 1974 en el que entendía el futbol como una compensación lúdica de la política. Sólo ahí Haití podía superar a Italia.

Desde que tuve edad para ir por mi cuenta a los estadios, mi padre se ausentó de las canchas. Sin embargo, la rara emoción que siento en las tribunas sólo se explica porque fue el sitio donde mi infancia contó con su presencia.

Abundan los casos similares. En su novela *Luz oscura*, el chileno Nicolás Vidal describe la relación de un padre con su hijo a partir de las vivencias en el estadio. Eminentes evangelistas de las canchas, como el argentino Eduardo Sacheri y el chileno Francisco Mouat, han dejado constancia de lo que significa compartir con sus hijos el triunfo de Independiente o la U. de Chile.

Uno de los mejores pasajes sobre el tema se debe a Martín Caparrós. En su libro *Boquita* escribe: «En 1991 nació mi hijo [...] Eran tiempos en que, si planeaba un viaje a China, mi preocupación principal no era el clásico que podía llegar a perderme. Hasta Juan: entonces, por alguna razón, se me ocurrió que me importaba mucho que se hiciera bostero. Fue un pensamiento interesado: imaginé que si nos acostumbrábamos a ver juntos a Boca, alguna vez, cuando él fuera lo suficientemente grande como para pensar programas mucho más interesantes que aburrirse con su anciano padre, Boca podría seguir uniéndonos o dándonos, al menos, la oportunidad de compartir algunos ratos. Quizás la idea no haya sido tan precisa, pero era algo así. Después descubriría que ya se les había ocurrido a unos cuantos millones. Y me parece que esa es la función de cualquier hecho cultural: ofrecerles un lugar común».

Muchos años después, Caparrós salía de ver un partido en La Bombonera, en compañía de su hijo Juan, cuando escuchó una entrevista por la radio con el cantante Iván Noble, autor del curioso *hit* «Avanti Morocha». Noble acababa de tener un hijo, había leído *Boquita* y citaba el pasaje en cuestión. A los veintitrés años, Juan Caparrós continúa compartiendo con su padre el lugar común de ser de Boca.

Todo esto lleva a la confesión de un fracaso emocional: mi hijo Juan Pablo, notable portero, no es adicto al futbol. Se lo comenté a Caparrós y contestó con sabiduría: «Compartir el fútbol puede hacer que no compartas nada más». No se refería a su caso, sino al de millones de padres que ya sólo hablan con sus hijos cuando su equipo salta a la cancha.

Un estadio es un buen sitio para tener un padre. El resto del mundo es un buen sitio para tener un hijo.

## ¿Amor a la camiseta?

La inventiva naturaleza aún no nos sorprende con un perro dálmata rayado o una cebra con motas. Las fieras son constantes.

En su afán de oponerse a los designios naturales, el ser humano ha creado mascotas de diseño, como los peces que brillan en la oscuridad o los gatos que no producen estornudos. Por suerte, esta alteración no ha llegado al plano comercial. Aún no ha nacido el científico japonés capaz de inventar cachorros con la piel marcada por un anuncio de Toyota.

La apariencia animal depende del código genético (ya sea natural o alterado). La única excepción es la de nuestra especie, que convirtió la hoja de parra en ropa interior y evolucionó para que la ropa definiera la personalidad de cada quien.

La camiseta de futbol surgió como emblema de pertenencia e identidad en tiempos en que cada jugador —o su abnegada madre— estaba encargado de lavar la suya. Nadie pensaba entonces que eso tuviera otro valor que el simbolismo; se jugaba gratis y los aficionados distinguían a los suyos por la franja negra o las rayas rojiblancas en el pecho.

En aquella época del origen, la estabilidad de un futbolista era tan larga como una novela rusa. De niño se probaba en el club de sus amores —casi siempre el de su barrio—, fichaba de por vida a cambio de unos botines o, como mucho, de un par de billetes, y jugaba sin pensar que iría más allá de la portería contraria.

La invención de los fichajes trajo un poderoso enigma emocional: ¿puede un futbolista ser aficionado de cada equipo que lo contrata? Con el profesionalismo y la opción de pasar de un club a otro ya no se puede esperar que el *crack* duerma con la camiseta puesta y enjugue en ella las amargas lágrimas de la derrota.

El «amor a la camiseta» nació como algo literal (la pasión por una prenda amorosamente remendada) y luego se convirtió en sinónimo de respeto a los colores que avalan un contrato de trabajo. Sin ser fan de su equipo, el profesional puede honrarlo.

Hasta los años setenta del siglo pasado, la etiqueta del futbol observó un código severo: jalar una camiseta resultaba afrentoso. Se trataba de prendas tan entalladas que representaban una segunda piel y no se podían jalar sin pellizcar o desollar al jugador. Por otra parte, los números en la espalda eran limitados: los titulares iban del 1 al 11. Cada cifra definía una posición y una moral. «Juego de 10», decía el desmedido émulo de Pelé. «Necesito un 10 y me trajeron dos 5», se quejaba un técnico. La camiseta tenía un valor geográfico: indicaba en qué parte del campo expresabas tu identidad.

Entre las muchas extravagancias de Johan Cruyff estaba la de jugar con el insólito número 14 en la espalda.

A mediados de los setenta, Don Revie, directivo del Leeds, tuvo la idea de vender camisetas de su equipo asociadas con una marca de ropa, la Admiral. No parecía extravagante que los fabricantes de uniformes se promovieran a sí mismos, pero pronto se dio el salto a otros productos. En 1978 la fábrica de automóviles Saab patrocinó al Derby County y en 1979 la camiseta roja del Liverpool, cuya hinchada nunca permitirá que los suyos caminen solos, escribió en su pecho un nombre japonés: Hitachi.

Conocemos el resto de la historia: los futbolistas se transformaron en anuncios ambulantes, similares a los «hombres sándwich» que recorren las ciudades con una pancarta en el pecho y otra en la espalda.

En un principio, la televisión inglesa se negó a transmitir esa publicidad, que no le reportaba ganancia alguna, y los clubes firmaron un acuerdo que los obligaba a usar ropa sin manchas comerciales en los partidos televisados. A partir de 1983 la eminente BBC aceptó transmitir partidos con jugadores enfundados en publicidad. El pecho de los astros subió de precio.

«El estilo es el hombre», escribió Buffon (no el portero italiano sino el ilustrado francés). Este aforismo se ha usado miles de veces para elogiar el trabajo de los sastres, pero las máquinas de coser no siempre producen beneficios. En los años ochenta se volvió normal agraviar las camisetas de futbol de tres maneras: la prenda se transformó en un pretexto para colocar anuncios, aumentó de talla y admitió cualquier número en los dorsales. La iconografía construida a lo largo de casi un siglo perdió su principal sentido. Los colores del equipo se transformaron en una causa remota que permitía anunciar yogures.

Detrás de estos cambios hay un dato de sobra conocido: el futbol es la pasión que más dinero produce en el planeta. El exarquero y comentarista Félix Fernández informa que 270 millones de personas se relacionan con esa industria.

En ese contexto los signos de identidad se han transformado en una plataforma de negocios. La ropa oficial puede rendir más que los goles. Hoy en día el fichaje de un *crack* se amortiza en buena medida gracias a la venta de camisetas. El negocio es tan significativo que el nombre del semidiós también representa una etiqueta. En la *boutique* oficial del Real Madrid, la playera azul con el número 1 cuesta más si lleva el egregio apellido de Casillas.

Habitamos un planeta inconstante donde los negocios varían de país en país. El Barcelona llegó al fin del siglo XX sin poner en venta su uniforme. Cuando al fin cedió a la tentación, buscó una causa social: la escuadra *blaugrana* recomendó en su pecho a la Unicef y llevó en la manga un discreto logotipo del canal catalán TV3.

«Puedo resistirlo todo menos la tentación», afirmó Oscar Wilde. Bajo la directiva de Joan Laporta, el Barça se mantuvo fiel a la Unicef. La llegada de Sandro Rosell hizo que se asociara a la Qatar Foundation. De la infancia se pasó al petróleo, metáfora de la forma en que la pasión se vende.

Los equipos mexicanos mancillan sus colores con un surtido para consumidores hiperactivos: en treinta centímetros de tela invitan a beber leche, viajar en avión, abrir una cuenta bancaria y hablar por teléfono.

Basta ver el uniforme de un equipo nacional para saber que nuestro futbol está mal gestionado. ¿Es posible que un jugador se identifique con una camiseta que es un catálogo de ventas? Para colmo, ser futbolista en el país del águila y la serpiente implica cambiar mucho de colores. En una liga donde el negocio fuerte está en los fichajes y las comisiones, y no en la obtención de títulos, el jugador es un nómada que pasa de una entidad a otra. «El amor es eterno mientras dura», escribió Vinicius de Moraes. ¿Podemos pedirle al futbolista que profese amor eterno mientras dura su contrato?

Territorio del abuso y la especulación, el futbol mexicano vive para las ganancias rápidas. Esta organización subnormal rinde beneficios a los directivos e impide la consistencia de los jugadores.

Así las cosas, resulta injusto pedir al jugador la lealtad que él no recibe.

Hoy en día la fidelidad es un lujo de millonarios: Maldini fue un símbolo del Milán como Totti lo fue de la Roma o Buffon del Juventus. En algún momento de su carrera se declararon intransferibles, gesto inusual. En lo que toca a los entrenadores, ha habido casos excepcionales como el de Guy Roux, que dirigió durante 44 años al Auxerre en la liga francesa. Según relata Alberto Lati, este sedentario irredento se sintió cansado después de calentar durante casi medio siglo el mismo banquillo. Se retiró pero sólo para sentir el cosquilleo de la nostalgia. Volvió a entrenar dos años después, con otro equipo, pero ya no fue lo mismo. Después de tantos años de fidelidad, cambiar de aires representaba una traición.

Si los futbolistas rechazan la ganancia adicional que les podría dar un traspaso pagado por un magnate ruso en estado de éxtasis, es porque disponen de una fortuna considerable y pueden darse el lujo de no ganar tanto. Hoy en día, para profesar afición por el equipo donde juega, el jugador debe ser un debutante o disponer de un poder excepcional.

La afición mexicana depende cada vez más de su capacidad de autoengaño. ¡Alabados sean quienes detrás de la maraña de anuncios logran ver los colores de su equipo! Gracias a esta transfiguración mental, en los extraños tiempos que corren el amor a la camiseta no ha desaparecido del todo.

Algunos clubes tratan de enfatizar el peso de sus colores con algún gesto teatral. Es el caso del Schalke 04, que mantiene el sentido de la identidad en la acaudalada Bundesliga. En su libro *Latitudes*, Alberto Lati explica que los fichajes del Schalke son presentados al fondo de una mina de carbón para recordar «la tradición obrera de la ciudad y los valores de humildad que se deben defender». No todo es dinero en el futbol, aunque casi todo lo sea.

Cada lunes, los uniformes van a dar a la lavandería. La entregada afición no deja de esperar que un día regresen sin anuncios.

## Pasión extrema: una causa para suicidarse dos veces

El futbol es la parte predecible de nuestra vida. No estamos seguros de encontrar tiempo para ir al dentista o al supermercado pero sabemos con estratégica anticipación dónde veremos la final de la Champions.

Cuando no hay partidos, hablamos de futbol, o al menos de fichajes de desmesura. En el verano la acción disminuye en las canchas, pero siempre se puede discutir algún desfalco en la FIFA, la sospechosa juerga de una selección o el clembuterol en la orina de ciertos jugadores. No son temas épicos, pero permiten seguir hablando.

En su *Breve diccionario clínico del alma*, el neuropsiquiatra Jesús Ramírez-Bermúdez analiza historias clínicas con un pulso narrativo cercano al de Oliver Sacks. Ahí refiere el caso de D. H., joven vendedor inglés atropellado por un coche. En la caída, su cabeza golpeó con fuerza contra el pavimento; no hubo fractura, pero le quedó una lesión que se volvería progresivamente extraña. El mundo le pareció no sólo distinto, sino sospechoso.

D. H. sabía, como cualquiera de nosotros, que el destino es caprichoso y que siempre llueve cuando olvidas el paraguas. Para sobreponerse a las veleidades del mundo encontraba alivio en el futbol, apasionada forma de la reiteración: el clásico entre el Manchester United y el Manchester City siempre estará cargado de tensión y nunca sabremos quién fue mejor, Pelé o Maradona.

A los pocos días de su accidente, D. H. advirtió que su esposa, las casas de su barrio y las noticias habían cambiado. Concluía el verano de 2004 y en Estados Unidos el presidente George Bush decía cosas cada vez más raras. ¿Cómo recuperar la confianza en el universo?

El paciente inglés actuó con una determinación que trasciende culturas y hermana al forofo español, al tifoso italiano, al hincha argentino y al aficionado mexicano: quiso saber la verdad, es decir, buscó los resultados del futbol.

Entonces se topó con noticias aún más extravagantes: Grecia había ganado la Copa de Europa y Australia había calificado al Mundial. La realidad se había vuelto ilógica. Transcribo un fragmento de su desesperado testimonio: «Siempre pensé que lo único sincero de la televisión eran los programas de fútbol... Ahora veo en los noticieros información cada vez más absurda. ¿Grecia es el campeón de Europa? ¿Australia en la Copa del Mundo? ¡Por Dios, es lo más inverosímil que he visto! Por eso traté de suicidarme dos veces. Traté de ahorcarme en el baño de mi casa. Pero las dos veces falló el intento».

D. H. padecía el «síndrome de Cotard», llamado así por el médico francés Jules Cotard, que en el siglo XIX descubrió el «delirio de las negaciones». Quien padece el mal enfrenta un entorno donde todo es incierto; niega su nombre, su cuerpo, sus emociones. D. H. solo contaba con una certeza: el futbol. Pero Grecia era campeona.

Al no poder suicidarse, pensó que su castigo era la eternidad, un infierno donde el olvido y la muerte habían desaparecido. Curiosamente, lo que más lo afectó no fue su distorsión del mundo sino el efecto de dos datos auténticos, sacados de la sección deportiva. Inmerso en la sinrazón, estuvo a punto de morir de realidad.

El padecimiento de D. H. ilustra, en forma extrema, las tensiones de los aficionados comunes. El futbol estructura nuestro calendario y permite transformar el destino en algo más o menos predecible, lo cual significa que sabemos dónde veremos la final de la Champions, pero no adónde nos va a llevar el resultado.


## El arte de gritar

El futbol es un estupendo pretexto para el alarido. La misma persona a quien su esposa le reprocha: «¿Por qué no dices nada? ¿Acaso no me escuchas?», toma las llaves y se va a rugir a un estadio.

El gol permite perder la compostura. En ese momento resulta no sólo lógico sino deseable que el prójimo gima de satisfacción.

Para consumar la tarea hay que usar los pulmones, la garganta y la campanilla e incluso los pelos de la nuca. El grito sólo alcanza su condición celebratoria si la mente se da unas vacaciones y permite que el cuerpo haga lo demás.

En el vocabulario futbolístico, no podía faltar una palabra que asociara dos tareas: cuidar el balón y gritar con rabioso deleite. Me refiero a «hincha».

Hace años oí al gran cronista radiofónico Víctor Hugo Morales explicar que el vocablo nació en Uruguay para describir a los chicos que inflaban pelotas al borde del campo. Nada más lógico que el festejo y los balones se agranden por igual: la pasión es neumática.

En el año mundialista de 2010, el antropólogo Daniel Vidart publicó en la revista uruguaya *Brecha* un artículo donde precisó el tema: «A propósito de la voz "hincha" —equivalente al *fan* estadounidense y al forofo español, ésta designaba a los torcedores de Nacional—. Allá por los inicios del siglo XX el talabartero Prudencio Miguel Reyes era el encargado de inflar las pelotas de cuero número cinco del citado club. Inflar, en el lenguaje de la gente del pueblo, metafórica siempre, equivalía a "hinchar". El Gordo Reyes gritaba desaforadamente desde las tribunas del Parque Central cuando jugaba el cuadro de sus amores. "Mirá cómo grita el hincha", decían los aficionados. Entonces la palabra se escapó de la cancha y rodó como pelota por Montevideo, por el país, por América, por el mundo que soportaban los decibeles de aquel megáfono humano».

El Gordo Reyes fue el primer desaforado que trató sus pulmones como un balón número 5.

Uruguay legó al mundo una palabra para el estruendo, pero también la capacidad de silenciar estadios, sobre todo en 16 de julio. Ese día de 1950 la selección charrúa se impuso a Brasil en la final de la Copa del Mundo, y en 2011 venció a Argentina en la Copa América. Cuando las gradas enmudecen, confirman que el silencio siempre juega de local.

Perfeccionistas del grito propio y la mudez ajena, los uruguayos han sido imitados sin crédito ni *copyright*. En 2009 asistí en Kioto al clásico regional contra el Osaka. En ese pequeño estadio comprobé que para los japoneses el entusiasmo es asunto de cortesía: las barras se turnaban el uso del alarido.

Lo más extraño es que imitaban cánticos argentinos. Habían recibido clases de célebres gritones de Buenos Aires. Lo que en Boca hubiera sido una selva sonora era ahí un disciplinado bonsái del ruido.

Hay dos tipos de aficionados: los materialistas que miran el marcador para saber si su ilusión gana o pierde aire y los románticos que no necesitan evidencias para apoyar a los suyos. Sólo los segundos merecen el nombre de «hinchas». El Gordo Reyes comenzó a gritar cuando Uruguay dominaba el futbol mundial, pero siguió gritando en la derrota, comprobando que la devoción se alimenta de sí misma.


## ¿Por qué escupen los futbolistas?
### Un problema de puntuación

Hubo épocas en que el acto de escupir tenía reconocimiento social. En mi infancia, los despachos de los abogados y las salas de espera de los médicos ostentaban un objeto en el rincón: la escupidera cromada.

Presumiblemente, el ser humano enfrenta hoy los mismos desafíos con su saliva; sin embargo, ya no hay recipientes para el esputo.

El futbol es la reserva donde los profesionales sueltan flemas en público. Al término de una jugada, la cámara se acerca al protagonista. Lo vemos alzar los ojos al cielo, donde viven su abuela y las esperanzas de chutar mejor; luego lo vemos menear la cabeza, como si fallar por un milímetro le hubiera dejado agua en las orejas; por último, lo vemos escupir.

¿Por qué sucede esto? En el tenis, los jugadores tocan las cuerdas de su raqueta para concentrarse. No se puede decir lo mismo de la relación del futbolista con su saliva. Nadie juega mejor por despojarse de un poco de baba; se trata de una forma de descargar los nervios y la frustración. El escupitajo es el único ansiolítico que funciona al ser expulsado. Poco importa que millones de espectadores vean el gesto, reprobable en cualquier otra circunstancia.

Todo lenguaje requiere de puntuación. Al discurso del futbol le sobran signos de admiración (el gol, la falta artera, la barrida milagrosa) y puntos suspensivos (el jugador que rueda después de recibir una patada, el balonazo a las tribunas, el pase rumbo a la nada).

Ciertos genios, como Butragueño y Valderrama, adormecen la pelota y ponen el tiempo entre paréntesis; otros, como Xavi e Iniesta, colocan comas para lograr cláusulas subordinadas. Romario era uno de los pocos maestros del punto y coma: control orientado de la pelota y tiro al ángulo.

Los defensas y los centros delanteros aman el punto y aparte. Los burladores de barrio, que prefieren sortear contrarios a concluir jugadas, abren signos de interrogación que no siempre cierran. Los insultos a los rivales y las reclamaciones al árbitro equivalen a las comillas.

¿Dónde quedan los dos puntos, anunciadores de que algo viene a continuación? En la garganta de los jugadores. El signo del que resulta más fácil abusar, pues anuncia una sorpresa que no siempre se cumple, encuentra en el futbol grosera y eficaz aplicación. Nadie escupe en movimiento ni después de anotar (la culminación no requiere de un remanso). Sólo la obligada transición exige este acto: el lance no salió bien, pero la vida sigue. No se trata de una seña de desdicha, sino de un desahogo para advertir que la vida sigue: doble punto.

En el fútbol los aciertos equivalen a cinco por ciento del partido. El resto es algo que no funcionó, una oportunidad de anticipar lo que viene, es decir, para aliviarse la garganta.

En España se le dice «flemón» al desastre que puede salir de una boca; cuando un jugador lo padece, se queda en casa. Tal vez no es excluido para que recupere la salud sino para que no abuse del proyectil que podría alterar el juego.

Ciertos escupitajos han cobrado triste celebridad. Frank Rijkaard, jugador templado y entrenador de paciencia franciscana, cometió un grave error de puntuación. Quiso poner a Rudi Völler entre comillas, pero como no habla alemán, soltó un gargajo ruin en el Mundial de Italia 90. ¿Cómo olvidar al perplejo delantero, que quedó como un pirata salpicado de medusas?

No hay vida humana sin tics: unos se tocan la oreja, otros juegan con sus llaves. Territorio de la duda, el futbol es el sitio donde los héroes fallan casi todo el tiempo, luego recuperan la fe, se disponen a hacer algo distinto, y escupen.

## La eternidad es veloz

Al salir de la infancia, el ser humano descubre con estupor que ya no le sirven los juguetes y que algún día habrá de morir. Para compensar la pérdida simultánea de los objetos mágicos y la vida eterna, se inventó un talismán que permite volver al mundo del origen donde, de acuerdo con los hermanos Grimm, «desear todavía era útil».

Hablo de la pelota, claro está.

La historia del juguete esférico es larguísima. En 2012 visité el delirio vertical de Toniná, en el estado de Chiapas. Ahí, el arqueólogo Juan Yadeun, responsable de la zona, me mostró un friso que representa una pelota hecha con la cabeza de un enemigo: «Siglos antes de que Dunlop vulcanizara el hule, los mayas ya conocían el procedimiento», explicó. En su opinión, la cancha más parecida a la que aparece en el *Popol-Vuh* es precisamente la de Toniná.

Metáfora de la dualidad, el deporte sagrado de los pueblos prehispánicos ponía en escena la lucha entre el día y la noche, la vida y la muerte, el inframundo y el paraíso. La pelota de hule era, en sí misma, un signo de metamorfosis: hecha con cenizas, representaba la resurrección, la rueda del cosmos, donde la aniquilación alimenta energías futuras. Alguien había muerto para insuflar nueva vida.

Se conservan pelotas que botaron hace siglos. El sitio arqueológico de Cantona, en el estado de Puebla, tiene más de veinte canchas y el de Tajín, en Veracruz, muestra la más curiosa de todas: un juego a escala, al centro de la ciudad, que no fue concebido para el deporte ritual sino para la oración: un altar a la pelota.

También Occidente buscó la inmortalidad en una esfera. La etimología de «pelota» recuerda que originalmente estaba rellena de pelo, única parte del cuerpo, junto con las uñas, que crece después de la muerte.

En su espléndida novela *Muerte súbita*, Álvaro Enrigue refiere la singular historia de cuatro pelotas de tenis hechas con los cabellos pelirrojos de la decapitada Ana Bolena, y reflexiona sobre esa artesanía de ultratumba: «No todo el mundo estaba dispuesto a fabricar un objeto que se animaba gracias a lo único que no se pudre de un muerto». Mucho antes de la ciencia ficción y la cultura zombi, las pelotas permitían el retorno de los muertos vivientes.

*Muerte súbita* narra un partido de tenis entre Quevedo y Caravaggio. Las bases históricas para este encuentro son arriesgadas pero no imposibles. Los dos artistas coincidieron en Roma, conocían el tenis (o su antecedente) y eran proclives a la competencia, cuando no al asesinato. Una de las frases más conocidas de Quevedo parece definir a una pelota: «Lo fugitivo permanece y dura». Una esfera inconstante y rápida que simboliza eternidad. En el balón de hule, las cenizas adquieren vida póstuma. Por su parte, la pelota renacentista recuerda que el organismo se corrompe, pero el cabello «permanece y dura».

Los balones de futbol comenzaron siendo de cuero cosido; necesitaban los cuidados de un cachorro. Había que inflarlos, untarles grasa, evitar que absorbieran agua (en partidos de lluvia, los remates de cabeza producían jaquecas). Como señala Vicente Verdú, con el balón blanco, hecho de plásticos, el futbol perdió su tono agropecuario; la cancha, que aún se parecía al campo, se acercó al jardín de un fraccionamiento acaudalado.

En cada campeonato del mundo, un nuevo balón desafía a los jugadores. Entonces advertimos que su materia no es del todo inerte. En Sudáfrica 2010, el *Jabulani*, que significa «júbilo» en zulú, parecía una trucha en manos de ciertos porteros y algunos delanteros lo chutaban como si citaran a Vicente Huidobro, que quiso «apagar un gallo como un incendio». Cada cuatro años, el esférico no debe ser dominado sino domado.

La historia de la pelota ha sido decidida por la luz. En los partidos nocturnos, los reflectores hicieron que la cancha brillara mucho y el balón pareciera un manchón de lodo. Además, los estadios se volvieron enormes y el cuero crudo pecó de discreto.

Una prueba de que el ser humano es raro: para que la pelota desta-cara más, en alguna ocasión fue pintada de negro. Tal vez la idea vino de un aficionado al billar, enamorado de la bola 8. Esta «mejoría» fue una especie de examen de la vista hasta que un genio descubrió que el blanco destaca en la noche.

El color del balón reforzó la tendencia a sustituir el cuero pinta-do por materiales plásticos y el futbol perdió su último contacto con la ganadería.

Los balones de antes tenían un modo peculiar de estar vivos. En ocasiones ostentaban puntadas de enfermería; los golpes hacían que se aflojaran y tuvieran que ser inflados.

En su reconversión industrial, el balompié no sustituyó una esfera por otra equivalente; impuso un nuevo objeto: el balón rápido. La es-pecie que prefiguró el futbol pateando vejigas y bolsas rellenas de pe-los disponía ahora de un proyectil ultraligero. Di Stéfano terminaba sus partidos diciéndole a la pelota: «Gracias, vieja», con el cariño de quien acaricia la arrugada mejilla de la abuela. ¿Habría hecho lo mis-mo con un balón sintético? Seguramente no.

Los alquimistas de Adidas podrían fabricar balones más pesados, pero esto ya carece de sentido. El futbol se aceleró mientras el esférico se aligeraba.

Cuando Corea del Norte derrotó a Italia en el Mundial de 1966, me llamó la atención que esos jugadores corrieran todo el tiempo. Hasta entonces, el futbol era un deporte donde sólo los mediocres se apura-ban. En sus días de jugador, César Luis Menotti recibió una reprimenda de un compañero por no perseguir una pelota y preguntó algo que defi-ne una época: «¿Además de jugar tengo que correr?».

Ya es imposible saber si el futbol se hizo rápido a causa del balón o el balón se adaptó a la velocidad de los jugadores. Lo cierto es que los mé-dicos se volvieron más importantes y la industria farmacéutica inventó píldoras energéticas y cápsulas antioxidantes.

Lo fabuloso de esta historia es que no se ha detenido. Algunos inclu-so pretenden liberar al balón de su compromiso con los futbolistas. Los inventores son tan competitivos como Mourinho y nunca encontrarán la circunferencia ideal. A esto se une, desde luego, el interés de renovar las ofertas del mercado. En cada campeonato, miles de balones son mandados a la Siberia de los juguetes para dar la bienvenida a una bola de temporada.

Tal vez porque el júbilo no es fácil de pescar, el *Jabulani* causó más problemas de los previstos y se convirtió en un pretexto redondo para justificar las pifias.

El *Brazuca*, esférico oficial de Brasil 2014, está hecho de los sutiles poliuretanos y látex que se inventan en Alemania. Pero no es ajeno a la superstición ultraterrena: sus colores aluden a las pulseras que los devotos del Senhor do Bonfim se atan a la muñeca en espera de que se cumpla un deseo.

Los balones son pateados con profana tenacidad. Sin embargo, son el símbolo de una especie que al salir de la infancia abandona los juguetes y conoce la muerte.

Como tantos objetos cargados de sentido, su mensaje no deja de ser irónico. Esquivo y movedizo, nos recuerda que la eternidad es veloz.

# Formas excesivas de los goles

## El gol más largo del mundo

Una lejana fábula china advierte del tenue contacto entre todas las cosas. Un objeto minúsculo, arrojado al mar Amarillo, puede afectar playas lejanas. De un modo secreto e inextricable, todo está en todo.

Las mareas llevan mensajes imprevistos a la otra orilla del océano. En Baja California Sur, la ciudad de Guerrero Negro debe su nombre a un barco que encalló ahí; en aguas de cetáceos, el *Black Warrior* acabó sus días como una ballena varada. El restaurante local Malarrimo está decorado con una red que sostiene torpedos, lámparas y otros objetos que las corrientes han llevado al lugar. Las tempestades son la forma más lenta del correo: tarde o temprano, los desechos llegan a algún buzón.

El 11 de marzo de 2011 un terremoto de 9 grados devastó las costas japonesas y un tsunami revolcó coches y casas. Catorce meses después, cinco millones de toneladas de chatarra seguían el curso de las mareas rumbo a América. Estamos ante una metáfora de la memoria; no todos los recuerdos se conservan ni todos llegan de inmediato, algunos requieren de tiempo para salir a flote. Las piezas sueltas arrebatadas a Japón integraban el mosaico disperso de un país y llegarían a manos que no esperaban recibirlas.

David Baxter creció entre los hielos y las rocas de la isla de Middleton, Alaska. Trabaja como controlador de radares. Por las tardes, al despegar la vista de la pantalla donde vibran luces, entiende el mundo como un segundo radar en el que debe imponer un orden. Al final de la jornada se entretiene buscando cosas en la playa. El paisaje que recorre carece de árboles. En esa planicie barrida por el viento, nada detiene la mirada. El único sitio donde se puede encontrar algo es la arena.

Baxter es un hábil buscador de restos traídos por el oleaje, pero no esperaba ser testigo del gol más largo del mundo. Una tarde, en la playa, rodaba un balón.

Los habitantes de Middleton conocen el rápido movimiento del zorro y el escape marino de la foca. Baxter no vaciló en atrapar la pelota. Le llamó la atención que en sus superficie tuviera escritos caracteres japoneses. ¿El mensaje de unos náufragos? Los signos podían ser coordenadas. Algo tenía que haberse hundido lejos para que el balón estuviera ahí.

Quizá el azar es otro nombre de la deliberación y los accidentes ocurren para que el destino parezca espontáneo. ¿Cómo explicar, si no, que el hombre que recibió el balón estuviera casado con una japonesa?

Esa misma tarde Yumi Baxter descifró el enigma. Los caracteres no atestiguaban el naufragio de un barco sino de un país. La pelota venía de Japón, a cinco mil kilómetros de distancia. Había tardado trece meses en cruzar el océano y pertenecía a Misaki Murakami, estudiante de dieciséis años que perdió su casa con el maremoto.

Cinco años antes, Misaki había cambiado de escuela; sus amigos escribieron sus nombres en la pelota para no ser olvidados. El balón era un almacén de la memoria. Ahora estaba en manos de un observador de radares.

Unos cuantos detalles bastan para urdir una historia desaforada: el deseo de unos niños de ser recordados por un condiscípulo, la afición al futbol, la pérdida de una casa, los trabajos del mar, la necesidad de un hombre de caminar con la mirada baja, buscando signos en la arena.

Baxter decidió viajar a Japón para devolver la pelota. Acaso esa cita ya estaba prevista. Un balón existe para entrar en una portería. Las cosas presuponen su efecto. De acuerdo con la fábula china, el batir de las alas de una mariposa puede cambiar la vida al otro lado del mar. Todo movimiento, por tenue que sea, tiene consecuencias.

La posibilidad última de una cosa siempre es mágica, puede alterar la realidad en forma inexplicable. Esto no significa que se aparte de la lógica. «La magia es la coronación o pesadilla de lo causal», escribe Borges.

El balón japonés tiene la rara condición de la magia. Diecinueve mil personas murieron con el terremoto en el país mejor preparado para resistir ese cataclismo. Una vez más, la naturaleza volvió a ser un límite infranqueable. Y sin embargo, el balón salió a flote como un anticipo de otras cosas que surgirán en los próximos años.

En algún momento el planeta se diluirá en polvo y materia deshecha, pero hay algo que escapa a la naturaleza y sus efectos. No todo es tangible: las cosas también son símbolos. Así lo entendieron el fabulador chino que decretó que todo está en todo, el desconocido creador de una esfera que bota para producir ilusiones, los niños que la firmaron para convertirla en almacén de la memoria, el adolescente que perdió su casa pero no los recuerdos de lo que ahí existía, el controlador de radares que recoge señas venidas de muy lejos.

El balón regresó a Japón, pero es posible que su viaje no termine ahí. Quizá aún tenga una cita pendiente.

Los estadios existen para jugar a la magia. El mundo, para vivirla.

## El gol que cayó dos veces

La imaginación suele ser desafiada por goles fantasma. ¿Entró la pelota en la portería o botó en la línea para huir del arco? En casos de alta indefinición, nuestras preferencias resuelven lo que los ojos no pudieron ver.

El 18 de abril de 2007 Lionel Messi produjo una nueva clase de gol fantasmagórico: la copia de una anotación que parecía irrepetible. Veintiún años después de que Maradona burlara a media docena de ingleses en el Mundial de México, la Pulga repitió la proeza ante el Getafe. Ambas jugadas ocurrieron en la misma zona del campo, duraron once segundos y fueron ejecutadas por argentinos en estado de desmesura.

El gol de Messi permite pensar en el extraño arte del copista. El escritor argentino Juan Sasturain comparó al delantero con Pierre Menard, el personaje de Borges que dedicó su vida a calcar el *Quijote* palabra por palabra. Con desafiante ironía, Borges presenta a un tarado que sin embargo tiene un sesgo genial: hace una copia idéntica pero en una época diferente; por lo tanto, obliga a que «su» *Quijote* no sea leído como una obra renacentista sino contemporánea. El contexto define el sentido del arte. En el relato, Borges se burla de las exageradas interpretaciones de los críticos, pero también plantea la posibilidad de que alguien sea original como *segundo autor* de una obra. Tal fue el caso de Duchamp con la *Mona Lisa* de Leonardo. Un buen día le pintó bigotes para desacralizar la imagen clásica, luego le quitó los bigotes y el cuadro quedó como siempre, sólo que ahora se trataba de una *Mona Lisa* «afeitada».

El gol de Messi expresa de manera sencilla y contundente la capacidad creativa de un imitador; su jugada fue un prodigio que a nadie se le ocurrió considerar original. Al respecto escribe Sasturain: «En estos tiempos de fútbol mecanizado y jugadas preconcebidas con ejecutores obedientes, no es demasiado raro que se vean goles iguales a otros —hay infinidad de casos en que se repiten calcados circunstancias y desempeños—; lo extraordinario del caso es que, precisamente, lo que se veía mágicamente repetido era lo —por definición— irrepetible, lo excepcional: el mejor gol de la historia. El de Messi no era ni mejor ni peor: era, de un modo inquietante, igual. No hizo otro gol parecido ni lo copió ni lo imitó ni lo tradujo: simple, increíblemente, lo hizo otra vez». Al modo de Pierre Menard, Messi fue autor de una obra maestra que ya existía.

Hasta ese momento, el gol de Diego tenía una forma casi abusiva de ser el mejor de todos. El capitán argentino se singularizó de manera histórica en un Mundial, ante una escuadra de enorme jerarquía. Nunca antes ni después un jugador gravitó tanto en el ánimo de los suyos; en 1986 Maradona dejó la impresión de que bastaba darle la pelota para que hiciera campeón a su equipo. El Negro Enrique, que le cedió el balón en medio campo, resumió la «diegodependencia» del equipo con picardía de barrio: «¿Viste qué pase de gol te puse?». Aquella jugada de trámite en el centro de la cancha había sido, en efecto, un pase de gol para el desaforado 10 de Argentina.

Como el futbol perfecciona mitologías, el tanto legítimo de Maradona fue acompañado del que anotó con el puño y rebautizó como «la mano de Dios». Diego selló la historia del futbol con la dualidad o duplicidad de su talento: en 1986, durante noventa minutos de verano, fue Jekyll y Hyde ante Inglaterra.

La versión de Messi de la jugada en que un exagerado marea a medio equipo, desconcierta como un milagro: el mejor gol son dos. Aunque el de Diego tiene mayor importancia por haber ocurrido en un Mundial, el de Messi reproduce el exceso instante a instante, sin adelgazarlo en lo más mínimo, cumpliendo con los requisitos del copista y del aparecido.

Como sugiere Jorge Valdano, lo asombroso no sólo fue la ávida reiteración de Messi, sino que el destino le propusiera idénticos obstáculos. Veintiún años después los defensas fracasaron en los mismos lugares de la cancha con pulcritud de seres hipnotizados en favor de una buena causa. Nadie frenó el portento con una artera zancadilla.

Lo extraordinario despierta suspicacias en un mundo imperfecto y no faltan quienes opinan que los goles de Maradona y Messi podrían haber sido evitados con el sencillo recurso de la fuerza bruta. Pero este argumento cojea como si lo hubieran pateado. La veloz carrera con el balón junto al pie, practicando quiebres de escapista, sólo se hubiera impedido con un desfiguro mayúsculo, un lance de lucha libre digno de un rubor que se hubiera materializado en tarjeta roja.

Ante las gambetas en serie de Messi, los locutores dijeron: «Maradona». La imposible imitación había ocurrido.

La única diferencia significativa entre los dos goles es que Diego anotó de zurda y Lionel de derecha. El asombro superior de la jugada proviene de su condición de espejo. Durante once segundos, guiado por el impulso anotador, Leo no podía saber que imitaba el complicado tanto de Diego; actuaba con la espontaneidad de un doble: el otro era el mismo. Al disparar, anotó dos veces, en la cancha del Barcelona y en el recuerdo de los hinchas deslumbrados por el gol de Maradona.

1986, 2007. Esas son las fechas. Lo raro, lo fascinante, es que ninguno de los dos goles desmerece en la comparación. El primero se refuerza como profecía del que vendrá, el segundo como cita clásica.

En el mundo de la acción no existe el plagio ni el derecho de autor. El gol de Messi sólo puede ser virtuoso. Convirtió al futbol en la incalculable actividad donde lo único ocurre dos veces.

## Los goles que no anotó Pelé

El futbol es una actividad loca en la que resulta peligroso marcar ciertos goles. Durante cuarenta años fue terrible abrir el marcador en la final de la Copa del Mundo.

Todo comenzó en el Estadio Centenario de Montevideo, el 30 de julio de 1930. Los anfitriones llegaron al desenlace ante su rival de siempre: Argentina. La multitud se presentó ocho horas antes del partido y el árbitro exigió que una barca lo aguardara en el puerto por si tenía que salir huyendo.

El primer gol finalista fue anotado por un argentino de nombre perfecto para la ocasión: Pablo Dorado.

Los visitantes tomaron la delantera con optimismo, sin saber que inauguraban una maldición. A partir de entonces y durante mucho tiempo, el primer equipo en anotar perdería el Mundial. Uruguay se impuso 2-1 como si la anotación fuese un tónico para reaccionar. Cada cuatro años, los dioses del Mundial mostraron su condición celosa y vengativa; despreciaban al equipo ambicioso que cortejaba primero a la fortuna y recompensaban al que había comenzado sufriendo.

En 1970 el mal fario seguía vigente. Hasta entonces, la final del mundial castigaba a los que mostraban méritos demasiado pronto.

Mi padre me llevó al Brasil-Italia. En el camino al Estadio Azteca recitó un axioma: «El que anota primero, pierde». En franco desacato a la profecía, Pelé anotó con un cabezazo de embrujo. Recuerdo a Gérson en el medio campo, uniendo las manos en plegaria. ¿Agradecía la ventaja o pedía clemencia?

El futbol es tan extraño que la administrativa Italia podía beneficiarse del gol envenenado. Boninsegna empató poco después. Cuarenta años de supersticiones hacían que en ese momento la *squadra azzurra* se volviera favorita. Pero ese día, como escribió Pier Paolo Pasolini, Brasil recitaba un futbol de poesía, muy superior a la prosa italiana. El triunfo de la oncena de Pelé no sólo fue claro sino aplastante. La final concluyó 4-1, los brasileños se quedaron con la copa Jules Rimet y la maldición del primer gol se fue al carajo.

¿Qué certeza podía tener Pelé de que al abrir el marcador no perjudicaría a los suyos? Una curiosa aritmética lo respaldaba. Ese Mundial sería recordado por los goles que no anotó el Rey. En cierta forma, el cabezazo con el que venció a Enrico Albertosi era una merecida compensación por otros, mucho más vistosos, que estuvo a punto de concretar en esa misma competencia.

Ante Checoslovaquia, tomó el balón en medio campo y advirtió que el portero contrario, Ivo Viktor, se había ido de picnic. Lanzó una parábola de suave peligrosidad que durante unos segundos fue el gol más hermoso del mundo, pero que acabó a un lado de la portería.

Al enfrentar a Uruguay, un pase lo dejó solo ante un guardameta de leyenda, Ladislao Mazurkiewicz. En vez de controlar el balón o rematar rumbo a la meta, lo dejó pasar; la finta venció al portero, incapaz de descifrar esa jugada vacía. El Rey persiguió la pelota que se había enviado a sí mismo sin necesidad de tocarla. Estábamos ante la asistencia de gol más rara de la historia. El 10 alcanzó el esférico en posición incómoda. Aun así, remató a puerta y estuvo a punto de anotar.

¿Y qué decir de su mayor lance ante Inglaterra? Bajo el deslumbrante sol de Guadalajara, martilleó un centro con la frente, picando el balón hacia la línea de cal. Hizo todo lo que un semidiós puede hacer para vencer a otro, pero la nación de Churchill no pierde por aire. Gordon Banks logró la mejor atajada de su vida, revolviéndose en la línea de cal para mandar el balón por encima del travesaño.

Si Pelé hubiera marcado esos tres goles los recordaríamos menos. Quedaron en la memoria como jugadas rigurosamente imposibles.

Desde 1930, cuando un árbitro ansioso pidió una barca para salir del partido, la superstición aconsejaba no anotar primero. Para superar el maleficio, Edson Arantes do Nascimento tuvo que pagar una singular cuota de goles no anotados. En 1970 ganó el Mundial. De manera más significativa, demostró que el futbol importa por los goles, pero sobre todo por la ilusión de que puedan ocurrir.

## Gol perdonado

En 1942, durante la ocupación nazi de Kiev, los antiguos miembros del equipo Dínamo trabajaban en la Panadería número 3.

En verano ocurrió uno de esos milagros que el sol trae en los países fríos: se volvió a jugar futbol. Los panaderos comunistas formaron el equipo Start. Golearon a un par de escuadras ucranianas y a un equipo húngaro.

El 28 de julio Stalin promulgó la Orden 227, que se resumía en cuatro palabras: «Ni un paso atrás». La tensión aumentaba en Kiev cuando el Start enfrentó a un equipo alemán, el Flakelf.

Los ucranianos cumplieron en el campo la Orden 227: ganaron 5-1. Aunque los prisioneros se apegaban a la normatividad, habían herido el orgullo pangermánico.

El deporte era un eje decisivo de la ideología nazi. En 1936, cuando Noruega derrotó a Alemania en la Olimpiada de Berlín, Goebbels escribió en su diario: «Cien mil personas abandonaron el estadio deprimidas. Ganar un partido puede ser más importante que conquistar algún pueblo en el este». El Flakelf exigió la revancha.

El segundo juego se celebró el 9 de agosto. El árbitro era miembro de las SS y el equipo alemán recibió refuerzos (no se trataba de *cracks*, pero sí de aviadores mejor alimentados).

Antes del partido, el árbitro visitó a los ucranianos y pidió que al salir a la cancha hicieran el saludo nazi. Los futbolistas se reunieron para discutir lo que debían hacer y sobrevino una polémica que llevó a la típica conclusión de izquierdas: la discrepancia. Salieron al campo divididos. Sin embargo, cuando el Flakelf gritó «*Heil Hitler!*», en forma espontánea los panaderos exclamaron: «*Fizkult Hura!*» («¡Viva el deporte!», lema de los equipos soviéticos).

El Start jugaba con camiseta roja porque no había otras. Este accidente cromático contribuyó a la rivalidad, enfatizando que el equipo estaba hecho de rebeldes que no sólo se atrevían a ser panaderos y ucranianos, sino también comunistas.

El árbitro toleró el juego rudo de los alemanes como si sus patadas de guerra estuvieran autorizadas en el Convenio de Ginebra. Aun así, el primer tiempo terminó 3-1 a favor del Start.

En el medio tiempo, un oficial visitó a los exagerados prisioneros para advertirles de las consecuencias de ganar. Esta vez la unanimidad en el vestidor fue instantánea: no se doblegarían. El partido terminó 5-3 para los ucranianos.

Durante décadas se ignoró lo que pasó después. Una leyenda aseguraba que los futbolistas habían sido fusilados de inmediato y el juego se conoció como «El partido de la muerte».

La venganza nazi no fue instantánea pero el castigo sufrido por los futbolistas merece el nombre con el que se bautizó a aquel partido. Un jugador de reconocida militancia política fue torturado hasta que expiró en manos de sus verdugos y los demás fueron llevados al campo de concentración de Syrets.

En cautiverio, los panaderos de Kiev recibieron una ración de 150 gramos de hogaza al día. El 24 de febrero de 1943, el comandante del campo hizo cálculos necrológicos sobre el frío y la comida. Nevaba y los presos morían de hambre; no había calorías suficientes para que todos sobrevivieran. Una aritmética de delirio lo llevó a liquidar a uno de cada tres presidiarios. Tres miembros del Start cayeron ese día.

Cuando el Ejército Rojo recuperó Kiev en noviembre, la población había descendido de 400 mil habitantes a 80 mil. El alivio de la liberación fue relativo para los jugadores: en un ambiente paranoico fueron vistos como colaboracionistas que se habían atrevido a jugar con el enemigo. El desafío de ganarle a los nazis no fue tomado en cuenta. Tampoco se reparó en el hecho de que los futbolistas habían dejado de ser panaderos bajo vigilancia para convertirse en reos de un campo de concentración; en esos tiempos de odio y rapiña no había espacio para los matices y menos para aquilatar la evanescente simbología de un partido de futbol.

El primer reportaje sobre el tema se publicó en 1959, cuando los sobrevivientes del equipo ya habían perdido la salud y comenzaban a perder la memoria.

Pero nada se destruye por completo y detalles significativos comenzaron a salir a flote.

La gran jugada del «partido de la muerte» no fue un gol. En una jugada portentosa que pudo haber abultado el marcador, el novato Alexei Klimenko sorteó a la defensa del Flakelf y llegó a la línea de cal. Solo ante el arco, tomó una de las más importantes decisiones en la historia del futbol: en vez de empujar el balón a las redes, lo pateó al centro del campo.

Los nazis no soportaron ese gol fallado adrede. Los ucranianos, que nada tenían, se daban el lujo de un descomunal derroche, condonándole una anotación al enemigo.

Acaso por ello, Klimenko, el más joven del equipo, fue uno de los tres futbolistas seleccionados en la jornada de «supervivencia» en el campo de concentración. Murió con un tiro tras la oreja.

Alexei Klimenko logró una antijugada ética. Solo ante la portería, capaz de ultimar a sus verdugos, decidió demostrar que no era como ellos: los perdonó.

# Lionel Messi: infancia es destino

Poco antes de disputar su primera final en las categorías infantiles, Lionel Messi se quedó encerrado en un baño. El niño que no podía ser detenido por defensa alguno se enfrentó a una cerradura averiada. Faltaba poco para que comenzara el partido y Leo aporreaba la puerta sin que nadie lo escuchara. El trofeo de ese campeonato era el mejor del mundo: una bicicleta.

Otros hubieran cedido a las lágrimas y la resignación, otros más habrían agradecido no tener que demostrar nada en el campo. Leo rompió el cristal de la ventana y saltó hacia afuera. Llegó a la cancha con la seguridad de quien no puede ser detenido. Anotó tres goles en la final. El genio tenía su bicicleta.

El destino de Messi ha ocurrido al menos dos veces. Hijo de Celia y Jorge, nació en Rosario, provincia de Santa Fe, el día de san Juan de 1987, pero antes fue prefigurado en las tertulias del café El Cairo, y más precisamente en la «mesa de los galanes», presidida por el maravilloso dibujante y escritor Roberto Fontanarrosa. Argentina es una fábrica de talentos futbolísticos que previamente son imaginados por los hinchas más verbalizados y fabuladores del planeta.

Después de enterarse, por Macedonio Fernández, de que vivir es distraerse de la muerte, Fontanarrosa escribió el relato «El cielo de los argentinos», donde unos amigos comparten un asado y hablan de futbol. De pronto advierten que están muertos. Esto los hace muy felices: si han fallecido y comen carne mientras discuten sobre un partido, quiere decir que han ido a dar al paraíso.

Rosario es la ciudad de César Luis Menotti y Marcelo Bielsa, contundentes retóricos del banquillo. En ningún otro sitio hay dos hinchadas que se enfrenten con tan leal encono. No en balde aceptan con orgullo apodos injuriosos: los *canallas* de Rosario Central encaran a los *leprosos* de Newell's Old Boys. En una ocasión le comenté a un taxista de Buenos Aires que asistiría al partido Boca-River. «Eso no es nada», contestó con presunción: «*nosotros* nos odiamos más». Obviamente era de Rosario.

Si el espíritu de Pamplona se expresa en los Sanfermines y el de Río en el carnaval, el de Rosario se reconoce por un rito único: la paloma de Poy. El 19 de diciembre de 1971, Aldo Pedro Poy, delantero de Rosario Central, se lanzó al aire para rematar de cabeza y vencer al guardameta de Newell's Old Boys. Este momento de gloria se repite cada 19 de diciembre: «Mi problema ya no es tirarme, sino levantarme», dice con humor el veterano Poy.

En la ciudad del Che Guevara, Fito Páez y otros inconformes, Lionel Messi comenzó a deslumbrar con el balón a los cinco años. Su habilidad era única pero cumplía un sueño colectivo.

Leo debutó en el equipo del barrio, el Grandoli. Su primer técnico fue Salvador Aparicio. A los sesenta años, Aparicio había visto a toda clase de *pibes* chutar en su potrero. No esperaba mucho de aquel niño diminuto. Cuando vio lo que hacía, sólo se le ocurrió un consejo técnico: «¡pateala!». Messi recorría la cancha entera sin soltar la pelota.

Más que goleador, la Pulga era un enganche, es decir, un vendaval que limpiaba el campo de adversarios para que otro se encargara de la tarea, históricamente vulgar en Argentina, de meter el gol.

Los videos de la época lo registran como una versión bonsái del Messi actual: el mismo don para el desborde y el cambio de ritmo, la misma alegría celebratoria. «Infancia es destino», escribió el psicoanalista mexicano Santiago Ramírez.

A los ocho años, sus compañeros del colegio lo situaron al centro de la foto oficial del curso. Su carisma se debía a los alardes con el balón, pero también a la picardía de la mirada. Era muy tímido y no siempre hacía travesuras, pero tenía la gracia de quien las imagina.

Cuando jugaba a las cartas había que estar atento a sus maniobras: en cualquier momento hacía trampa. Si perdía, desparramaba las barajas y se negaba a seguir jugando.

Su madre lo describe como «consentido». Nada parece desmentir la hipótesis de que la gente lo ha querido. Sin embargo, el destino le reservaba algunas pruebas.

En la vida de Messi todo ha sido cuestión de escala. Tenía ocho años cuando sus padres se preocuparon por su baja estatura. Lo llevaron al médico y supieron que le faltaba una hormona que permite el crecimiento. Había un remedio, pero el precio era 1500 dólares mensuales, incosteable para la familia. Recibieron apoyo de dos compañías de Rosario. Una vez al día, Leo se inyectaba en la pierna con una presencia de ánimo insólita en alguien de ocho años. Desde entonces, su destreza sólo sería superada por su voluntad.

Al cabo de dos años el dinero para las inyecciones no pudo seguir fluyendo. Newell's Old Boys se negó a asumir el gasto y Messi viajó a Buenos Aires para probarse con River Plate. Era el más pequeño de los aspirantes y fue el último en entrar al partido; sólo quedaban dos minutos de juego pero Leo se hizo notar. «¿Quién es el padre?», preguntó el responsable de la prueba. Jorge Messi salió detrás de una alambrada. «Se queda», dijo el técnico.

La contratación no llegó a ocurrir. El club de la franja roja no quiso negociar el traspaso con Newell's ni aceptó pagar el tratamiento médico para un *crack* indiscutible, pero de futuro incierto.

Messi hubiera querido permanecer en Rosario, junto a los buques lentos que avanzan por el río Paraná, cerca de los suyos, celebrando el «Día del Amigo *Leproso*». Las ataduras sentimentales le vienen bien al futbolista. No hay nada más estimulante —ni más escaso— que un jugador que puede ser hincha de su equipo.

Juan Román Riquelme fue un sedentario extremo del futbol; se sentía cómodo en la vibrante cancha de Boca y perdía la brújula y la mirada al vestir una camiseta extraña. También Messi deseaba quedarse en casa, pero la suerte lo convirtió en la figura contraria a Riquelme: un nómada extremo.

En 2000 cruzó el océano para probarse con el equipo *blaugrana*. El Barça es más que un club. ¿Significaba eso que adoptaría a un grande de Rosario que curiosamente era un niño?

Los primeros días en Cataluña fueron complicados. El entrenador Carles Rexach se encontraba en Sídney. Leo y su padre lo aguardaron durante dos semanas en un hotel con vista a la Plaza de España. Memorizaron el paisaje y vieron con envidia el autobús azul que se dirigía al aeropuerto. No querían seguir ahí. Estaban por empacar cuando supieron que el entrenador regresaría al día siguiente.

Dicen que cuando el relajado Rexach entrenó en Japón, nunca se enteró de cuál de los dos equipos era el suyo. El día de su cita con Messi llegó tarde al campo y con su habitual aire distraído. No le costó trabajo reconocer al argentino sobre el césped, pues era el más pequeño. «Hay que contratarlo», dijo de inmediato. No se podía dudar de él. «¡Estuvo quince días en Barcelona, pero sobraron catorce!», agregó Rexach con su gusto por las inolvidables frases extravagantes.

Para tranquilizar a la familia, el técnico firmó el «contrato» más delgado del futbol. El 14 de diciembre de 2000 tomó una servilleta de papel en un bar y escribió un párrafo en el que se comprometía a velar por el niño. El documento tenía el mismo valor legal que una plegaria en Montserrat, pero hoy en día es custodiado por Josep Maria Minguella, gestor de la contratación, como una valiosísima pieza de arte popular.

El 1 de marzo de 2001 se firmó un contrato de verdad y la familia Messi se trasladó a Barcelona para apoyar a la Pulga.

Uno de los mayores desafíos de un futbolista es la administración de la soledad; debe matar un tedio eterno en cuartos de hotel. Esto se agrava cuando el jugador es un niño alejado de su entorno. Sin los pasatiempos ni los ravioles familiares, Leo descubrió que vivir en Barcelona era tan aburrido como chupar un clavo.

También sus hermanos se deprimieron. La madre decidió regresar a Argentina con ellos. Leo se quedó con su padre en la ciudad donde por entonces envejecía otro extranjero: el gorila blanco *Copito de Nieve*.


## La importancia de quedarse

A Messi le sobraban facultades, pero la historia del futbol está llena de talentos que se quedaron en el camino. ¿Valía la pena permanecer en Barcelona, lejos de la familia, sin recompensa certera a la vista? De vez en cuando Leo se encerraba en el baño, para llorar sin que su padre lo viera.

Una tarde, Jorge Messi no pudo más y propuso que volvieran. Otra puerta parecía cerrarse en la carrera del jugador. Pero a los trece años Leo ya era un especialista en adversidades. El niño que escapó por una ventana para ganar su primer título, le pidió a su padre que se quedaran: en Rosario estaba el mundo, pero en Barcelona estaba La Masía, la escuela de futbol donde se formaron Xavi, Iniesta y Guardiola.

Incapaz de socializar, Leo era el último en llegar al comedor y se sentaba en algún sitio donde no tuviera que hablar con nadie. Trataba de deshacerse del pescado y la ensalada y masticaba con calma extrema lo que sí le gustaba (carne, papas, pastas). Leonardo Faccio, que logró escribir un libro sugerente sobre un personaje casi inexplorable, comenta: «Lejos del balón, Leo Messi parece un clon sin baterías del jugador electrizante que todos conocemos. Un mal representante de sí mismo». Esto fue cierto desde su ingreso en La Masía, donde deslumbró sobre el césped y se comportó con distraído aburrimiento fuera de él.

Rexach tuvo la generosidad de fichar a un jugador que no sería suyo. No permanecería en el banquillo lo suficiente para ver el debut de Messi.

El honor le correspondió a Rijkaard, quien supo llevarlo con buen ritmo y apoyarlo paternalmente durante su primera lesión grave. Después contaría con Guardiola, el técnico que interpreta mejor que nadie el valor de la infancia en el futbol y que conoce a fondo lo que significa vivir en La Masía, donde padeció la soledad pero tenía la compensación de ver el Camp Nou desde su ventana.

Su primera actividad dentro del estadio fue como recogebolas; de ahí subió hasta convertirse en entrenador. Al comenzar la temporada 2009-2010 advirtió que su plantel estaba algo restringido y comentó: «Jugaremos con los niños», en alusión a Pedro y Busquets. Con Guardiola en el banquillo, el sitio de Messi estaba asegurado.

A los veintiséis años es el futbolista más apreciado del planeta. En cada partido demuestra que el futbol es un deporte loco que no depende del físico: su 1.69 de estatura no le impidió rematar de cabeza en 2009 en la final de la Champions, ante el inmenso arquero Van der Saar, para sellar el triunfo del Barça sobre el Manchester United.

Su sello personal consiste en recibir el balón fuera del área, frenar en seco, iniciar una súbita carrera lateral, sortear un par de adversarios y tirar al ángulo. Sin embargo, también inventa goles de simbólico artificio: consiguió el sexto título consecutivo del Barça empujando la pelota con el corazón, y ante el Arsenal, controló la pelota en dos tiempos velocísimos para bombearla sobre el portero.

En una página memorable, Hernán Casciari lo comparó con su perro, que luchaba por una esponja sin soltarla nunca. En principio, esto parece una ofensa. Sin embargo, aquel perro era feliz en su continua lucha por un objeto, del mismo modo en que Messi sigue el balón como si no existiera nada más en la vida; ignora las patadas y sigue de largo en pos de su única meta. Como el cachorro que era feliz sin más recompensa que su esfuerzo, el 10 del Barça no conoce la renuncia o el reposo.

En ocasiones los árbitros no pitan las faltas que le cometen porque están mesmerizados con su habilidad y porque piensan que, aun caído o tropezándose, podrá concluir la jugada.

En un documental, Picasso dibuja un toro ante la cámara. Sus trazos avanzan con inquietante virtuosismo hasta que la obra es perfecta. Sin embargo, como la película sigue rodando, el artista no suspende su tarea y agrega detalles innecesarios. Dibuja *de más* sin que el director se atreva a detenerlo. ¿Cómo suspender a un genio en estado de gracia? Algo parecido ocurre con Messi. Pitarle una falta parece un atentado equivalente a soltar un tiro en un concierto. Aunque Leo sea obstaculizado en forma ilegal, el árbitro está ante algo que lo rebasa.

Lionel Messi ha llevado el futbol a un nivel que suspende el juicio. Absortos ante sus jugadas, los árbitros son como nosotros: mudos testigos de la gloria.

## *¿Hay alguien ahí?*

Sus publicitadas virtudes contrastan con su vida privada. El *crack* parece ajeno a las aventuras de la vida interior. Viene de un país que perfeccionó el melodrama con el tango y tiene superávit de psicoanalistas, una nación donde la neurosis es una forma de la elocuencia y donde un jugador Sub-17 es capaz de hablar de «trauma» o «tabú» como de cosas muy concretas, huesos que se pueden fracturar. Sin embargo, parece refractario a los misterios del inconsciente. El productor de un comercial para televisión buscó entrar en contacto con su mundo íntimo y le preguntó qué hacía en el vestidor, antes de un partido importante. «Como chicle», fue la desoladora respuesta.

Messi no sólo es callado: parece en paz con su silencio. Cuando no está jugando o con su novia, cede a una afición que domina con destreza monacal: la siesta. Puede dormir dos o tres horas después del almuerzo y eso no le impide dormir diez horas en la noche.

Fuera del campo, hace todo con lentitud. Leonardo Faccio recuerda que en una fiesta de su escuela primaria, la maestra le asignó el disfraz de caracol.

Le interesa el cine pero no le gusta que lo saluden en las salas. Prefiere ver películas en televisión, acostado en el sofá, lo cual significa que casi siempre el DVD le permite regresar a su pasatiempo superior: el sueño feliz.

El genio celebra la vida durmiendo. Esto puede parecer extraño en un planeta exhibicionista donde los famosos festejan su éxito en compañía de modelos eslovenas, a bordo de un yate de impresionante eslora o incrustándose un diamante en un premolar.

Messi carece de otras ambiciones materiales o espirituales que un balón, una familia, una novia y una almohada. ¿No es demasiada simplicidad? Una dramática pedagogía nos ha convencido de que el talento sólo surge del dolor.

En la entrega de los Óscares de 2011, Hollywood atestiguó la competencia de dos películas sobre sensibles discapacidades. *El discurso del rey* presentaba a un monarca impedido para hablar y *El cisne negro* a una bailarina esquizofrénica. Aceptamos con mayor facilidad los méritos si sabemos que provienen de un sufrimiento arduamente trascendido: la patinadora se mueve con elegancia suprema pero es ciega.

El calvario, la herida necesaria para que emerja el talento, mitiga la desmesura del genio. Celebramos sus resultados al tiempo que agradecemos no tener que pasar por tanto dolor para lograrlos.

En el caso de Messi no han faltado penurias como las inyecciones para crecer y la soledad inicial en Barcelona. De cualquier forma, casi escandaliza que se aburra tanto fuera de la cancha. «¡No es posible que sea tan normal!», protestan los reporteros deseosos de encontrar la anomalía, el gusto raro, la mosca blanca en el cerebro del campeón.

El diagnóstico de autismo emocional es uno de los más suaves que mencionan esos indagadores. Al modo de Forrest Gump, el 10 argentino es visto como un simplón que bate récords y sólo necesita una señal del entrenador para realizar portentos: «Ahora corres para allá».

Messi se duerme con los libros y no quiere visitar el Taj Mahal. Cuando tuvo que elegir un tatuaje, no pensó en un rosarino como el Che que se tatuó Maradona, sino en su madre. Cada vez que anota un gol, levanta los índices al cielo en memoria de su abuela. Su horizonte mitológico es la familia; esto lo hace común. ¿Hay algún defecto que lo distinga? Las celebridades suelen dedicarse al coleccionismo como a un vicio perdonable. Para alguien que impone estadísticas, nada resulta tan lógico como el exceso. En consecuencia, el famoso se «humaniza» dedicándose al acopio extremo: adopta más obras de arte, niños, *top models*, coches antiguos o sombreros inútiles que los congéneres que pagan hipoteca.

Para ser normal al estilo *fashion*, Leo podría contratar a un experto en relaciones públicas que comprara cosas extravagantes en su nombre. Si supiéramos que tiene dieciséis jirafas de cerámica a escala natural, dejaríamos de preguntarnos si no es demasiado sencillo.

Como todos los astros que dedican buena parte de su tiempo a hacer comerciales, él tiene un doble que se empapa en los anuncios para salvarlo de un resfriado. Según informa Faccio, Leo se molestó de que este álter ego físico adquiriera relativo protagonismo, firmando autógrafos y presentándose en discotecas; es tan tímido que incluso su doble debe serlo.

Salvo la difusa noticia de alguna orgía en su apartamento en Puerto Madero —algo poco raro en el primitivo ambiente del futbol—, no se le conoce exabrupto alguno.

Al ser humano le gusta preguntarse cosas improbables que no siempre lo afectan: «¿hay vida en Marte?, ¿existe Dios?, ¿Messi tiene inconsciente?».

Tantas veces se ha levantado sin protestar del césped donde ha sido pateado que parece refractario a las turbulencias interiores. Pero en el verano de 2011 le vimos insólitas reacciones viscerales. El joven león sabe rugir.

## El misterio de la cucharilla

Después de perder 5-0 en el partido de ida de la Liga 2010-2011 contra el Barcelona, José Mourinho cambió de estrategia para el juego de vuelta. Hasta esa derrota de estrépito, había construido un mecanismo demoledor. Su equipo aniquilaba rivales con mayor rapidez que el club catalán (siempre amigo del gol complejo).

El portugués no es un técnico defensivo; explota los mejores recursos de cada alineación y sólo se atrinchera cuando juzga que la única forma de ganar consiste en destruir un estilo de juego que supera al suyo. Fue lo que hizo en 2010 con el Inter ante el Barcelona, en la semifinal de la Champions.

La Liga española se ha convertido en la metáfora de un país en crisis: sólo dos o tres luchan por el triunfo y ocho o diez disputan por no descender. La pasión más intensa y democrática no tiene que ver con el éxito sino con salvarse del naufragio.

En 2010 el huracán *merengue* arrasaba a los demás, pero era imposible saber si podría vencer al Barça. El enigma se reforzaba por una cuestión táctica: los azulgrana se apoderan de la pelota como principal argumento del juego, pero al Madrid le bastaba tenerla unos segundos para crear peligro. Dos lenguajes opuestos se enfrentaban en el frío de noviembre. Sabemos lo que sucedió: el Real Madrid salió al campo con el color y la actitud de los fantasmas.

El Barça dio un partido de alta escuela. Corre el rumor de que en su casa de Manchester, la esposa de Wayne Rooney sorprendió a su marido aplaudiendo de pie ante el televisor. «Me he reconciliado con mi profesión», dijo el atacante inglés, emocionado por el concierto barcelonista.

Para el partido de vuelta, Mou necesitaba una estrategia que no hiciera aplaudir a Rooney. Poco le importaba la calidad del juego. El gen competitivo del portugués no se detiene en asuntos de etiqueta.

El futbol destructivo requiere de un cómplice inevitable: el árbitro. Abundan los momentos en que ese hombre atribulado y sudoroso pasa problemas para tomar decisiones. Ante una falta brutal es difícil que vacile, pero ante otras, no tan crasas ni violentas, se traga el silbato. El jalón de camiseta, el empujón que impide avanzar, el tropezón intencional, no atentan contra la integridad del contrario, pero lo desquician. Messi suele soportar más de diez agresiones de este tipo en los partidos duros.

César Luis Menotti ha señalado con acierto que el principal impedimento del fútbol son las faltas reiteradas. Deberían sancionarse con tarjeta, aunque no mutilen al jugador.

En el partido de vuelta, en el Santiago Bernabéu, Mourinho colocó a un defensa central en media cancha: Pepe se haría cargo de Messi. El encuentro se disputó dentro de una caja fuerte. No sólo la goleada del Barça sería imposible; también el futbol. En medio de ese festival del puntapié vimos lo inaudito: Leo se desesperó. Con furia de animal de presa, pateó una valla publicitaria. Pepe se acercó a decirle: «¿Estás loco?», y señaló su cráneo rapado en afrentosa señal de que usara la cabeza. El perseguidor diagnosticaba paranoia.

La verdad es que Messi usó al máximo su mente. La usó para estar harto. Quien piense que no se deja afectar por nada debe recordar ese momento de impotencia.

En Wembley, en su segunda final de Champions contra el Manchester, también pateó una valla, pero esta vez de euforia.

El 28 de mayo de 2011 lo vimos correr como un poseso después de anotar; iba animado por una alegría rabiosa, desesperada. En el límite del campo estampó la huella de su zapato naranja en un producto cualquiera del mercado. Ante Pepe el Cruel en el Santiago Bernabéu y ante la nobleza del Manchester en Wembley, estuvo en ebullición. Sus emociones no son *terra incognita* en espera de cartografía; están ahí, pero se expresan poco.

¿Cómo saber que alguien calladísimo guarda silencio porque está molesto? Los intereses del 10 son escasos pero se irrita si alguno de ellos se suspende. Lo peor que le puede pasar es no ser convocado para el partido sin que una lesión lo justifique. La idea de que lo «reserven» para otra hazaña lo hace sentir como el vestido de la abuela que se conserva en naftalina.

Según contó Ramon Besa en *El País*, cuando Guardiola tomó la decisión de que no jugara ante el Sevilla (acertada a la luz del resultado posterior: 4-0 para el equipo azulgrana), la Pulga no se presentó al siguiente entrenamiento. Besa reconstruye las reacciones de sus compañeros: «Pensaban en el club que se había resfriado o que le había ocurrido un imprevisto cuando al día siguiente no pasó por el estadio. Ocurrió que se había molestado por su suplencia y hubo que aguardar a la mañana siguiente para saber que el cabreo se le fue de la misma manera que le vino, sin saber por qué».

En otra ocasión salió al campo de entrenamiento con una cucharilla de plástico en la boca. Había tomado un café y no se desprendía de aquel objeto. Extraña señal. El resto del equipo se sintió obligado a hacer un examen de conciencia: ¿quién no le había pasado la pelota?, ¿quién lo había lastimado en forma accidental?, ¿quién dejó de recuperar el balón que precisaba?

Cuando el mejor futbolista del mundo entrena con una cucharita asomando de sus labios, la alarma es tan alta como cuando un tenor sale a cantar con un termómetro en la boca.

Al cabo de unos minutos el genio escupió el cubierto. La crisis había concluido.

La persona que más y mejor ha estudiado las reacciones de Lionel Messi es Pep Guardiola. En diciembre de 2012 almorcé con él en compañía de su gran amigo David Trueba y un par de amigos periodistas.

A Guardiola le gusta adentrarse de vez en cuando en el extraño mundo donde no hay entrenamientos ni concentraciones ni ruedas de prensa, ni un destino que sólo dura hasta el domingo. Carece de la pasión libresca de Pardeza o Valdano, pero le gusta estar informado de todo y lee lo suyo. Curiosamente, una vez que se desconecta de las tensiones del entorno con amigos de otras profesiones, vuelve con mayor pasión a su tema de siempre: «Nunca fui completamente feliz como futbolista», comentó en el restaurante donde los comensales de las demás mesas trataban de atrapar alguna de sus palabras. «Me preocupaba demasiado, vomitaba antes del partido, vivía angustiado». Desde entonces, su temperamento era más el de un estratega que el de un protagonista en el césped. En los tiempos en que aún llevaba el número 4 en la espalda, Valdano lo definió como «un entrenador con el balón en los pies».

«No sabéis la envidia que me dan mis jugadores; nunca pude gozar así. Los veo tan felices que quiero matarlos», bromea. Algunos de ellos seguirán su vocación de entrenador: Xavi y Busquets tienen tal talento táctico que ya los vemos en el banquillo de los estrategas. En cambio, es imposible imaginar a Messi fuera de la cancha. Su psicología está hecha para el presente, los goles que anota al salir de la siesta. No tiene la condición evocativa del comentarista de televisión ni las ideas futuristas del técnico. ¿Qué hará cuando se retire? ¿Comerá bifes en una mansión donde el mueble más preciado seguirá siendo el sofá?

«A los sesenta años estaré entrenando», afirma Guardiola, contento de trabajar en la variante del fútbol que más le gusta y que más tiempo dura. Desde ahí observa a Messi con una atención que nadie más le ha prodigado. El estilo de juego del F. C. Barcelona es, entre otras cosas, un dispositivo para liberar al 10; el camerunés Eto'o y el sueco Ibrahimovic tuvieron que hacerse a un lado para no interferir con la ruta de anotación de Messi.

No se llega a ser el mejor futbolista del mundo en un deporte de conjunto sin la complicidad de los demás. Guardiola trabajó mucho para crear las jugadas que Messi comienza  como enganche y concluye como centro delantero; un 10 que muta en 9.

Los cazadores del área chica tienen el oficio más repentino del mundo. Sólo existen unos cuantos segundos por partido. Messi ofrece un dilatado recital como volante, pero también aparece como fugaz atacante para rematar un pase que muchas veces se dio él mismo.

Eto'o cumplía la función del *killer* de área, puesto demasiado fijo para el cambiante Barça. Por su parte, Ibrahimovic es un gigante acostumbrado a la soledad. Los jugadores de punta de la Serie A encaran una estepa donde resuelven la vida por su cuenta. Ninguno de los dos podía ajustarse al gregario esquema del Barça.

Para la temporada 2010-2011, Guardiola recurrió a Villa, capaz de abrir la cancha como lo hace Pedro. La zona centro se liberó y pudo ser abastecida por los dos mejores sistemas de mensajería del balompié: Iniesta y Xavi.

Con esta variante, Messi, que ya era el mejor, se superó todavía más. Guardiola supo entender las distintas fases del motor barcelonista.

La táctica barcelonista se ordenó en torno a las virtudes de Messi, algo que nunca ha podido disfrutar en su selección. Sin embargo, jugar con la albiceleste ha sido, desde el comienzo, una de sus prioridades. Leonardo Faccio ha reconstruido un episodio del que se habla poco. La Pulga deslumbró en España desde que se convirtió en el jugador más joven en anotar en la Liga (a los diecisiete años, contra el Albacete), pero la onda expansiva de su talento tardó en llegar a Argentina.

Por ese entonces fue invitado a jugar con la selección juvenil española. De acuerdo con las normas de la FIFA, una vez que se juega para un país, ya no se puede jugar para otro. Messi rechazó la oferta, prefiriendo jugar para Argentina. Pero la convocatoria no le llegó de inmediato. «Pasaron cinco meses desde que la selección de España se propuso convocarlo hasta que recibiera la citación de la federación de fútbol de su país», apunta Faccio.

La anécdota debería alertar a quienes le reprochan falta de identidad. Messi no ha perdido el acento ni las costumbres rosarinas y piensa jubilarse en la ciudad que sólo abandonó porque ahí no tenía tratamiento médico.

Sin embargo, el divorcio con la afición se mantendrá hasta que no triunfe con Argentina. No ha jugado con ningún club de su país y su deuda con la albiceleste es una cuenta pendiente. Al respecto, es ilustrativa una anécdota de Johan Cruyff. Cuando jugaba para el Ajax y era reconocido en las calles de Holanda, la gente lo felicitaba por sus triunfos. En cambio, cuando se trasladó a Barcelona se sorprendió de que la gente le diera las gracias. Sus compatriotas entendían sus logros como un mérito profesional; los barceloneses se sentían parte de ellos. El drama argentino de Lionel Messi es que sus paisanos aún no le pueden dar las gracias.

## El paisaje desde la cumbre

Lo peor del éxito es que elimina el placer de esperarlo. Para un equipo empachado de trofeos, nada resulta tan difícil como recuperar la sed de triunfos. ¿Qué sentido tiene buscar la meta cuando ya estás ahí?

Cuando el Barça se durmió en sus laureles y perdió ante el Hércules, a principios de la temporada 2010-2011, Guardiola puso el despertador para seguir soñando.

«Leo no necesita motivación especial», me dijo en aquel almuerzo. «Compite contra sí mismo; siempre encara nuevos desafíos.» Al respecto, contó un ejemplo sencillo pero revelador. En un entrenamiento, Sergio Busquets entró con descuido en pos del balón y lastimó a Messi, provocándole una cortada. La práctica continuó sin sobre-saltos. Ya en el vestuario, Busi fue a disculparse con su compañero. Con voz tranquila, la víctima pronunció una respuesta hermética, señalando su herida: «Aquí dice: "Sergio Busquets"». ¿Qué signifi-caba eso? Milito y Mascherano, los mejores amigos de Leo en el equi-po, entendieron el mensaje antes que los demás. La Pulga no olvida nunca: tenía una deuda que saldar. Días más tarde, cuando el asunto parecía sepultado, le hizo una dura entrada a Busquets y sonrió con picardía infantil. Estaban a mano.

Su tenacidad se mide en las tareas que se asigna a sí mismo. Po-chettino, entrenador del Espanyol, se refirió a él con displicencia. El siguiente partido del Barça en Cornellà terminó con un contundente 1-5 a favor del equipo azulgrana. Messi celebró la faena jugando los últimos minutos por la banda más próxima al banquillo del técnico ri-val para que lo tuviera presente y, de ser posible, soñara con él.

Por si aún necesitara alicientes para ganar, en el verano de 2010 Mourinho se hizo cargo del Real Madrid y produjo un doble efecto: motivó a los suyos con una intrincada teoría de la conspiración, pero más a los enemigos con sus afrentas.

En una de sus primeras ruedas de prensa, advirtió que no estaba en España para ganar un torneo de simpatía y sugirió que si querían hablar con un técnico agradable entrevistaran a Guardiola; así, res-ponsabilizó a su rival de custodiar las buenas maneras en la Liga.

El portugués cumplió con creces su promesa de ejercer la anti-patía, a tal grado que su mayor enigma es su segundo apellido: Dos Santos (aunque quizá en el álgebra ultraterrena los santos duplicados equivalen a Luzbel, ángel caído).

Mou fue el Gatorade que le faltaba a Messi. Hubiera jugado de maravilla sin su presencia, pero el portugués lo ayudó a rehidratarse.

El creciente compromiso con el equipo llevó al gran solista a una interesante paradoja. En la primavera de 2011 competía con Cristia-no Ronaldo por el Pichichi y podía caer en la tentación de entender los goles como un triunfo personal; la tenacidad con que Mourinho trató de desvirtuar los méritos del Barça ayudó al proceso de madura-ción de Messi. Su individualismo se quedó en el vestidor.

Menotti describe bien este proceso de colectivización del propio juego: «Messi aprende. Los solistas deben dominar los tiempos, si no, entorpecen la orquesta. Y Messi hacía eso: cogía la pelota y en cada jugada tocaba el violín tres o cuatro veces, pero había ocasiones en que decías "a qué viene ese solo si ahora no tocaba". Y ahora mide.

Da pases de gol, tiene otro sentido, está mejor colocado, devuelve al primer toque al que se la dio como diciendo: "toma, no pensé nada". Antes, cada vez que cogía la pelota, se le había ocurrido ganar el partido, ahora no. Ha evolucionado. Ahí se nota la mano del maestro. ¿Qué hubiera sido de estos jugadores sin Pep?».

La competitividad de Messi se refleja en un dato extraño: comete más faltas que otros artífices del buen toque. En cuatro partidos de neurosis entre el Barça y el Madrid, cometió 14 de las 68 infracciones de su equipo, cuota insólita en un jugador tan técnico.

En pocas palabras: al genio con rostro de niño no le falta enjundia. Aunque se necesita paciencia para advertirlos, sus cambios de carácter existen. No los ventila en los programas del corazón ni arroja el teléfono celular por la ventana, pero los disgustos y las satisfacciones inciden en su ánimo. Desde el punto de vista emocional, lo que Guardiola estudiaba en él era la mirada: si advertía la chispa de malicia, todo estaba bien.

En Sudáfrica 2010 tuvo un entrenador muy diferente. Diego Armando Maradona buscó contagiar su carisma desde la orilla del campo; entrenó más con besos y abrazos que con argumentos. De manera inteligente, asignó como compañero de cuarto de Leo a Verón, un veterano que podía ayudar a madurarlo. Pero Messi no es alguien que busque ejercer el liderazgo. Sus fantasías en la cancha lo convierten en protagonista, pero le cuesta trabajo pensar en los demás y resolver por ellos. Cuando Maradona le dio el brazalete de capitán, no le hizo un favor. El gesto fue equivalente al de los padres que llevaban a sus hijos a un prostíbulo para que se hicieran hombres de repente. Esa presión añadida agobió a un futbolista que no dejará de tener algo infantil y busca apoyo en el tatuaje de su madre y la abuela en el cielo. Diego le brindó la histórica oportunidad de que fuera su sucesor, pero Leo no tiene ese carácter. Arropado por Guardiola, se sentía cómodo. Lanzado a la aventura por Maradona, empalideció.

Su nueva cita con la grandeza llegará en Brasil 2014. Si triunfa, el lugar de los hechos le dará lógica retrospectiva a la historia y entenderemos que Lionel Messi necesitaba alcanzar su máximo trofeo en la cancha del archirrival de Argentina.

La mayoría de edad de Leo coincidió con su maduración futbolística. En 2005 cumplió dieciocho años, fue nombrado mejor jugador del Mundial Sub-20 y anotó su primer gol con el F. C. Barcelona. El 10 de marzo de 2007 confirmó su jerarquía en el Santiago Bernabéu: fue responsable de un *hat-trick* ante el equipo *merengue*.

Los números que Messi ha llevado en la espalda trazan la biografía de un ídolo. Debutó en el Barça con el 30 de los supernumerarios, avanzó al 19 de los novatos que responden y luego alcanzó el *upgrade* definitivo: el 10 que Pelé y Maradona convirtieron en sagrado y, sobre todo, el que él llevó de niño en el uniforme rojinegro del Newell's.

En 2007, ante el Getafe, calcó el gol que Diego se inventó ante Inglaterra en el Mundial de 1986. La proeza confirmó un talento al que sólo le hacía falta reiterarse. Las lluvias de anotaciones y los seis títulos conseguidos con el Barça en la temporada 2008-2009 le concedieron el Balón de Oro; al recoger el trofeo, sonrió como un niño en una heladería. Esto no mermó su apetito, en la liga 2009-2010 igualó la estrepitosa marca de 47 goles de Ronaldo.

Vendrían otros récords casi inverosímiles. En 2012 se convirtió en un dolor de cabeza para el equipo de la ciudad que fabrica la aspirina: le anotó cinco goles al Bayer Leverkusen, nueva marca en la Champions. Ese mismo año modificó un récord que llevaba cuarenta años en pie. En 1972, Gerd Müller había anotado 85 goles en un año natural; Messi llevó la cifra a 91 y le envió una camiseta firmada al bombardero alemán.

Los premios se han convertido para él en una rutina de trabajo. Nada fue tan lógico como que recibiera tres balones de oro, llegando así a cuatro, marca superior a las de Michel Platini, Johan Cruyff y Marco van Basten, que recibieron tres.

La salida de Pep Guardiola del Barcelona, a mediados de 2012, fue un duro golpe sentimental para Messi. El técnico que le dio todas las facilidades para explotar su talento y prescindió de centro delantero para que el argentino pudiera ser dos futbolistas a la vez (el que prepara las jugadas como volante y el que las concluye como eje de ataque), se tomó un sabático después de cuatro temporadas de extenuantes éxitos en las que, con ayuda de Messi, conquistó catorce de diecinueve títulos posibles.

Leo no asistió a la conferencia en la que se despidió Pep porque no quería llorar en público. Sin embargo, su rendimiento no sólo no bajó con la salida del maestro sino que se incrementó en el Barça de Tito Vilanova, hombre de la casa, exasistente de Guardiola y continuador de su proyecto.

Su sello personal consiste en frenar en seco, iniciar una súbita carrera para sortear adversarios y tirar al ángulo desde fuera del área. Sin embargo, también inventa goles de simbólico artificio: en la temporada 2008-2009 consiguió el sexto título consecutivo del Barça empujando la pelota con el corazón.

El 10 de abril de 2013, Messi volvió a revolucionar el futbol. Estaba lesionado y no podía disputar el partido contra el Paris Saint-Germain, pero el equipo contrario ganaba 0-1 y el entrenador no tuvo más remedio que alinearlo. Entró en el minuto 16 del segundo tiempo; a partir de entonces, el PSG se vino abajo y el Barcelona resurgió. Hubo un cambio emocional en toda la cancha. El impacto de Messi no fue futbolístico sino espiritual; apenas se podía mover pero su sola presencia alteró el juego. Dio un pase decisivo y el Barça empató. Eso le bastó para pasar a la siguiente ronda. Por primera vez, Messi no jugó en cuerpo sino en alma. En cierta forma atisbamos lo que será su posteridad: cuando se retire, su recuerdo ayudará a ganar partidos. Como decía el cronista brasileño Nelson Rodríguez: «También los fantasmas tienen obligaciones con su club».

Mientras siga jugando, no sabemos hasta dónde llegará. Sólo sabemos que no hay defensas ni cerraduras que puedan detenerlo.

Cuando un niño quiere una bicicleta es capaz de muchas cosas. Cuando un hombre juega como el niño que quiere una bicicleta, es el mejor futbolista del mundo.

# El aprendizaje del vértigo:
## un domingo en La Bombonera

Los superclásicos son la Navidad del futbol. El anhelo casi siempre supera al resultado: durante meses, los hinchas imaginan goles con la desmesura de los niños que piden una PlayStation a Santa Claus a cambio de galletas para los renos que llegarán cansados.

El Boca-River del 4 de mayo de 2008 comenzó para mí con años de anticipación. En 1974 estuve en el Monumental para ver un River-Boca, pero no había ido a La Bombonera, la excepción que Canetti no estudió en *Masa y poder*.

La espera cargó la cita de tanta emoción que casi parecía una vulgaridad que se cumpliera. Amigos de México y España estaban atentos al 4 de mayo. El *derby* argentino interesa no sólo a quienes duermen con una camiseta que promueve la cerveza Quilmes, sino a la tribu planetaria.

Como el Everest o la *Gioconda*, el campo de Boca tiene la fama de lo que es insuperable en su género: el espacio único donde se retratan japoneses. ¿En verdad representa el pináculo de la pasión futbolística? «Nosotros nos odiamos más», me dijo el chofer que me recogió en el aeropuerto de Ezeiza. Se refería al encono entre Newell's y Rosario. En el trayecto habló de la capacidad de ira de los suyos y la desgracia de la tía Teresita, apóstata de la familia que se negaba a apoyar al equipo *canalla*. El eje de su discurso era el rencor: en los grandes días, el fútbol es asunto de desprecio y nadie odia como un *canalla* odia a un *leproso*. Por desgracia, los medios inflan repudios menores, como Boca-River. El piloto remató su argumento en plan teológico: «Dios está en todas partes pero despacha en Buenos Aires».

## No te preocupes: lo que tiembla es el mundo

El 16 de abril, Daniel Samper Pizano organizó en Madrid una cena para preparar el clásico. Ese día se jugaba la final de la Copa del Rey, entre Valencia y Getafe, pero no quisimos verla; preferimos hablar de futbol futuro, es decir, del 4 de mayo. El otro invitado justificaba que la palabra interesara más que el balón: Jorge Valdano contó su debut como visitante en la cancha de Boca. Mientras se ataba los botines, sintió que todo se movía. Uno de los veteranos se acercó a decirle: «No sos vos, pibe, es la cancha». Jugar en La Bombonera significa sobreponerse a un estadio a punto de venirse abajo por méritos pasionales. Ningún otro campo impone de ese modo en el ánimo del visitante.

En su estupendo libro *Boquita*, Martín Caparrós recuerda que fue en Argentina donde se bautizó al público como «jugador número 12». Acostumbrados a la adversidad, los mexicanos consideramos que el marcador es una sugerencia que podemos ignorar. En cambio, el hincha argentino desea alterar el resultado con tres recursos básicos: contener la respiración, putear a los contrarios y entonar canciones de amor lírico. No es casual que una de las barras más conspicuas se llame «La 12». Sus integrantes no están ahí para ver un partido, sino para jugarlo con sus gritos.

El realismo mágico desapareció de la literatura para refugiarse en la aviación. Recorrer por aire América Latina es una saga de rodeos, posposiciones y horarios raros que te hacen sentir en una realidad paralela. Tal vez los satélites se alquilan más barato en las madrugadas y eso determina las rutas del continente. El caso es que recibí el 4 de mayo en algún lugar del cielo entre Bogotá y Buenos Aires. Quien tenga los poderes de meditación de un yogui puede aprovechar esa noche de cuatro horas, los demás llegamos como zombis. La asociación entre el futbol y la aviación no es ociosa: la Copa Libertadores sólo será competitiva cuando se modifiquen los calendarios de juego y las rutas aéreas del continente. Los remedios de mi infancia solían decir: «agítese antes de usarse». La exigua noche en el avión me hizo llegar agitado al clásico.

Entrar al estadio fue otro deporte extremo. Tuve la suerte de ir en compañía de mi amigo Leo Tarifeño, hincha de River que había jurado no pisar La Bombonera.

Leo está convencido de que el argentino vive para el antagonismo, se separa con facilidad de la regla, impugna en forma mecánica y sólo se justifica a sí mismo por negatividad, discrepando de lo que no acepta. Después de exponer esta teoría, la puso en práctica. Cuando encomié los cantos de Boca, comentó: «En el fondo, esa alegría es amarga».

Estar con Leo era lo contrario a estar con un escudo humano. Caminamos por un yermo donde se alzaban los tonificantes humos del choripán. El baldío se convirtió poco a poco en un embudo: había verjas a los lados, respaldadas por policías. Seguimos de frente hasta que alguien —el invisible líder que iba en punta— cometió una torpeza, y fuimos repelidos por balas de salva. Retrocedimos hasta una patrulla, donde preguntamos por la tribuna de prensa. Un teniente hizo un ademán similar a un pase hipnótico: «entendimos» que debíamos ir al otro extremo de un círculo. Preferimos tomar el primer callejón a nuestro alcance. De nuevo nos hundimos en la multitud y de nuevo fuimos repelidos por tiros de salva. Corrimos en tropel hasta una barda donde la policía montada permitía el acceso a un pasillo improvisado con rejas. Aquello no parecía una ruta de entrada sino de detención. Supongo que para los habituales del estadio, los dilemas de ingreso generan una deliciosa adrenalina común. Nosotros no estábamos en condiciones de pasar por ese hacinamiento; sobre todo, no estábamos en condiciones de que Leo expusiera ahí su teoría del antagonismo.

Caminamos por un baldío donde alguien me entregó un volante de propaganda que leí como un texto sagrado:

Hinchas lesionados...!
Tenés derechos y muchos $$$ que reclamar.
Cualquier lesión que sufriste dentro de un estadio de fútbol,
o cerca de él, podés reclamarla.

La propaganda estaba firmada por el Estudio Posca, ubicado en Uruguay 385, Of. 902. Su lema de 2008 era: «¡¡¡32 años junto al hincha!!!» El despacho se presentaba como especialista en «accidentes de tránsito y en estadios de fútbol». Me llamó la atención que las canchas hubieran generado una subespecialidad jurídica. También me sorprendió que el perímetro de las reclamaciones se extendiera a las afueras del estadio. Leo y yo ya estábamos en la zona en la que convenía tener el teléfono del Estudio Posca. Entre otras cosas alarmantes, la publicidad decía:

**No aceptes Personas que dicen ser Abogados, y que se presentan en tu domicilio, en el Hospital o en la comisaría.**

¿Tenía caso asistir a un espectáculo para acabar en un camastro donde me buscaría una Persona que decía ser Abogado? Aunque tuviera «muchos $$$» que reclamar, era poco halagüeño pasar por los requisitos para conseguirlo. El volante era explícito respecto a los riesgos:

**Avalanchas; balas de goma y plomo; fracturas; esguinces; bengalas; peleas; piedras, etc.**

En caso de padecer algunas de estas situaciones futbolísticas, se aconsejaban tres acciones:

**Conservá tu entrada.**
**Hacete atender en la enfermería del club en el Hospital**
**más cercano al estadio.**
**Llamanos.**

Guardé la publicidad como un salvoconducto para la supervivencia. Lo más alarmante era su tono, la naturalidad con que asumía que en ese territorio los huesos se quiebran. Hay gente que no visita al médico porque teme que la enfermedad, hasta entonces invisible, se produzca en su presencia. El Estudio Posca procedía al revés: ya estábamos heridos pero aún no descubríamos nuestra sangre.

La diversidad de los temperamentos es tan grande que tal vez algunos se excitaban ante esa prueba jurídica de estar en territorio de agresiones. Tal vez otros calculaban qué tan bueno sería el negocio de esa tarde: ¿cuántos «$$$» se podrían reclamar por un peroné fracturado? ¿Valdría la pena sacrificar también una costilla? Si hay gente que sobrevive vendiendo su sangre o su semen, ¿habrá víctimas profesionales con un largo historial de fracturas?

Recorrimos calles que parecían conducir al estadio pero llevaban a una desviación. Ante la desconfianza de mi amigo por cualquier informante de Boca, pedimos señas a los policías. En todos los países, quienes custodian los estadios vienen de lejos, detestan estar ahí e ignoran cómo se llega a los asientos.

«No vamos a entrar», dijo Leo con rara satisfacción.

Me distraje con las banderas que colgaban de los balcones, los grafitis, las mujeres que se habían puesto delantales auriazules para vender empanadas; pocos equipos conservan el temple urbano de Boca, la capacidad de que el futbol sea un barrio.

El equipo de Maradona no ha perdido el contacto con las calles, el problema es saber cuál lleva a tu entrada.

El rodeo nos alejó hacia una zona donde todo mundo se asomaba a las ventanas. El ambiente festivo fue relevado por un grito: «¡Puuuuuuuuuutos!». Una motocicleta rugió a lo lejos. Vimos la bestia blanca: el autobús de River. Habíamos llegado al corredor del ultraje, donde los que no asisten al estadio hacen su juego. Al día siguiente escuché a Beto Alonso, emblemático jugador de River, hablar por la radio de los objetos que había sentido caer en el techo del autobús; hay quienes congelan hielos para la ocasión y quienes sacrifican sus más sólidos candados. El autobús avanzaba, lento, escupido, injuriado.

Desconfío de los cantantes que visitan un país, se vuelven hinchas instantáneos de un equipo y ofrecen un *encore* enfundados en su camiseta; sin embargo, en el callejón del oprobio estuve a punto de volverme hincha de River. No lo hice para no estimular a Leo. Cuando no quiere hallar culpables, la policía mexicana habla de «suicidio asistido». Mi repentina simpatía por los ultrajados y las teorías de mi amigo podían convertirnos en suicidas en busca de asistencia.

Mi percepción era forzosamente extraterritorial. En 1974, cuando fui al estadio de River, un señor oyó mi acento y me preguntó si era cierto que en México el hincha de un equipo como River podía sentarse al lado de un hincha equivalente a un *bostero*. Le dije que sí. «¿Y no se matan?», preguntó con interés. Le expliqué que, al menos para eso, éramos pacíficos. Su respuesta fue fulminante: «¡Pero qué degenerados!».

Nunca olvidaré a mi padre en el estadio de Ciudad Universitaria, levantando a quienes nos rodeaban para aplaudir al equipo visitante: «¡Son nuestros invitados!», decía con una cordialidad estrafalaria, que sin embargo era obedecida.

Formado en una escuela donde perder es sinónimo de hospitalidad, el hincha mexicano pasa trabajos para entender el ánimo de la barra brava, que parece forjado en la batalla de las Termópilas, o al menos en la película *300*.

En un diálogo sobre futbol y literatura que sostuvimos en la Feria del Libro de Buenos Aires, Caparrós advirtió que el mexicano dice «le voy al Guadalajara» mientras el argentino dice «soy de Boca». El grado de pertenencia es muy distinto. Como muchas veces los nuestros van a dar al abismo, preferimos seguirlos a cierta distancia; nuestra pasión es un horizonte inalcanzable, no un ingrediente del ADN.

En la calle donde el autobús de River se sometía al vendaval de los insultos, la identidad no podía ser más precisa: el que no lanzaba una piedra no era de ahí.

## Un efecto secundario: el partido

Sobrevino uno de esos momentos en que los mexicanos mostramos grandeza ante la frustración; me resigné a no ingresar al estadio y comer el choripán de los seres pacíficos. En eso, avistamos a un policía de pelo blanco que daba órdenes con firmeza de director de orquesta. Él y sólo él podía saber dónde estaba nuestra entrada. «Es muy sencillo», habló con voz profética: «sigan las vías del tren».

Avanzamos entre los rieles oxidados de una vía muerta. Por ahí se iba al estadio en los tiempos en que se jugaba con gorra y el balón era de cuero cosido.

Recorrimos esa ruta olorosa a pasado hasta llegar a otra confluencia de peligro. A nuestra derecha había un muro azul, metálico, con pequeños orificios; por ahí entraban los hinchas de River. No podíamos verlos pero percibimos su avance, como un rebaño de sombras. Sólo había una prueba de que eran ellos: los insultos que recibían. Estuve tentado a darles una muda seña de solidaridad: deslizar bajo el muro metálico el volante del Estudio Posca.

La intensidad de este rincón contrastaba con una escena en la acera de enfrente. Tres chicas en leotardos amarillos y azules posaban a favor de un candidato a la dirigencia de Boca.

Al fin subimos la torre elegida. Arriba, comprobé el efecto óptico descrito por el cronista colombiano David Leonardo Quitán en *Fútbol sin barrera*: el de Boca es el único estadio en el que no te alejas de la cancha a medida que asciendes. La verticalidad de la construcción crea una mareante cercanía. «Hay que tomar lecciones de abismo», dicen los protagonistas de *Viaje al centro de la Tierra*. Buen consejo para La Bombonera.

Cuando Hugo Orlando Gatti, el portero más querido y extravagante de la historia boquense dijo «Voy al encuentro del abismo», se refirió a su capacidad para complicar las jugadas, pero quizá también al público a punto de desplomarse en la cancha.

La Bombonera es un estadio impar, y lo es de forma fanática: en sus gradas caben 57 395 espectadores. Ni un solo número de la cifra mágica es par.

Para el público no hay mejor entrenamiento que la anticipación. Potenciada por la espera, «La Popular» definió el superclásico. Quien deseara ver un *derby* con encomiables argentinos podía sintonizar ese mismo día el Inter-Milán para admirar genios de exportación. El partido en Italia fue un oleaje de ida y vuelta; nada que ver con el marasmo en La Bombonera.

El equipo local ganó desde la defensa y administró las pausas con lentitud de teatro kabuki. A River le faltó la contundencia que le sobraba a su técnico, el Cholo Simeone, y sólo trianguló cuando eso importaba poco. Pero el sol bañaba las gradas como un regalo y la gente gritaba con la felicidad elemental de quien tiene muchos huevos para matar muchas *gallinas*. Difícilmente, quienes estábamos ahí hubiéramos cambiado ese partido por los destellos estéticos del Inter-Milán. El superclásico era lo que debía ser: un pretexto eficaz, un trámite menos decisivo que las pasiones de la gente. No se va ahí a descubrir el fútbol sino a confirmar una constancia emocional.

Hay una defraudación implícita en la gesta: nunca sucederá el enfrentamiento ideal que condense la tradición, el choque de ídolos que resuma las eras, donde Labruna, Pedernera y Sívori jueguen contra Rattín, Pernía y Batistuta. Esa imposibilidad —la suma fantasmal de lo que ahí se ha disputado— otorga atractivo a cada nueva cita de los enemigos íntimos. Un lance de cuchilleros donde las heridas nunca son tan profundas como el rencor que las anima.

En ciertos días excepcionales, un *derby* semeja una propaganda de la pasión: en el minuto 90 llega el empate a 3 y en los segundos de prórroga hay una voltereta. Pero ese domingo el desconcierto sólo estaba en las tribunas.

Si los superhéroes de cómic suelen ser criaturas bipolares que alternan la deprimente existencia de Clark Kent con los brotes maniacos de Superman, los fanáticos del futbol van de la invectiva al cariño sin nada en medio. La entrega de una hinchada se mide por su bipolaridad y la de Boca califica muy alto: «No me importan lo que digan/ lo que digan los demás/ yo te sigo a todas partes/ cada día te quiero más», cantan los románticos varones que minutos antes invitaban a asesinar hinchas de River.

Cuando Battaglia anotó el golazo de cabeza que definiría el 1-0, el edificio se cimbró conforme a su leyenda. Como vengo de un país de terremotos, durante varios días hablé de ese entusiasmo, medible en la escala de Richter. Un escritor, un mesero y un policía me corrigieron con la misma frase, surgida del ventrículo más azucarado del corazón *bostero*: «El estadio de Boca no tiembla: late».

La pasión también se define por la forma en que convoca a los ausentes. La barra auriazul recordó a Raulito, hincha de fuste a quien la muerte no impedía estar ahí, y a los grandes que alguna vez jugaron en ese sitio en el que los jugadores duran poco.

Muy lejos quedan las gestas de caballería de Ernesto Lazzatti, que pasó por el fútbol sin ser expulsado una sola vez y vistió los colores de Boca sin pensar que hacía antesala para viajar a Europa. Hoy los argentinos son los grandes nómadas del futbol. «Si fueran buenos no jugarían aquí: Verón regresó porque es viejo y Riquelme porque es raro», me comentó un taxista.

Recordé una escena de Alemania 2006. Coincidí con Carlos Bianchi como comentarista en las transmisiones de la televisión mexicana. Durante una pausa, el entrenador que logró todo para Boca recibió una llamada. Dijo más o menos lo siguiente: «No puedo hacer más, vos ya tenés otro padre». Luego comentó: «Era Riquelme», con la satisfacción con que Homero hubiese dicho «Llamó Aquiles». El 10 argentino necesita sentirse querido para rendir. Durante las concentraciones de Alemania 2006 buscaba el apoyo emocional que Bianchi le supo dar en Boca. Ante La Bombonera en pleno hervor, se entiende que Riquelme no haya triunfado en el Camp Nou de Barcelona, donde predomina un ambiente de conocedores de ópera. Por virtud, fue el último de los sedentarios. Palermo lo fue por déficit (lo más notable que hizo en España fue fracturarse al celebrar un gol, pero su generosa disposición a que la pelota le rebotara en cualquier parte del cuerpo lo convirtió en el máximo anotador en la historia de Boca, el gigante que tiene su estatua en La Bombonera).

Salvo excepciones, los *cracks* argentinos tramitan con sus lances el *boarding pass* que los llevará lejos. Lo único sedentario es la hinchada. Tal vez su entrega tenga que ver con ese desacuerdo insalvable. La pasión futbolística se alimenta de dolor; cada público encuentra la forma de superar males específicos. En Argentina los milagros son posibles pero duran poco; en México se posponen para siempre y la gloria debe imaginarse. El cronista del Estadio Azteca narra jugadas que necesitan adjetivos para valer la pena. El cronista de La Bombonera no está ante algo que deba ser validado por las palabras («lo único que quiero es que gane Boca», me dijo en la tribuna de prensa Juan

José Becerra, el imprescindible autor de *Grasa*, que narraba la temporada de su equipo para el diario *Crítica*).

¿Qué encuentra un profesional de la posposición en el territorio de los impacientes? En La Bombonera, el hincha mexicano deja de esperar ficciones (espectaculares goles mexicanos) e ingresa en una realidad acrecentada. El estadio vibra como una naturaleza radical: no reclama interpretaciones sino métodos de supervivencia.

Hundido en la marea, el cronista que viene de lejos tiene noventa minutos para adquirir un hábito que no asociaba con el futbol: el vértigo.

# «Barrilete cósmico»

El 22 de junio de 1986, en el Estadio Azteca, Maradona anotó el gol más tramposo de la historia. Quienes estábamos en la tribuna lo vimos buscar un remate de cabeza. La jugada fue percibida en dos tiempos: del asombro pasamos a la duda. Diego era bajito pero consiguió rematar. ¿Cómo lo hizo? Cuando le preguntaron después del partido si se había servido de un puñetazo, respondió: «Fue la mano de Dios», convirtiendo la treta en mito.

Una de las pocas personas que de manera instantánea supo lo que había ocurrido fue Víctor Hugo Morales. Desde la cabina de transmisiones sentenció: «¡Con Inglaterra, hasta con la mano!».

Seis minutos después, Maradona inventó el máximo gol legítimo. Tomó el balón en su propio campo y llegó a la portería contraria después de dejar en el camino a cinco ingleses.

Gabriel Batistuta afirma que de haber hecho el mismo recorrido, él habría disparado tres veces: de treinta metros, de veinte metros y dentro del área. La magia del gol dependió de la forma en que el protagonista pospuso el final. ¿Qué tenía Diego en mente? Según Valdano, en el último segundo recordó una jugada de 1980, cuando Argentina enfrentó en Wembley a Inglaterra. El partido terminó 3-1 a favor del equipo local. Ahí, Diego tuvo una oportunidad que no olvidaría: hizo un quiebre de embrujo y quedó solo ante el portero; quiso colocar el disparo y la pelota salió rozando el poste. Su hermano le dijo entonces que era más seguro burlar al guardameta. El 22 de junio de 1986 recordó el consejo; podía disparar a quemarropa pero en sus botines un último regate resultaba más seguro. El prodigio es la sensatez del genio.

¿Era posible describir el delirio en tiempo real? Ante el micrófono, Víctor Hugo Morales, arrebatado por la emoción, cedió al flujo de su conciencia. Pocos locutores tienen un temple tan controlado y pocos saben enloquecer tan bien cuando vale la pena. Transcribo las palabras del rapsoda: «Ahí la tiene Maradona, lo marcan dos, pisa la pelota Maradona. Arranca por la derecha el genio del fútbol mundial. Puede tocar para Burruchaga… Siempre Maradona. ¡Genio, genio, genio! Ta, ta, ta, ta, ta… ¡Goooool!, ¡goooool! ¡Quiero llorar! ¡Dios santo, viva el fútbol! ¡Golaaaazo! ¡Diegoooool! ¡Maradona! Es para llorar, perdónenme, Maradona en recorrida memorable, en la jugada de todos los tiempos: barrilete cósmico, ¿de qué planeta viniste para dejar en el camino a tanto inglés, para que el país sea un puño apretado gritando por Argentina? Argentina 2-Inglaterra 0. ¡Diegol, Diegol! Diego Armando Maradona. Gracias, Dios, por el fútbol, por Maradona, por estas lágrimas, por este Argentina 2-Inglaterra 0».

Lo significativo de la narración es que, cuando comienza la jugada, el cronista ya advierte que algo se insinúa con poderosa inminencia: «arranca por la derecha el genio del fútbol mundial…». Consumada la proeza, da con un calificativo impar: «barrilete cósmico». En Argentina, «barrilete» equivale al «papalote» mexicano o la «cometa» española.

El gran narrador de las gestas argentinas es uruguayo. Nacido en 1947, en la pequeña ciudad de Cardona, Víctor Hugo Morales es una leyenda de la radio que habla con autoridad de ópera, tango y fútbol. En julio de 2010 conversé con él en el Palacio de la Magdalena, en Santander.

Morales es un hombre alto, con pinta de abogado próspero y maneras de quien distingue al vuelo el mejor platillo de un sofisticado restaurante. Le pregunté por la narración, que es visitada en internet como un santuario. Maestro del ritmo radiofónico, el cronista dosifica la importancia de las jugadas: «Si hablo despacio, es porque la pelota está en el medio campo». El segundo gol de Maradona ante Inglaterra no dio oportunidad a la calma. ¿Qué pasaba por la mente del testigo? «Había muchas emociones en juego», comenta: «Mi carrera está asociada a la de Diego: debuté en la radio argentina el mismo día en que él debutaba en Boca. Además, estaba el tema de la guerra de las Malvinas, perdida cuatro años atrás, del que nadie quería hablar, pero que determinaba el clima del encuentro, y la situación de México, que no apoyaba a Argentina. Yo había dicho: "ni encadenado me vuelven a traer aquí". Ahora me arrepiento, tengo un hijo que vive en

México, voy con gusto, pero no querían a la selección». El relato es certero. En la final, los argentinos vieron con desconcierto a un público latinoamericano convertido al fervor teutón.

Con una voz trabajada por treinta años de narraciones, Víctor Hugo prosigue: «Luego estaba el tema de Bilardo; yo era de los pocos que creían en él como entrenador. Por último, a unos asientos, estaba uno que quería que la selección fracasara…».

De esas tensiones salió una narración irrepetible, que ruboriza al cronista por su entrega a la emoción: «Mis amigos me la ponen y me avergüenzo; es como si corriera desnudo por la calle Corrientes».

La jugada más vista del futbol tuvo vida íntima, en la cabeza de Diego y en la de su principal testigo en los medios. El futbol depende de esas complicidades.

Víctor Hugo Morales ha dado tal realce al futbol que se ha convertido en líder de opinión y participa en las más encendidas disputas en Argentina, especialmente las que se refieren a la relación entre los medios y el poder. En 2012 asistí a la Feria del Libro en Buenos Aires y encontré dos libros altamente vendidos y discutidos: uno a favor de Víctor Hugo, otro en contra. Es lo que se espera de figuras como Obama o el Che, no de cronistas de futbol.

El prestigio de Morales se reforzó en el programa de televisión *Hablemos de fútbol* y el libro del mismo nombre que publicó con Roberto Perfumo, leyenda de la cancha que desde sus tiempos de jugador entendió la importancia de las palabras (ha sugerido que se supriman las tarjetas de amonestación y se regrese a lo que antes hacía el árbitro: dialogar con los futbolistas, prevenirlos de lo que puede suceder, llevar el partido como un encuentro verbal).

Un amigo argentino, exiliado en México por razones políticas y luego por perdurables causas amorosas, se hacía traer grabaciones de los partidos que Víctor Hugo narraba en la radio; varias veces me invitó a escuchar encuentros disputados en un tiempo ya impreciso. Nos sumíamos en ellos como en las guerra púnicas o, mejor dicho, en una épica que admitía la ironía y los entrañables detalles cotidianos, y que me traía memorias del entrañable cronista mexicano Ángel Fernández, narrando ante la «voz del Azteca».

En *Hablemos de fútbol*, Víctor Hugo demuestra que la televisión es un foro para discutir. En cambio, la radio se presta más para la narración: ahí el relator describe para que el escucha vea a través de sus palabras.

En aquellas cintas que la nostalgia le traía a mi amigo, escuché descripciones del clima, bañando de sol la barra brava; el saludo de los capitanes, unidos por un instante y condenados a odiarse segundos después; los numerosos detalles previos que otorgaban linaje emocional a esa gesta; la relación del juego con un vocabulario de cuidada espontaneidad (esa contradicción es posible en los rapsodas). Escuché partidos cuyo resultado me importaba poco, absorto ante el milagro de la voz. La mayoría de los cronistas de la radio son instrumentos útiles para saber qué pasa con la pelota; fiel a su nombre, Víctor Hugo improvisa relatos clásicos. Su mérito está en las muchas cosas dispersas que vincula de golpe y en su singular carácter: en el momento justo, sabe perder los nervios.

El 22 de junio de 1986 Diego Armando Maradona dejó sin palabras al planeta, pero no a Víctor Hugo Morales.

# El suicidio de Dios

En 2008 Diego Armando Maradona tomó la temeraria decisión de dirigir a la selección argentina. Un país contuvo el aliento ante lo que podía ser el descalabro de su favorito.

El Dios de los pies pequeños dio nuevos argumentos a los comentaristas, hartos de analizar el abductor lesionado de un defensa o el costoso fichaje de un delantero.

Puesto en entredicho por sus intoxicaciones, Maradona es la droga que el futbol necesita para despertar. A diferencia de la mayoría de sus colegas argentinos, que al jubilarse administran una parrilla de carnes, el 10 albiceleste no ha dejado de buscar retos ni problemas. Su prodigiosa historia dentro de los estadios ha sido una telenovela fuera de ellos.

Nunca un pie izquierdo ha sido tan relevante, lo cual lleva a pensar si en verdad se trata de un ser humano. «Diego es un extraterrestre», ha dicho su hermano menor.

Su gracia para engañar a los rivales como quien les hace un favor, lo convirtió en futbolista de fábula. Pero Maradona tenía algo más: la magnética condición del ídolo. Conservó el aire de jugador de barrio peleado con los peines, que incluso de esmoquín parece a punto de matar un balón con el pecho. Fue el líder ideal de los descastados del futbol. Sus mayores triunfos ocurrieron en escuadras en perfecto estado de desprestigio. Llegó al Nápoles cuando el equipo había olvidado lo que significaba comer los tallarines del triunfo y lo llevó a conquistar el *scudetto* con la afrentosa seguridad del individualista que cambia a una tribu. Lo mismo ocurrió cuando se convirtió en capitán de la selección que dirigía Bilardo; nadie creía en ese equipo tosco que parecía haber olvidado que Argentina patentó el *dribling*. Pero los tiempos de la Copa del Mundo son extraños: la anticipación de la contienda dura cuatro años; la hazaña dura siete partidos. En sus bíblicas siete jornadas de México 86, Maradona hizo que una Argentina de relativa jerarquía fuera invencible.

Después de los triunfos vinieron los estertores de una vida que no se resuelve sobre el césped. Sobredosis. Gordura. Alegatos de paternidad. Pruebas de ADN. Dopaje. Derroche económico. Fanatismo castrista. Llanto público. Peligro de muerte.

Dotado de una resistencia física excepcional, sobrevivió a su dieta de excesos y tuvo el temple para aceptar sus errores y reinventarse como conductor de televisión. Su temperamento adictivo lo llevó a probar numerosos modos de salir de escena. Todos condujeron a inesperados regresos a la escena.

En noviembre de 2008 me reuní en el periódico *La Nación*, de Buenos Aires, con Daniel Arcucci, coautor del apasionante libro *Yo soy el Diego… de la gente*. Después de años de seguir una vida con los altibajos de un electrocardiograma, Arcucci ve el destino del zurdo de este modo: «Diego se mueve por ciclos; cuando parece liquidado se recupera y vuelve a la cima. Esto siempre ha sido así. La primera vez que dijo que se iba del futbol fue ¡en 1977! Ha estado harto muchas veces. Lo que ha cambiado es que estos ciclos se han vuelto más breves. Antes pasaban años entre los éxitos y los fracasos, ahora los cambios son de un día para otro».

Maradona ha sido un caso de bipolaridad extrema: la fascinación que ejerce se debe en buena medida a su condición de triunfador autodestructivo. Según advierte Arcucci, los años han intensificado la forma en que sube y baja. Lejos de los rigores del entrenamiento, queda a merced de su voluntad para evitar las tentaciones de una sociedad que promete placeres instantáneos a quienes cuentan con crédito suficiente.

La mayoría de los argentinos vio la aventura con un temor que no derivaba de la inexperiencia del jugador para entrenar, sino del daño que podía hacerse a sí mismo. Era como si la estatua de San Martín cabalgara de pronto rumbo a una batalla desigual.

El Dios decidió jugar con fuego. El rendimiento de Argentina en la fase clasificatoria fue inestable. El equipo calificó a Sudáfrica con penurias excesivas. Emocionado por este logro menor, Diego confundió el orgullo con la venganza e invitó a los periodistas enemigos a practicar el sexo oral.

Ya en territorio africano, reinventó su imagen. Apareció de traje al borde del campo, con una cuidada barba de pastor protestante y un rosario de pope ortodoxo en la mano. El hombre que tantas veces se ha referido a su colega en las alturas como «el Barbas» o «el verdadero Dios», se presentaba como un clérigo sereno, en espera de que Lionel Mesías hiciera los milagros.

Sin otra credencial que su pasión por el juego que contribuyó a reinventar, Maradona se sometió una vez más al tribunal de la mirada. Una y otra vez el ídolo que parece aniquilado ha vuelto del más allá. Hace unos diez años, resucitó en el cielo provisional de la televisión. Cuando parecía serenarse en calidad de abuelo y se disponía a enseñarle a chutar al bebé que su hija tuvo con el Kun Agüero, volvió a sentir la tentación de abismo.

Acaso su mayor error en Sudáfrica fue pensar que Messi podía asumir dentro del campo un liderazgo que nunca ha querido ejercer y que a él le bastaba con besarlo y abrazarlo al término del partido para contagiarle sentimentalmente su talento. El futbol es tan raro que podría haber sido campeón de esa manera. Ganó con autoridad los primeros partidos pero tuvo la mala suerte de enfrentar a una Alemania en estado de gracia que se derrumbó al siguiente juego, contra España. La decepción de la albiceleste no fue mayor a la que produjo en el Mundial de 2002, al que llegó con calificaciones impecables bajo la dirección de Marcelo Bielsa. Pero de Diego siempre se espera algo más.

Como el Inmortal que imaginó Borges, ha buscado en vano el río cuyas aguas conceden la mortalidad. Los desastres no lo han acercado a la condición común de sus congéneres; por el contrario, han demostrado su imposibilidad de aniquilarse.

Diego se arriesgó en todas las zonas donde ondean las banderolas del peligro. Le convendría tener un doble de riesgo que lo representara en ciertas secuencias de su vida, pero no ha nacido quien lo sustituya. Jugó a matarse de tantos modos que convirtió la supervivencia en una épica de larga duración. Ni siquiera Keith Richards se le compara: hubo un tiempo en que el guitarrista de los Stones encabezaba todas las listas de fallecimientos célebres a punto de ocurrir; su piel se convirtió en la de un saurio antediluviano, una reliquia de Babilonia o una momia con arrugas cuneiformes, pero se salvó. Aunque nos asombra que esté vivo, sabemos que ya no meterá los dedos en un contacto eléctrico. Los peligros son parte de su arqueología, un *souvenir* de otra época, semejante a su anillo de calavera. En cambio, Diego cumplió cincuenta años en 2010 como alguien a quien la salud le sirve de molestia. Doctorado en técnicas autodestructivas, fue el sujeto ideal para anunciar a una compañía de seguros.

Cuando Dios dispara contra sí mismo tiene el pulso firme de los seres sobrenaturales, pero sus balas son de salva.

# Martín Palermo:
## los optimistas fallan mejor

El delantero Martín Palermo pertenece a la categoría de los que ignoran que el desastre es posible. No tenía aptitudes obvias para un oficio que en Argentina es patrimonio de virtuosos, pero la evidencia nunca le preocupó demasiado.

Le decían el Loco por sus cortes de pelo desteñidos, inspirados en la estética de su amigo Zeta Bosio, bajista de Soda Stéreo. Sin embargo, el apodo también definía los pensamientos que surgían bajo sus pelos amarillos. Con el tiempo, también merecería el mote de Titán (nunca ajeno a la grandilocuencia, lo escogió para titular su autobiografía).

Demasiado corpulento para ser un estilista y demasiado inventivo para ser un simple cazagoles, el Titán Loco ignoró la lógica.

Debutó en 1992 con Estudiantes de la Plata, pero su club decisivo fue Boca Juniors, donde jugó hasta 2011. La academia del toque donde han dictado cátedra Maradona, Rattín, Tarantini, Pernía y Riquelme, aceptó con reticencia al gladiador. Su tocayo Martín Caparrós, autor de la biografía del equipo (*Boquita*), lo vio con desconfianza. El delantero con físico de estibador jugaba para la controversia. Sabía ser bueno y malo al mismo tiempo.

Algunos de sus logros se confundieron con accidentes. En 1999 tomó impulso para tirar un penalti, se resbaló, golpeó la pelota con ambas piernas y logró una inaudita anotación. Cegado por la lluvia, consiguió un gol de último minuto ante Perú para que Argentina conservara la posibilidad de jugar el Mundial de Sudáfrica. En 2008 anotó en el superclásico colgado del travesaño, sin ser sancionado por el árbitro. En otra ocasión la pelota lo golpeó en plena cara a 38.9 metros de la portería. Tal vez porque nunca hizo otra cosa que pensar en goles, el rebote fue a dar al arco, estableciendo un récord mundial. De manera célebre, anotó los dos tantos con los que el Boca derrotó al Real Madrid en la final de la Copa Toyota, y se quedó con las llaves del coche para el mejor jugador del partido.

Palermo reiteró delirios hasta convertirlos en costumbre. Desde 1938, tiempo mitológico en que los guardametas usaban gorras de panadero y los uniformes eran lavados por las madres de los futbolistas, nadie había anotado tanto para Boca Juniors. La marca de Roberto Cherro duró 72 años hasta que un desaforado de pelo amarillo se apropió de ella.

Con enorme puntería, el entrenador Carlos Bianchi, que ganó todo lo que podía ganar con el equipo *bostero*, se refirió a Palermo como «el optimista del gol».

Ese talante define la más extraña de sus noches, ocurrida el 4 de julio de 1999 en el Estadio Cáceres de la ciudad de Luque, en Paraguay.

Argentina disputaba un partido de la Copa América contra Colombia. El árbitro era el paraguayo Ubaldo Aquino. Pitaba en su país y tal vez eso lo llevó a querer convertirse en el protagonista de la gesta. «Esa noche el hombre andaba con unas ganas bárbaras de cobrar penales», dice Palermo en su autobiografía. El ansioso Aquino marcó cinco: tres para Argentina, dos para Colombia.

Martín se preparó para lanzar el primero sin mayores preocupaciones; la pena máxima era un trámite sencillo para él. Sin embargo, falló el tiro. A partir de ese momento demostró lo optimista que podía ser. Al Titán una mosca le molesta más que una tragedia. Los límites son para él una impostura. Cuando el árbitro marcó un segundo penal, decidió cobrarlo. Volvió a fallar, haciendo interesante lo que vendría después.

Siempre estadísticos, los dioses provocaron un tercer penalti. ¿Se atrevería a cobrarlo quien ya había fallado dos? Simeone, Sorín y Riquelme estaban en la cancha; los tres eran buenos tiradores y ninguno se ofreció para la tarea. Tampoco llegaron señales del banquillo, presidido por Marcelo Bielsa.

Martín Palermo llevó la pelota al manchón de cal. Después de cientos de goles anotados, tenía la oportunidad de lograr una hazaña negativa: fallar un tercer tiro. ¿Defraudaría haciéndose el común y demostrando que la pena máxima ofrece todas las ventajas al tirador?

Fallar adrede hubiera sido fácil e irrespetuoso. El Loco no podía buscar un récord bufo. Con la desesperada fe que siempre lo acompañó, quiso anotar. En beneficio de lo inolvidable, supo fallar, imponiendo otro récord mundial.

Argentina perdió 3-0. Las pifias de Palermo representaban el empate. Sólo un optimista podía fracasar con tal grandeza.

«El que pierde un duelo a espada no tiene que vivir con ello», escribe Álvaro Enrigue. La guerra incruenta del futbol depara otras humillaciones. El delantero de Boca casi agotó sus reservas de entusiasmo para sobrevivir con los tres penaltis fallados. Incluso Bielsa lo llamó egoísta.

Pero su día más trágico aún estaba por llegar. El 5 de agosto de 2006 asistió al cementerio de La Chacarita a cremar a Stéfano, su hijo recién nacido. Por la tarde, sorprendió a todo mundo al regresar al hotel Intercontinental donde estaba concentrado el Boca Juniors, que jugaba al día siguiente. Abrió la puerta de la habitación 601 y Guillermo Barros Schelotto, su compañero de cuarto, lo vio como si se tratara de un aparecido.

Hablaron poco. Durante la cena los compañeros lo arroparon con un afecto en el que apenas asomaron las palabras. Una de las escasas cosas que dijo Palermo fue que quería jugar. El domingo 6 se sentía tranquilo («entero, con mucha polenta», dice en su autobiografía). No se trataba de un partido decisivo. Era apenas la primera fecha del torneo de apertura, contra Banfield, pero él necesitaba el único espacio de resurrección que conoce un futbolista. Pisó la cancha de La Bombonera y comenzó a ser otro. Marcó dos goles. Después del segundo no se pudo levantar del césped. Rompió a llorar, sepultado por los compañeros que se tiraron sobre él.

Como tantos gigantes, Palermo es sentimental. Se tatuó el nombre de Stéfano y lo besó en cada anotación hasta llegar a la última de todas, el 6 de junio de 2011, a los 38 años.

Un año antes, en el Mundial de Sudáfrica, se había convertido en el segundo argentino más veterano que anotaba con la selección, siendo sólo superado por el mítico Labruna.

La hinchada, que lo llamó Burro y lo quiso como sólo se quiere a un burro espléndido, le levantó una estatua en La Bombonera.

Ningún drama tuvo el tamaño de su optimismo.

# Ronaldo: las razones del cuerpo

Para un futbolista brasileño, adueñarse de un nombre es más difícil que ganar la Copa del Mundo. Ronaldo Luís Nazário de Lima, también llamado el Fenómeno, logró la hazaña de ser conocido, simple y sencillamente, como Ronaldo.

En 1994, cuando llegó a la selección verde-amarilla, tenía diecisiete años. Viajó como menor de edad al Mundial de Estados Unidos y contempló la gesta al borde de la cancha. Uno de sus compañeros era Ronaldo Rodrigues de Jesus, que provenía del São Paulo; por lo tanto, el menor de edad fue apodado Ronaldinho.

En 1996 participó en los Juegos Olímpicos de Atlanta. La ciudad que inventó la Coca-Cola conoció al nuevo mito de la cultura pop por el diminutivo que llevaba en la espalda: «Ronaldinho». Un año después nadie se atrevía a decirle así. En la temporada 1994-1995 llegó a Holanda, fichado por el PSV Eindhoven, y corrió como si quisiera ganarle terreno al mar: anotó 42 goles en 49 partidos.

A partir de entonces, quienes tuvieran el descaro de llamarse como él tendrían que ajustar su nombre. Un tal Ronaldo de Assis Moreira iba a recoger el diminutivo que su tocayo había tirado a la basura y aceptaría triunfar como «Ronaldinho». Por su parte, el portugués Cristiano Ronaldo dos Santos Aveiro ha podido asumir apodos de *cyborg* (CR7 o CR9), pero nunca podrá ser simplemente Ronaldo.

A los 34 años, el mayor goleador en Copas del Mundo (quince anotaciones, dos de ellas en la final de 2002), ganador de la Liga con el Real Madrid y de la Copa UEFA con el Barcelona y el Inter, el *crack* que alzó dos veces el Balón de Oro (1997 y 2002), pronunció la frase más interesante de su vida pública: «No me retira la mente sino el cuerpo».

Fue la primera vez que aludió a su psicología. Su trayectoria puede ser vista como la de un inmenso derroche físico ajeno a los trabajos mentales.

Con Roberto Carlos, Ronaldo inauguró la moda de los temibles cráneos rapados y del brasileño que corría sin tregua. A diferencia de sus paisanos, que juegan a ritmo de samba e improvisan siestas en la media cancha, el Fenómeno era un individualista precoz que tenía prisa. En su condición de eje de ataque, descubrió que la soledad puede ser positiva y se transformó en un asocial que sólo se comunica con las redes.

Mezcla de corpulencia y habilidad, el estilo de Ronaldo fue el de un gladiador de diseño. Su estatura de 1.83 aconsejaba una musculatura de 83 kilos, pero no es fácil vivir del cuerpo sin padecer sus tentaciones, sobre todo en un mundo con espaguetis tan sabrosos: varias veces Ronaldo fue un genio de cien kilos. Aunque los grafitis denunciaban su obesidad en las bardas de Río de Janeiro, se las arregló para ser un gordo veloz y sonreír como el Buda de los gimnasios.

A diferencia de Figo, seductor de opereta que fingió pasiones que no tenía, Ronaldo sólo le profesó lealtad a sus caprichos. En la cancha, desplegó un deslumbrante egoísmo funcional; fuera de ella, le prometió su corazón a un amplio reparto de *top models* y fue visto con travestis en alguna fiesta. Ya sabemos que el amor se eterniza mientras dura. Las eternidades de Ronaldo fueron rápidas.

Manuel Vázquez Montalbán entendió así su singularidad: «Me temo que Ronaldo pasará por la vida y por la Historia sin haber entendido nada de lo que nos ha pasado y nos pasa. Y es que ni siquiera podemos considerarlo un inmigrante de lujo. No es ni será nunca un jugador de club». Ni siquiera fue leal a Jairzinho, campeón de México 70, que lo descubrió cuando era niño. En su discurso de despedida, olvidó mencionar a su mentor. El gran Jair se sintió ultrajado; sabía que aquel jugador con dientes de conejo sólo necesitaba a los demás para sortearlos en la cancha o esconderles sus cosas en los entrenamientos, pero aun así esperaba ser mencionado. El Fenómeno dijo adiós del mismo modo en que jugó, sin tomar en cuenta a los demás.

En Italia y España militó en equipos archirrivales como si no se enterara del asunto. Es cierto que no pasó directamente del Barcelona al Real Madrid ni del Inter al Milán, pero fue ajeno a las ilusiones de los aficionados. Su desapego hacia el entorno fue tan fuerte como su apego al balón.

A los 17 años parecía el émulo de Pelé. Cuatro años más tarde, en Francia 98, los cronistas no podían pronunciar su nombre sin agregar una muletilla: «el mejor futbolista del mundo». Se esperaba tanto de él y de los zapatos especiales que le confeccionó Nike, que se sometió a una tensión extrema y sufrió convulsiones en vísperas de la final. En el país que promulgó los Derechos del Hombre, el Fenómeno fue obligado a jugar en calidad de zombi. Resistió con entrega pero salió del Stade de France con la mirada perdida, sin pensar en la derrota de 3-0. Había salvado el pellejo de milagro.

¿Cuánto puede durar un atacante que destronca defensas a lo largo de treinta metros? Precisemos la pregunta: ¿cuánto puede durar en Italia, donde se diseñan patadas de alta costura? Esquivar a esa horda de legionarios tatuados con espíritu de zurcidores era imposible. El 21 de noviembre de 1999 la rodilla del Fenómeno era un juguete roto.

El cuerpo le pasó factura y lo convirtió en un joven famosamente jubilado. La prensa publicó sus radiografías como antes publicaba las fotos de Susana Werner, la primera de sus célebres novias, conocida como la Ronaldinha.

En 2002 los brujos del futbol sabían que el futuro no dependía de una bola de cristal sino de la rodilla de Ronaldo. El titán logró la mayor gesta de los héroes deportivos: el regreso contra todos los pronósticos. Incluso se dio el lujo de dejarse un extraño fleco en la frente. Su cráneo parecía una fruta tropical, pero nadie se burló de él. Brasil fue campeón por medio de su enjundia.

Aún pudo destacar en el Real Madrid de los Galácticos, conquistando la Champions en 2002, y regresó al Mundial en 2006 para perfeccionar su récord goleador. Fiel a su inconsistencia afectiva, terminó sus días en el Corinthians después de haberse preparado con su acérrimo rival, el Flamengo.

Los altibajos de su carrera se debieron a su rodilla y a su manera de combatir el tedio, la depresión y las demás molestias de la vida con sobredosis de modelos. La discoteca fue su psicoanálisis.

Al terminar con Susana Werner, Ronaldo le propuso matrimonio a otra *top*, Daniela Cicarelli. La boda se celebró en el Castillo de Chantilly, escenario ideal para un príncipe antojadizo que jamás rechazó un plato de crema.

Coleccionista de goles, Ronaldo también quiso serlo de las mujeres que trabajan en tanga. Los contactos con chicas de otras profesiones no acabaron bien. Entre otras cosas, tres de ellas no fueron chicas sino travestis que quisieron chantajearlo.

Durante el Mundial de 2002, en un restaurante de Tokio, conoció a una mesera brasileña y tuvo un hijo con ella (no en el restaurante, por supuesto, aunque eso hubiera sido ideal para un precipitado). En 2010 decidió evitar juicios de paternidad: en conferencia de prensa, anunció que se había hecho la vasectomía.

La vida privada de Ronaldo ha tenido la misma publicidad y la misma exigencia física que su vida pública. Hay dudas sobre la existencia de su vida interior.

El Día de San Valentín de 2011, Ronaldo Luís Nazário de Lima resumió su tragedia de este modo: había advertido que su mente tenía más fuerza que su cuerpo. Si hubiera descubierto esto al principio de su carrera, habría alcanzado el rango de Di Stéfano, Pelé, Maradona, Cruyff o Beckenbauer. Ante una portería, fue el niño que corre tras un helado: no administró su fuerza ni su deseo. Perteneció, como el tritón o el centauro, a la condición de los seres fabulosos. Fue el Fenómeno.

Con la misma edad de Shakira, parecía un jubilado surgido de otro tiempo, la antigüedad en la que salía a la arena como un gladiador dispuesto al sacrificio. En el circo mediático del futbol, sobrevivió del único modo en que supo hacerlo: desgastándose más. Perdió el desafío físico, pero conquistó su nombre.

Nadie se volverá a llamar Ronaldo.

# Ronaldinho: un gigante en diminutivo

Ronaldinho parece un hombre feliz que sólo cierra la boca cuando va al dentista. Pero hay otra circunstancia en la que este experto en sonreír pone la cara de quien olvidó apagar la estufa. La cancha es para él una playa de diversión, pero la portería es cosa seria. Cuando coloca la pelota en el manchón de penalti, aprieta los labios. Los goles tienen un sabor dulce, pero su cáscara es amarga.

El astro del Atlético Mineiro, que alcanzó la gloria como número 10 del Barcelona, vive para ocultar el esfuerzo que respalda sus jugadas y hacernos creer que improvisa su destino con la alegría de quien silba una samba. Sobran motivos para que se sienta orgulloso de la forma en que ha chutado: con el Barça conquistó el bicampeonato y se alzó con la Champions, trofeo que no levantaba desde 1992, la revista *France Football* le entregó el Balón de Oro al mejor jugador de las ligas europeas y su nombre fue tasado por la publicidad en setenta millones de euros, superando al adonis del pelo versátil, David Beckham. Sin embargo, su carrera también ha tenido numerosos altibajos. Dotado para reinventar prodigios de media cancha hacia arriba, ha sucumbido a la segunda tentación de todo futbolista brasileño que no sea el angelical Kaká: la vida nocturna.

Cuando Pep Guardiola se hizo cargo del banquillo del Barça, le pidió a los jugadores que se quitaran los lentes oscuros y contempló con estupor los ojos irritados de quienes se desvelaban todas las noches. El líder de la pandilla era el brasileño.

La depuración del vestidor comenzó con la salida del genio rumbo al Milán. Fue una decisión inteligente por parte de Guardiola. A partir de entonces, el 10 del Barça se convertiría en el extravagante esteta que llevaba el 80 en la espalda *rossonera*. Como en todas partes hay discotecas y en Milán están llenas de italianas, el escurridizo atleta que se desmarcaba de los defensas no pudo hacerlo de las chicas. El caudillo Berlusconi, dueño del Milán y provisionalmente de Italia, le pidió seriedad en el tono amenazante de un juerguista que conoce los estragos de la fiesta y detenta el poder. Ronaldinho se disciplinó lo suficiente para ser líder de pases de gol en la Serie A, pero acabó regresando a Brasil, donde gana menos pero se desvela mejor.

La *torcida* del Flamengo lo recibió con cariño pero no por mucho tiempo. Sus salidas nocturnas se volvieron tan frecuentes que se instaló una *hotline* para que los testigos de sus escapadas pudieran denunciarlo. Entre parranda y parranda, logró que el Flamengo mejorara y pasó al Atlético Mineiro, donde en 2012 fue nombrado el mejor jugador del campeonato, récord que puede considerarse menor, tomando en cuenta que los máximos genios brasileños suelen jugar en Europa, pero que resulta asombroso, considerando la veteranía y el sentido tan ocasional de la disciplina del protagonista.

Aunque fracasó con Brasil en el Mundial de Alemania 2006, donde no pudo anotar un solo gol y se quedó lejos de las cuotas de los inmortales, Ronaldinho sigue jugando por gusto. Persigue el balón como si fuera a pedirle un autógrafo.

Uno de los misterios de la gracia es que encubre las penurias que se padecen para conseguirla. Ronaldinho tiene el aura de la buena suerte y del contagio positivo; si alguien se lo encuentra, no puede desperdiciar la oportunidad de comprar un billete de lotería terminado en 10.

Sin embargo, hubo tiempos en que se conformaba con las propinas que podía darle la fortuna. El impaciente futbol renueva sus leyendas con urgencia. En 2003, el futuro monarca del balompié oficiaba en Francia, país un tanto ajeno al futbol, donde las emociones dependen de la sofisticación existencial y los cocineros se suicidan cuando su restaurante pierde una estrella en la *Guía Michelin*. El estadio del Paris Saint-Germain atrae a los excéntricos que disfrutan de las patadas, pero no consagra a los futbolistas.

Para triunfar en serio, Ronaldinho tenía que mudarse a Inglaterra, España o Italia. Como Baudelaire, el hombre diseñado para la dicha sufría el extraño *spleen* de París y deseaba estar en otro sitio. Para eso tenían que pasar cosas raras: la pasión de un pueblo tenía que combinarse con el dinero.

Alguien debía llamar de Barcelona.

## La inmortalidad: un pago a plazos

El fichaje de un astro del futbol es un acto en el que se necesita una fortuna para ser irracional. Los mercenarios de platino no se venden en el mercado común. Es más: ni siquiera se sabe que están en venta. Los pies acaudalados se subastan en riguroso secreto. Sólo cuando una flotilla de agentes, abogados y directivos se pone de acuerdo, el *crack* comparece ante la prensa, luciendo la camiseta del equipo con la espontaneidad de quien luce un nuevo bronceado.

Un safari de sombra antecede a este momento: horas y horas de búsquedas, llamadas a teléfonos con prefijos en Luxemburgo, almuerzos en Suiza, país muy poco futbolero que sirve para despistar a los medios. Muchas veces las comisiones y los datos básicos del contrato quedan en la sombra. En 2014, Sandro Rosell tuvo que renunciar a la presidencia del Barcelona por la opacidad con que contrató al brasileño Neymar. En 2003 fue el encargado de fichar a Ronaldinho para el Barça.

El astro no aterrizó en el aeropuerto de El Prat como un futbolista, sino como el redentor de la causa azulgrana. Desde 1992, cuando conquistó la Champions en Wembley, el equipo era maltratado por la estadística. Sus elegantes oficinas habían tenido como inquilinos a directivos que gastaban con frenesí de apostadores de Las Vegas para tener un equipo criticado con justicia por cualquier taxista.

De 2000 a 2003, el empresario hotelero Joan Gaspart dilapidó como presidente del Barça los recursos y las ilusiones de un club descrito por el más célebre de sus evangelistas, Manuel Vázquez Montalbán, como «el brazo desarmado del catalanismo», «la única institución legal que une al hombre de la calle con la Cataluña que pudo haber sido y no fue».

La falta de títulos y el bajo nivel de juego parecían poner en riesgo no sólo las aspiraciones deportivas, sino la identidad misma del equipo. Durante el franquismo, el Camp Nou fue el único gran foro público donde se habló sin reservas el idioma de Josep Pla. No en balde el lema del Barça es: «Más que un club».

El escritor barcelonés Ignacio Vidal Folch me dijo en una ocasión: «Quien no conoce el Liceo, el Ateneo y el Camp Nou, no conoce la ciudad». La ópera en Las Ramblas, la sede de las añejas tertulias culturales y la arena de los alaridos son los tres principales centros de desfogue de una población civilizada, que combina los colores de la ropa con cautela y nunca irrumpe sin permiso en las colas para comprar el pan.

Aunque la barra de los *boixos nois* ha mostrado que también los *hooligans* pueden ocupar asientos en la educada Ciudad Condal, la afición catalana suele ser cortés, proclive a un elegante desapego y algo afecta al victimismo. El Barça es más que un club y Cataluña es menos que una nación. Su histórico día de fiesta conmemora una derrota. En este contexto —el de un país que no llegó a ser, o no todavía—, se delegan excesivas esperanzas en quienes anotan goles en nombre del orgullo vernáculo.

En 1992, año eufórico de la Olimpiada de Barcelona, el *Dream Team* dirigido por Johan Cruyff descubrió la extraña costumbre de ganar y conquistó la Champions. Desde entonces, el club con más socios del mundo se había visto obligado a recordar aquel título como un milagro irrepetible.

Con devota sensatez, Cruyff era llamado «Dios» en el estadio. Cuando sus ocurrencias dejaron de producir triunfos, su originalidad fue vista como una locura de peligro. La directiva, entonces encabezada por Josep Lluís Núñez (que ha terminado como suelen hacerlo los presidentes del Barça: con un juicio por prevaricación), lo despidió con el maltrato que se le concede a un jardinero que no puede acabar con las hormigas. En un gesto que confirma la peculiaridad de su carácter, Cruyff se negó a aceptar otro equipo; el hombre que le había puesto Jordi a su hijo sólo se interesaba en el club *blaugrana*. Regresaría años después como presidente honorario, nombrado por Joan Laporta, y sería destituido con un desdén marca Núñez por Sandro Rosell. Nadie atropella más a los símbolos que el club que depende de ellos.

En su gestión al frente de los destinos millonarios del Barcelona, Gaspart fue incapaz de resucitar las esperanzas. Visto de perfil, el directivo parecía una gárgola; de frente, adquiría la enjuta consistencia del vampiro. No es raro que alguien con ese porte pensara en importar sangre del país de Cruyff. El cadáver del Barça recibió tantas transfusiones holandesas que le pusieron *Barçalanda*. El equipo llegó a alinear a siete tulipanes dirigidos por Louis van Gaal, tiránico devorador de paellas que cobraba mucho por ejercer el pensamiento único y gritar al borde del campo.

Mientras el equipo atravesaba una década gris, Barcelona se convertía en una ciudad potente. Si hasta los años ochenta tuvo el encanto de una adolescente que ignora su propia belleza, a partir de la Olimpiada se transformó en un *top model* que trabaja para la mejor agencia. La altiva Barcelona de la posmodernidad exigía un equipo de diseño, capaz de rivalizar con los desfiles de moda de Toni Miró, la cocina de investigación de Ferran Adrià y la arquitectura a la carta de Jean Nouvel y Norman Foster. Por desgracia, los éxitos de la cultura *fashion* no tenían forma de llegar al césped del Camp Nou.

El siglo XX terminó mal para el equipo: la película de moda revelaba que sólo el Hombre Araña lucía con garbo los colores azulgrana y Luis Figo, símbolo de la pasión barcelonista, aceptó ponerse el odiado uniforme del pecho blanco.

Una tenebrosa negociación cambió el destino de ese *crack* portugués. Florentino Pérez, entonces aspirante a directivo del Real Madrid, se reunió con él en la clandestinidad que exige el libre mercado: el futuro presidente del Madrid necesitaba una promesa de Figo para presentarlo como su carta de renovación en la directiva. El portugués se comprometió a jugar para él en caso de que ganara las elecciones. ¿Por qué lo hizo? Pocas cosas son tan costosas como tener confianza en este mundo materialista: Figo podía cobrar una fortuna por cumplir su palabra.

Humillado por el traspaso de Figo, el Barcelona enfrentó en 2003 las elecciones más competidas de su historia. El candidato desafiante era Joan Laporta, un abogado de cuarenta años amigo de Johan Cruyff, un hombre rebelde y *yuppie*, de gran carisma y temperamento incalculable. Las viejas mafias lo vieron con temor. Laporta tenía un proyecto, y un as en la manga.

## El heraldo negro

La crisis financiera del Barcelona impedía fichar luminarias, pero al equipo le urgía un águila entre los gorriones. Con pragmatismo, el grupo de Laporta se encaminó a asegurar la contratación de un astro mediático y a tres o cuatro satélites. Sandro Rosell, que había sido director de Europa para Nike, trató de obtener a David Beckham; sin embargo, pagó el precio de actuar a la luz del día. La propuesta catalana fue estudiada por la directiva del Manchester United mientras Florentino Pérez hablaba personalmente con el *Spice Boy*. Con cálculo astronómico, Beckham juzgó que brillaría más entre *galácticos*.

La siguiente opción del Barça era más misteriosa: Ronaldo Assis de Moreira, mejor conocido como Ronaldinho, por venir después de Ronaldo, y como Gaúcho, por venir de Rio Grande do Sul, lugar más célebre por sus vaqueros que por sus futbolistas.

Los genios del empeine requieren de la patente de fuego de un equipo grande. Ronaldinho había militado en el Grêmio de Porto Alegre y el Paris Saint-Germain, nada muy especial. Uno de sus técnicos en Francia, Luis Fernández, lo consideraba frágil e indisciplinado. A los veintitrés años era ante todo una promesa. ¿Valía la pena contratarlo? El Barcelona fue de *shopping* en pos de un Ferrari y regresó con un Audi, que no está nada mal, pero sinceramente no es lo mismo. Pagó treinta millones de euros por el brasileño, la tercera parte de lo que costaba un *galáctico* del Madrid.

El nuevo entrenador del Barça, Frank Rijkaard, no parecía a la altura de las circunstancias. Acababa de ser cesado por su fracaso al frente de la selección de Holanda. Su contratación sólo se explicaba por las recomendaciones de Cruyff y el papel hipnótico que en Barcelona ejercen quienes han vestido la camiseta naranja.

Ronaldinho debutó en la liga el 30 de agosto de 2003. Cuatro días después anotó su primer gol en el Camp Nou, en un extraño partido con el Sevilla que comenzó hacia la medianoche. Yo vivía entonces en Barcelona y supe que el insomnio tiene sus ventajas: en plena madrugada, Ronaldinho disparó desde fuera del área con la precisión de quien deposita una carta en un buzón.

El romance de la Ciudad Condal con el jugador fue instantáneo. En gran medida, esto se debió a su desenfadada personalidad. Un embajador ideal para Rijkaard, quien tal vez por haber nacido bajo el signo de Libra enfrenta el futbol como una contienda diplomática. Aunque tardó unos treinta partidos en entender las posibilidades básicas de sus jugadores, el técnico mostró insólita sangre ligera en una institución al borde de un ataque de nervios.

Rijkaard es un budista accidental que administra las rotaciones con la confianza de quien cree en la reencarnación y aniquila su yo en favor de la energía colectiva. Poco intervencionista, prefiere que los problemas se resuelvan según el karma de cada quien. Aunque flota en el Nirvana cuando uno quisiera que lanzara gritos (o al menos que hablara con Cruyff), la calma le ha dado dividendos en un negocio de engreídos.

La esperanza brasileña se sintió bien con el técnico y no encontró nada que no le gustara en la ciudad, pidió que le dijeran «Ronnie», invitó a toda su familia a vivir ahí, incluido Tiago, su amigo del alma, y se instaló en el hotel Arts en un cuarto con vista al mar.

Cada vez que salía a la intemperie saludaba en forma exultante, moviendo las dos manos, con los pulgares y los índices extendidos, como si agitara unas botellas. Si el entorno de algunos futbolistas parece el *casting* para una película de Scorsese sobre el futuro de la mafia, Ronaldinho llevaba sus asuntos como una merienda casera. Era representado por su hermano Roberto, y sus asesoras eran su madre y su hermana Deisi. Cada reunión de la familia demostraba que venían de una ciudad llamada Porto Alegre.

Después de años de crispación, el Barça contó con un líder de magnífico carácter. En cuanto a sus habilidades, muy pronto se supo que disponía de gran técnica individual. Al mismo tiempo, mostró cierto desaliño psicológico en la cancha. Una característica del *crack* es que busca lo impredecible. Cuando falla, parece un loco en el juego equivocado, y pone nervioso al entrenador.

En sus primeras semanas con el equipo, Ronaldinho avanzaba en rutas imprecisas, como un velero que espera un golpe de viento para recuperar el rumbo. Su notable capacidad de proteger el balón le permitía llegar lejos, pero no siempre a un sitio de interés. Disparaba de maravilla en los tiros libres, pero tenía propensión a ahogarse cuando conducía la pelota. Ese desajuste encerraba un secreto.

Ronaldinho es un diestro que avanza por la izquierda, del mismo modo en que Messi es un zurdo que corre bien por la derecha. Aunque Ronnie utiliza la zurda con frecuencia, su pie seguro es el derecho. Esto lo obliga a cambiar continuamente de perfil (a diferencia de Messi, que puede avanzar en diagonal sin tanto zigzag). Sus evoluciones adquieren una desequilibrante trayectoria de *surfing*. El volante arrastra el marcaje de tres o cuatro defensas rumbo a la punta izquierda, pero no es un extremo sino un centrocampista que da un rodeo. Tarde o temprano vuelve al núcleo de la acción. Para ello necesita socios, y sobre todo uno, descolgado en punta.

## El cómplice perfecto

Como otros genios, Ronaldinho aprendió a jugar con compañeros que lo superaban; la diferencia es que él no lo ha olvidado. Improvisa maravillas al borde del área con la confianza de que alguien hará algo aún mejor dentro de ella. Juega en función de otro, alguien que otorga sentido a su peculiar manera de detener la pelota y buscar una salida. Si no hubiera nadie de peligro dentro del área, Ronaldinho parecería un intoxicado del buen toque que se dispone a salir del estadio dominando el balón.

De niño, cuando se acercaba a la cancha en compañía de su perro *Bombón*, Ronnie era el que venía *después*: buscaba a alguien adelantado. Su padre, Joao Silva, fue un buen jugador *amateur*. Fanático del Grêmio de Porto Alegre, se hacía cargo del estacionamiento en los días de partido. Su primogénito, Roberto Assis, ocho años mayor que Ronaldinho, jugó profesionalmente con el Grêmio a pesar de una malformación en los pies y acaso recordando que a Garrincha le decían el Ángel de los Pies Torcidos. Ronaldinho llegó al equipo con la precocidad de quien imita a destiempo a sus mayores.

Joao Silva murió de un ataque al corazón a los cuarenta y dos años, cuando su hijo menor tenía diez. Roberto se hizo cargo de la familia. Aunque nunca tuvieron lujos, tampoco padecieron la pobreza extrema de quienes viven en las favelas; Ronaldinho pudo seguir jugando. En un partido con las fuerzas inferiores del Grêmio, llamó la atención de un periodista al anotar la increíble suma de veintitrés goles, cuatro de ellos de tiro de esquina. Sus botines anunciaban la exageración del monstruo.

Algunos virtuosos del futbol son egoístas que sólo por respeto a la convención aceptan que su equipo incluya a otros diez. Si algo distinguió a Ronaldinho en sus años de formación fue la capacidad de admirar a otros jugadores. Esto empezó en la órbita familiar, con las figuras de su padre y su hermano Roberto, y continuó con el joven prodigio de la época, el tocayo que lo obligaría a usar un diminutivo. Cuando el Fenómeno Ronaldo visitó Porto Alegre, Ronaldinho lo acechó en el vestíbulo del hotel para pedirle un autógrafo.

Muchos partidos después, su admiración por los grandes se transformó en una generosa manera de entregarles balones. El *crack* de Porto Alegre no eligió, como Ronaldo o Romario, la escuela del Rey Pelé (la soberanía individual), sino, como Gérson o Tostão, la del Príncipe Didí, que requiere de un igual para concluir jugadas.

El niño que perseguía las descolgadas de su padre en la punta de la cancha, sería el mejor del mundo cuando alguien se situara tres metros delante de él para orientar sus jugadas. Como el destino a veces es muy obvio, su cómplice perfecto en la selección sería su ídolo, Ronaldo Nazario, enemigo íntimo en el Real Madrid.

## Los borradores de la gloria y la versión definitiva

La diosa Fortuna escoge momentos precisos para su favoritos. En 1997 Ronaldinho fue campeón goleador en el Mundial Sub-17; dos años después debutó en competencia oficial con la selección mayor en la Copa América. Su primera jugada fue un *sombrerito* a un defensa venezolano, seguido de un gol de museo. Siempre precipitada para anunciar hazañas, la prensa comparó su debut con el de Pelé ante Gales en Suecia 58.

Ahora resulta sencillo encontrar una conexión entre aquellas primeras jugadas de fábula y la celebridad posterior; sin embargo, abundan los casos de genios del chanfle que se pierden para siempre en la borrasca del carajo. Todo pudo haber sido de otro modo.

Ronaldinho tomó la dudosa decisión de ir a la liga francesa, donde fue un prodigio inconstante. En 2003 no estaba en el *ranking* de los veinte mejores. El Barcelona necesitaba a un salvador y actuó con más fe que cálculo. En una época en que los números se estampan en las camisetas como precios de supermercado, le entregó a Ronaldinho el 10 de Pelé y Maradona. En rigor, el equipo contrataba a alguien que aún no existía, un *crack* de inverificable futuro. Pero a veces las creencias se vuelven contagiosas: el volante no actuó como el que era hasta ese momento, sino como el que deseaba la afición.

Volvamos a su peculiar estilo, esas rutas de velero ante los embates del viento. Según los registros de *France Football*, el motor del Barça utilizaba el balón de la siguiente manera: 34 por ciento del tiempo permanecía en la misma zona, 28 por ciento retrocedía, 24 por ciento se desplazaba en forma lateral, y sólo 14 por ciento de las veces avanzaba. Se trata de porcentajes extrañísimos para un hombre de ataque.

Ronaldinho marea a los marcadores con rotaciones, repliegues, curiosos cambios de perspectiva; es un diestro incrustado en el ámbito de los zurdos, como una silueta presa en el espejo convexo de una feria. Aislado de los suyos, esto lleva al desorden. Fue lo que tantas veces le pasó en Francia y lo que ocurrió en sus partidos iniciales con el Barcelona. No es el último hombre, sino el penúltimo. Necesita un socio, una pantera suelta que convierta sus quiebres y amagues en una amenaza de depredación.

Ronaldo Assis encarna una alta paradoja del juego de conjunto: se convirtió en la máxima individualidad del futbol gracias a Samuel Eto'o. El ariete camerunés hizo que la más caótica evolución de Ronaldinho adquiriera sentido de la amenaza. Si el brasileño retrocedía, parecía hacerlo para buscar un hueco rezagado desde donde filtrar el balón al centro delantero.

El mejor momento de la dupla ocurrió, como debía ser, en la casa donde los barcelonistas son peor recibidos. El 19 noviembre de 2005 el Santiago Bernabéu aplaudió de pie a los prodigiosos villanos que los habían ultimado 0-3, con dos goles maestros del brasileño. Ese mismo mes Ronaldinho ganó la edición cincuenta del Balón de Oro. Sabemos que las conversaciones con futbolistas no pertenecen al género de la psicología profunda; sin embargo, a veces dicen algo revelador por accidente. Cuando le preguntaron qué le representaba el Balón de Oro, Ronaldinho contestó que lo anhelaba desde 1997, cuando lo ganó Ronaldo. En todas las circunstancias de su carrera el astro en diminutivo necesita un modelo mayúsculo. Cuando paseaba en su coche por Barcelona, le pedía a su amigo Tiago que se pusiera al volante.

La consagración futbolística exige el cumplimiento de severos ritos de paso. Zidane no tendría su estatura mítica de no haber anotado goles decisivos en la final de la Champions con el Real Madrid y en la final de Francia 98 con su selección. En cambio, Ronaldinho no fue tan decisivo como Eto'o, o incluso como Víctor Valdés en el partido en que derrotaron al Arsenal en 2006 para alzar la Champions. Le faltó suerte o instinto letal para decidir partidos históricos.

Además, la cultura de masas no se conforma con méritos aislados. Enamorada de los sucesos llamativos, exige un exhibicionismo crónico.

Ronaldinho fue campeón del mundo en la categoría Sub-17 y campeón absoluto en el Mundial de Corea y Japón. Pasó por Alemania 2006 como un incógnito y un año después el Barça se volvió un equipo endeble. La prensa detectó que Ronaldinho no estaba tan gordo como su tocayo Ronaldo, pero se le parecía algo: era un panzón en diminutivo. Al salir del campo, el astro se alzaba la camiseta para desmentir esos rumores. Si el equipo hubiera rendido, nadie habría pensado que le sobraban unos kilos.

En Milán y de regreso en Brasil, fue estupendo sin rozar la inmortalidad. Algo ha quedado claro en su destino: el gen competitivo se inhibe con facilidad en su organismo. Prefiere jugar con la despreocupación de quien se entrena para un partido sin importancia o filma un documental sobre el *Jogo bonito*.

En su ratos libres se entretiene con la PlayStation ¡y elige el personaje de Ronaldinho! La felicidad es para él una reiteración de la costumbre. «No necesito dormir para soñar», dice este hombre ajeno a las presiones.

En julio de 1999 la revista brasileña *Placar* hizo una encuesta para bautizar al novato que un mes antes había deslumbrado a la afición en la Copa América. Ronaldo Assis merecía individualizarse. Los lectores votaron por llamarlo Ronaldinho Gaúcho.

Los diminutivos denotan que hay alguien más grande. Ronaldinho nunca dejará de ser el chico que perseguía a Ronaldo para pedirle un autógrafo.

# Abróchense los cinturones:
# el Barça de Guardiola

Cuentan que Osvaldo Zubeldía, legendario entrenador de Estudiantes de la Plata, amaba tanto los resultados que cuando su equipo iba ganando 1-0 sentía que ya había cumplido su misión. A partir de ese momento, no le interesaba otra cosa que aniquilar el juego.

Cuando enciende su mejor puro y ficha a un entrenador, el presidente de un club no espera obras de arte ni una coreografía sobre el césped sino resultados que salven su cabeza ante los socios.

Aunque no siempre tenga la pasión resultadista de Zubeldía, todo técnico es rehén de la estadística. Puede ser tan filósofo o tan poético como le dé la gana, siempre y cuando las teorías y las musas contribuyan al marcador. Sumar puntos es la áspera obligación del hombre que sufre al borde de la cancha.

Helenio Herrera se veía a sí mismo como un Zeus provisional que gritaba insultos geniales y hacía ademanes más eficaces que los rayos. Incluso este hombre convencido de su inspiración comentó resignado: «Si se puede ganar jugando bien, estoy conforme, pero a los quince días se olvida si el partido ha sido bueno o malo. En la tabla queda el resultado, eso es lo que cuenta».

¡Difícil oficio el de los artistas que sólo perduran si salen del estadio con tres puntos! La creatividad depende de un impulso gratuito, la búsqueda del placer, la obtención de una belleza que no siempre es útil. ¿Hay espacio para ella en un deporte que exige cuentas favorables?

Como el poeta que reinventa su libertad entre las catorce rejas de un soneto, Pep Guardiola fue responsable de un sueño que se midió en números.

Una arraigada tradición ha convertido al F. C. Barcelona en una entidad a la que no le basta ganar. El buen juego es parte de su temperamento. A diferencia de hinchadas que aplauden inocuos lances de fantasía y odian la vulgaridad de ser campeones, los aficionados *culés* descubrieron en los tiempos del *Dream Team* de Cruyff que podían amar la victoria, pero no a cualquier precio.

El 8 de mayo de 2008 Josep Guardiola se hizo cargo de un equipo que dormía una larga siesta después de haber alzado el trofeo de la Champions en París, el 17 de mayo de 2006. Sus credenciales como entrenador eran breves. Había logrado que el Barcelona B ascendiera de Tercera a Segunda División B, con un estilo de juego del que se hablaba muy bien, pero que pocos habían visto.

Su fichaje parecía más emocional que deportivo. El niño nacido en el pueblo de Santpedor era un candidato perfecto para establecer un contacto sentimental con la tradición y apaciguar el fuego en torno al presidente Joan Laporta, al que se le exigían trofeos después de dos temporadas de sequía.

En el currículum barcelonista del nuevo entrenador sólo faltaba haber sido el chico que corona la pirámide humana de un *castell* en las verbenas populares. En su infancia fue recogebolas del Camp Nou y desde niño vivió en La Masía, la casa-escuela donde se forman los *cracks* del Barça. Un canterano de cuento de hadas.

La infancia es la edad en que los deseos son útiles. Ahí regresa el hincha en los días de gloria y de ahí viene Guardiola, que no ha dejado de ver a los jugadores como quien aspira a devolverles el balón.

En sus tiempos de jugador reinventó el número 4. Era un táctico rezagado. Cruyff le prohibió retener la pelota. Lo suyo no era el regate ni la fuerza, sino la inteligencia rápida. En su condición de volante que construye desde atrás, pasó por el futbol como descubridor de huecos. Ante una fórmula eficaz, los matemáticos hablan de una solución «elegante». Guardiola desplegó la elegancia de la hipotenusa. Cada uno de sus pases obligaba a recordar que al Camp Nou se llega por la Diagonal.

Nadie podía dudar que el olímpico que conquistó el oro en Barcelona 92 y ese mismo año levantó la Champions fuese un digno representante de la casa. Al regresar de Wembley salió al balcón de la Generalitat para gritar como su tocayo Tarradellas, presidente de Cataluña después del franquismo: «*Ja la tenim aquí!*». En este caso no se refería a la ley, sino a su variante con baño de oro: la copa de la Champions.

Sin embargo, después de ser el chico consentido del *Dream Team*, Guardiola sufrió lo suyo en la liga italiana, donde fue injustamente acusado de dopaje. De ahí se fue a tragar polvo y malos ratos a los desiertos de Qatar y Sinaloa; sus últimos años como futbolista no fueron un esplendor en la hierba. Seguía siendo el optimista que encomiaba las bondades del juego abierto, la valentía de enfrentar a los rivales, la nobleza de pertenecer a un grupo, pero estos méritos no convencían a un sector del barcelonismo, amigo de las decisiones duras y de resolver los enigmas con riñones.

Al nuevo *míster* le faltaba experiencia y le sobraba sofisticación («¡que lea menos y que juegue, coño!»). Una encuesta reflejó que sólo 30 por ciento de los *culés* lo aprobaban en forma irrestricta.

El futbol produce una vejez rápida. Antes de los cuarenta, el *crack* se ve confinado a administrar sus recuerdos o una parrilla de churrascos. Quienes optan por entrenar se conservan como momias en perfecto estado de neurosis, se arrugan más en cada juego y no dejan de gritar. El pésimo carácter del técnico parece un signo de clarividencia. De José Mourinho a Luis Aragonés, abundan los hombres con rapidez para el insulto. El respeto que provocan no es el de las ideas, sino el de quien tiene el cuchillo más afilado para rebanar jamón.

Guardiola asumió una profesión donde muy pocos son delgados y casi todos tienen la piel reseca de los que han padecido tantas lluvias como angustia.

Como el *Fausto* de Goethe, el Barça de Guardiola tuvo su prólogo en el cielo. En el verano de 2008 los partidos amistosos se ganaron por goleadas, el debut en la Champions ante el Wisla trajo un 4-0 de ensueño y el trofeo Gamper se conquistó con gol de último minuto, ante un formidable Boca Juniors.

Vislumbré lo que sería el Barça del futuro en un peculiar encuentro entre Sergi Pàmies y Guardiola. A fines de 2006, Caixaforum me invitó a organizar un ciclo de conferencias sobre el futbol y la cultura. Una de las secciones se llamaba «El protagonista y su testigo»: un exfutbolista hablaba con un escritor. Quiso la mala suerte que el día de la cita con Guardiola el Barça disputara la final de la Copa Intercontinental.

Colocamos una pantalla enorme detrás de la mesa para que el público pudiera contemplar dos espectáculos, el partido y la conversación. Pàmies y Guardiola quedaron de espaldas al juego, como los guardias que vigilan al público mientras la epopeya transcurre detrás de ellos.

Muy pocos asistieron a ese acto que resultó providencial en más de un sentido. El Barça perdió, confirmando que carecía de presente, y Guardiola habló sin parar de sus posibilidades futuras. Entre otras cosas, dijo que hay dos tipos de entrenadores: los que resuelven los problemas y los que prefieren que los problemas se resuelvan solos. En ese momento parecía predicar en el desierto, ante las butacas casi vacías donde destacaba la presencia del legendario utilero Ángel Mur. Dos años después ya sabíamos a qué rango pertenece él; su deseo de intervención se plasmó en cada jugada y cada entrenamiento. Convencido de que Dios está en los detalles, no se conformó con el buen juego. Si Piqué tardaba en amarrarse los botines para salir al campo, lo regañaba con furia perfeccionista.

Cuando aún llevaba el número 4 del Barça, Jorge Valdano lo describió como «un entrenador con el balón en los pies». El estratega que recorría el campo también cautivó a Manuel Vázquez Montalbán y Santiago Segurola. ¿Un futbolista para intelectuales, demasiado sensible para un oficio donde los bravos beben vinagre y comen estatuas a dentelladas?

Después de conquistar la Champions, las huestes de Rijkaard habían puesto en práctica la frase de Hemingway: «París no se acaba nunca». Guardiola no acabó con París, pero sí con la relajación. En beneficio del futbol y en perjuicio de los vendedores de camisetas, el Barça de los generales en asueto se convirtió en el de los tenientes hiperactivos: menos individualidades de marca y más marca de equipo.

En agosto de 2008, el partido por el trofeo Gamper se prestaba para una fiesta relajada. Resultaba sorprendente que las porterías no estuvieran marcadas con mochilas, como en el patio del colegio, pero el Barça jugó con la fibra que tendría a lo largo de toda la temporada. Esa noche, en su discurso de presentación, Guardiola dijo: «Persistiremos». Este lema de *heavy metal* caló hondo en una escuadra que perdía 0-1 pero entendió que la prórroga es una épica de alto volumen y logró la remontada.

En su discurso, Guardiola hizo un ofrecimiento exótico en el futbol; empeñó su «palabra de honor». Entre las estadísticas del deporte habría que contar a los protagonistas capaces de honrar sus palabras. Son muy pocos, y Guardiola es uno de ellos.

El Barça se había sacudido los fantasmas de parecer una entidad administrativa, un parlamento en crisis o un *spa* demasiado costoso.

«Persistiremos. Abróchense el cinturón y lo pasaremos bien», dijo el piloto de la nave. Sólo había una certeza al inicio de la temporada: lo que avanzaba era más que un club.

Aunque el equipo perdió su primer partido de la Liga contra el débil Numancia, quedó claro que estaba magníficamente entrenado. Dos cosas distinguen a un cuadro dominador: la posesión del balón y las oportunidades de gol. Esa noche el Barcelona pudo haber goleado, pero la puntería es tan difícil de entrenar como la chiripa y el equipo *blaugrana* inició el torneo con una derrota.

Los resultados cambiaron al poco tiempo, demostrando que la belleza puede ser una forma de la eficacia. La geometría de los pases llegó como el sello distintivo del equipo, y Guardiola exigió algo que nunca tuvo como jugador: contundencia goleadora. Además, trabajó con las complejas psicologías de los astros. Ignoro lo que le dijo a cada uno y supongo que no se parece a lo que diría el doctor Freud, pero es obvio que reforzó la pasión competitiva de Eto'o, tuteló a Márquez en plan de hermano mayor, y le demostró a Henry que era necesario y en verdad podía quedarse. El mérito esencial, sin embargo, fue darle prioridad al juego de conjunto. Los acaudalados hombres de pantalón corto suelen reaccionar como niños ante los cambios: si los sacan del partido es porque no los quieren. Para que entiendan y respeten que deben ser sustituidos es necesaria una disciplina, si no tan ardua como la del desaparecido ejército prusiano o la temible escuela de bailarinas del Ballet Bolshoi, al menos como la de un laboratorio suizo. Fue lo que impuso Guardiola.

El ornitorrinco parece un castor diseñado por un comité que solucionó sus discrepancias a la fuerza. Las alineaciones de los equipos siguen el mismo principio. Su extraño ensamblaje revela las presiones de los promotores, el director deportivo, el presidente, el entrenador y la esposa del jugador mejor pagado…

Guardiola creó un grupo homogéneo sirviéndose de trabajadores como Puyol, Iniesta o Xavi, que, ganen lo que ganen, siempre serán de clase media y preferirán comer los macarrones de su madre que tomar un avión para cobrar una fortuna en un comercial.

Un alto ejecutivo de Nike con el que coincidí en el palco del Barça me dijo que Xavi es uno de esos genios del futbol que, extrañamente, no vende camisetas; ni siquiera después de ser declarado el mejor jugador de la Copa de Europa adquirió el rango de ídolo mediático. A diferencia de Beckham, que nunca jugará tan bien como en un anuncio de Gillette, Xavi representa el juego colectivo: sus pases existen para justificar a quienes rematan.

El nuevo Barça prescindió de astros como Ronaldinho y Deco para darle prioridad al grupo. El técnico egresado de La Masía confiaba tanto en el espíritu de conjunto que en la jornada 27 presentó una alineación inédita. Durante sus cuatro años al frente del equipo hizo debutar a más de veinte jugadores.

Estos méritos de relevo generacional y oportunidades para los jóvenes hubieran sido dignos del premio menor de una ONG de no ser porque se ganaron trofeos. El Barça de la temporada 2008-2009 logró lo que ningún equipo español había conseguido hasta entonces: ganar la Liga, la Copa del Rey y la Champions. El brillante estilo de juego también sedujo al marcador.

El presidente del club, Joan Laporta, conquistó algo más que un socio emocional para acallar las críticas. Con Guardiola llegó un proyecto tan definido como los pases que trazó en el campo.

Su obsesión por el trabajo lo llevó a una extenuante rutina en la Ciudad Deportiva; cuando no entrenaba, veía videos. El hecho de que no se desconectara podía ser agotador. A ciertos entrenadores les conviene tener una turbulenta vida personal para pensar en otra cosa después del partido, otros se relajan con el golf, la pesca o paellas excesivas. Guardiola vive inmerso en el futbol. Incapaz de entrenar a medias, cuando cumplió su ciclo en el Barça se fue de año sabático a Nueva York. Tuvo que romper por completo para recuperar las energías.

Sin embargo, cuando me reuní con él para almorzar en Manhattan, acababa de hacer un extenso recorrido por las instalaciones y las oficinas de los Knicks para ver cómo se organizaba el equipo de basquetbol; su sabático se había convertido en un intenso aprendizaje. «He perdido el pelo con tantas tensiones», bromeó. Le pedí que me describiera algún momento de relajación. No fue fácil que diera con él. Pensó un poco, bajó la vista a la mesa donde reposaba un queso tofu que insistí que probara y repudió de inmediato. De pronto, los ojos le brillaron: «El único capricho que me permití después de ganar la Champions fue llevarme la copa al cuarto esa noche. Quería que amaneciera en mi habitación». Este momento de plenitud es, por supuesto, el final de un cuento de hadas. Los autores de historias infantiles saben lo difícil que es conseguir que los personajes merezcan la felicidad. Guardiola se relaja como un protagonista de los hermanos Grimm: para conquistar la dicha, debe superar a una legión de monstruos.

No sé si disfruta el doble que nosotros con cada triunfo, pero estoy seguro de que sufre el doble con cada caída.

Aunque su actitud entraña un desgaste, funciona con los jugadores. El vestidor lo sigue con fe ciega. Guardiola habla como si el azar no existiera y la pelota rebotara por obra de la voluntad. Aunque se formó con Cruyff, cuyas inspiradas decisiones tenían la gracia de no poder ser explicadas, detesta la improvisación: en las ruedas de prensa rinde tanto como en los partidos.

Bajo sus órdenes, el Barcelona jugó igual en cualquier minuto del partido, sin depender del marcador. Esto se refiere al tiempo, pero también al espacio. Martín Caparrós apuntó con pericia que el Barça borró la noción de área grande. Al llegar ahí, seguía buscando paredes y combinaciones, como si estuviese en media cancha.

Casi siempre esto llevaba a un tejido deslumbrante pero en ocasiones complicaba el juego en exceso. Por momentos, el lema del equipo podía ser: «Antes muerto que sencillo». Sus goles serían complicados o no serían.

Los héroes necesitan malos ratos para probar de qué están hechos. De pronto, en la temporada 2008-2009, el Barça fue derrotado por equipos de poca monta y por el impredecible Atlético de Madrid. El técnico enfrentó su primera crisis. Reforzó las rotaciones, apeló a los jugadores de la cantera, enfatizó las razones por las que jugaban y la forma en que debían hacerlo. Además, se responsabilizó por completo del destino, quitándole peso a los demás: «El líder soy yo, que me sigan. Sé que ganaremos la Liga». En los tiempos de bonanza, recordó que no había que celebrar antes de tiempo; durante el bache, renovó su fe en el triunfo.

Los expertos en roerse uñas por nerviosismo cayeron en otra preocupación: ¿no sería Guardiola *demasiado* responsable?

Sus allegados saben que cuando razona se rasca la cabeza. Desde que Ulises padeció la comezón que resolvió con el caballo de Troya, no había una cabeza más rascada en el Mediterráneo.

En la temporada 2003-2004, el Real Madrid de los Galácticos puso a prueba los adjetivos de los periodistas. Aquella escuadra de improbable unidad llegó a la final de la Copa del Rey, estando bien situada en la Champions y con posibilidades de ganar la Liga, pero en Montjuic perdió la Copa ante el Zaragoza e inició un declive que lo dejó sin premio alguno. El Barça de Guardiola fue diferente: en 2008 no dependía del estado de gracia de sus individualidades, sino del juego de conjunto que Busquets, Messi, Puyol, Iniesta y Xavi aprendieron de niños en La Masía. A partir de 2009, dependió sobre todo de Messi, a quien Guardiola liberó de otra responsabilidad que la genialidad.

Cuando era candidato a director deportivo con la plantilla de Bassat en las elecciones que finalmente ganó Laporta, Guardiola dijo que su desafío era dejar una huella en la arena. Casi todas las huellas son borradas por el mar, pero algunas perduran.

La fundación mítica de Barcelona proviene de una barca; nada más lógico que el equipo de la ciudad se sirva de la mitología marina. Antes de alcanzar los trofeos, la huella de Guardiola ya estaba en la arena.

## El éxito como rutina de trabajo

Aunque el Real Madrid llegó a mayo de 2009 con números de campeón, el Barça fue aún mejor y se quedó con la Liga, renovó la creencia en el juego de toque y se dio el lujo de golear a domicilio al equipo *merengue* 2-6. En la final de la Copa del Rey derrotó 4-1 a un enjundioso Athletic de Bilbao. El 27 de mayo se enfrentó a su prueba máxima, la final de la Champions ante el Manchester United, de sir Alex Ferguson.

La historia del equipo ha tenido que ver con sedes clásicas. Después de Grecia vino Roma. En 1994 el joven Guardiola padeció en Atenas la aniquilación del *Dream Team*; el futbol hedonista fue superado entonces por la trituradora del Milán dirigida por Fabio Capello. Guardiola entendió la lección a su manera: al Barça le faltó una dosis adicional de arte. Quince años después, Roma trascendió a Atenas.

En la tribuna donde me encontraba, causó gran revuelo la llegada de Kluivert, el exariete barcelonés se sentó con la majestuosidad de un vencedor de la guerra de Cartago. Como la escena ocurría en la época digital, la estatua tuvo la generosidad de sonreír para las cámaras.

«¡No pasarán!», decía una pancarta de la fanaticada del Manchester, más presentes en las calles romanas —donde entonaron himnos a deshoras— que en el estadio, donde la pelota se convirtió en una isla independizada de Inglaterra.

Como todas las disposiciones italianas, la de no vender cerveza se acató en forma discrecional: para librarse de la sospechosa evidencia de las botellas, algunos bares sirvieron cerveza en jarras del tamaño del trofeo de la Champions que podían ser vaciadas si llegaba un inspector.

Arsène Wegner, el francés que entrena al Arsenal con gesto de quien despeja teoremas, pronosticó que la estética barcelonesa no bastaría para levantar la copa conocida como «la orejona». Los primeros diez minutos del partido hicieron pensar que estaba en lo cierto. El Manchester United encontró nerviosos a los artífices *blaugranas*.

Como Oscar Wilde, Cruyff lanza verdades al modo de paradojas. Antes de la final dijo que tener un estilo era más importante que tener un trofeo. De este modo refutaba y confirmaba lo dicho por Wegner. El creador del *Dream Team* sugería que ser artista es más difícil que ser eficaz, pero de manera implícita aceptaba la posibilidad de la derrota.

En el siglo XVI el papa Clemente VII llamó a Roma a Benvenuto Cellini para que diseñara monedas y el oro circuló como una forma de la belleza. Fue lo que Xavi e Iniesta hicieron con sus pases el día de la final. Detrás de ellos, Busquets trabajó como un minero y contribuyó a que se acuñaran las divisas del rey de Roma.

Los méritos de este equipo no se pueden resumir en una evanescente crónica, pero no todos los días se esculpe la Columna de Trajano.

Para los exaltados hinchas del Boca Juniors, el público del Camp Nou resulta frío. El miércoles 27 de mayo, la Curva Sur del Olímpico fue una fiesta. La *gent blaugrana* llenó las gradas desde una hora antes, en cada gol un desconocido me cayó encima desde la tribuna superior y me abrazó como a un hermano perdido, y la tribu sólo dejó de cantar en el largo camino de regreso, cuando los autobuses ya llegaban a los Pirineos.

Los aficionados del Roma alzan la pancarta *Caput Mundi* para recordar al adversario cuál es la capital del mundo. Con el segundo gol del Barça, el Manchester United tuvo que rescribir la sentencia: *Kaput Mundi*.

Sir Alex Ferguson, que aspiraba a convertirse en el primer estratega que retiene la Champions, fue vencido de modo imprevisto. En el minuto 70, Messi remató de cabeza ante el portero Van der Sar. ¿Quién hubiera pensado que Inglaterra perdería por aire? Ajeno a toda determinación física, el futbol es extraño. El más pequeño vio la ubicación del gigante, y lo pasó por alto. Arrullado por los pases de Iniesta y Xavi, el 2-0 fue definitivo.

El júbilo por el histórico triplete (Copa, Liga y Champions) produjo escenas memorables. Piqué se acercó a la portería sur y cortó las redes como un pescador que ha atrapado una sirena; los jugadores mantearon a Guardiola (el entrenador que inició sus días en el futbol como recogebolas se convirtió en balón); el novato Bojan quiso jugar y chutó a campo abierto, como un niño magnetizado por la posibilidad de estar ahí.

En 1994 Guardiola cayó en Grecia ante los legionarios de Capello. En 2009 llegó a Roma para cumplir una sentencia latina: *Ars longa vita brevis*. El arte dura, la vida es breve.

Mientras el Barcelona se confirmaba como el mejor equipo del planeta, en la Ópera de Roma se celebraba la última función de *Pagliacci*, en versión de Franco Zeffirelli. Cristiano Ronaldo miraba el cielo que no le había sido propicio y los jugadores del Barcelona se tiraban sobre el césped con inagotable regocijo. En la Ópera, Tonio decía la más célebre de sus frases: «*La commedia è finita!*»

Un año de espectáculo y pasión había terminado. El Barça de Josep Guardiola comenzaba a convertirse en una forma del recuerdo que pronto merecería la inagotable narración de la leyenda.

## Maneras de ver el mar

El hombre es el único animal que ve el mar y descubre que el agua sirve para pensar.

Los entrenadores de futbol practican el arte de mirar el horizonte. Hombres de la orilla, deben sondear las profundidades sin empaparse. Sus estilos son distintas maneras de ver el mar.

En la temporada 2009-2010 el Barça volvió a lucir pero perdió en la semifinal de la Champions ante el Inter de José Mourinho. El Real Madrid lo contrató para desmontar la relojería catalana.

En el otoño de 2010, la liga más seguida del planeta tuvo a los protagonistas de siempre, el Real Madrid y el Barcelona, pero incluyó un excepcional duelo de inteligencias: Mourinho contra Guardiola. Aparte de ser tocayos y vivir en estado de alerta futbolística, ¿tenían algo en común?

Algunos dijeron que estaríamos ante una disputa filosófica, el nuevo banquete de Platón. Eso sin duda era excesivo: Mourinho y Guardiola aplican una inteligencia práctica, destinada a controlar unas pulgadas de la cancha. Sugerir que esta habilidad pertenece a la epistemología es desaforado. Parte del éxito de Mourinho y Guardiola se debe a que prometen más esfuerzo que gloria y actúan de pararrayos para que el fracaso los calcine a ellos y salve al equipo. Su sentido de la responsabilidad sólo compite con su entrega. Sería difícil saber cuál de los dos tiene mayor manía por el control, no sólo de la táctica sino de la gestión completa del club (fichajes, dieta y estado del césped).

En 2009 se hablaba del Madrid de Florentino Pérez; el directivo era el primer violín de esa acaudalada orquesta. Con la llegada del entrenador portugués, Florentino tuvo que tocar el triángulo en la Siberia de las percusiones.

Si los chamanes del pelo tienen razón, podemos juzgar los nervios del portugués por sus canas y los del catalán por su calvicie. Ninguna profesión maltrata tanto el cabello como la de entrenador. Eduardo Galeano ha dado un consuelo a este respecto: «Si los pelos fueran importantes, estarían dentro de la cabeza».

A primera vista, la mayor diferencia entre los estrategas es de temperamento. Mourinho tiene cara de orgullo permanente, se relaja molestando a los demás y no pierde el tiempo en los afanes de la simpatía. Sonríe tan poco que uno teme que lo haga: la risa del ogro es una forma de la crueldad. ¿Celebra los triunfos en privado, devorando rivales de chocolate?

Mou, como le llaman los escasos que conocen su aprecio, no ha querido mejorar su imagen. Sin embargo, quienes lo trataron en el Oporto, el Chelsea y el Inter afirman lo asombroso: el líder inflexible es en los entrenamientos cordial y compasivo. Sólo así se explica que haya conquistado la Champions con un equipo portugués y haya dominado la *Premier League* y la liga italiana.

Los barcelonistas estamos psicológicamente incapacitados para pensar que un entrenador puede ser tan querido como Guardiola. Archivemos este dato sentimental, con el que no llegaremos a nada. Lo cierto es que los jugadores de Mourinho estaban dispuestos a despellejarse, si no por él, por el trofeo que les prometía.

La verdadera diferencia entre los estrategas remite a cuestiones éticas. Guardiola está dispuesto a ganar, pero no a cualquier precio. Además, se distinguen por una tensión primigenia: el nómada contra el sedentario, la estirpe de Caín contra la de Abel. En una entrevista con Juan Cruz, Mourinho afirmó que Guardiola es el mejor entrenador «para el Barça». Aludía a su larga historia dentro del equipo y a que los equipos en los que militó en Italia, Qatar y México le sentaron mal. Con malicia, Mou definía a su adversario como un superhéroe local. En cambio, él se postulaba como el mercenario de la globalización. Su mente era una *laptop* que funcionaba en todas partes; sus ojos tenían la luz del lápiz óptico que registra códigos de barras. Al modo de un *cyborg*, no necesitaba un ambiente natural: olvidó su número de serie y la ingeniería que lo creó. Su patria es la cancha que tiene enfrente; sus compatriotas, los cambiantes legionarios que adapta a sus ideas. Líder sin otra atadura que el éxito, provoca fascinación y espanto.

Por su parte, Guardiola es el valiente que se atreve a ser amable en un oficio alimentado de rivalidad. Cuando se reencontró con Samuel Eto'o en Italia, después de haber prescindido de él en el Barça, el camerunés lo dejó con la mano extendida. El entrenador entendió el desprecio de este modo: «Le ha dado tanto al Barça que se puede dar el lujo de no darme la mano».

En 2010 la *eficacia del bien* sería puesta a prueba por Mourinho. Dos convicciones se enfrentaban o, mejor dicho, dos maneras de ver el mar. Mourinho llegaba de la patria de Vasco da Gama y Enrique el Navegante: entendía que el océano se usa para llegar lejos. Guardiola era el heredero de Ulises: sabía que el Mediterráneo existe para volver a casa.

## Gracias por las molestias: el antihéroe en acción

El desgaste psicológico y físico del mejor Barça de la historia se asociará para siempre con el nombre de José Mourinho, el portugués que pasará a la historia como alguien que no pudo jugar al futbol. Le faltaron facultades para ser futbolista y no quiere que sus jugadores muestren gran virtuosismo en ese oficio.

Aunque ha entrenado equipos que a ratos juegan de maravilla, la estética es para él un accidente, un efecto secundario que se puede ahorrar. Después de triunfar en Portugal, Inglaterra e Italia, José el Terrible se hizo cargo del Real Madrid. «Vengo con mis virtudes y mis defectos», dijo en su primera rueda de prensa. A partir de ese momento jugó dos partidos, uno en la cancha y otro ante la prensa. Construyó una escuadra poderosa que, sin embargo, cayó por 5-0 en su primer enfrentamiento con el Barça. «Es una derrota fácil de digerir», comentó como un hechicero dispuesto a comerse a un barcelonista de mazapán.

En forma paradójica, Mourinho sirvió de estímulo al Barcelona. La escuadra que ya había ganado todo se motivó gracias a un técnico que la despreciaba. Esto aumentó la presión sobre Guardiola. ¿Podría mantener el temple ante un energúmeno que lo calumniaba y decía que sus triunfos se debían al dopaje, la complicidad de los entrenadores rivales y la ayuda de los árbitros? Guardiola entendió que Mou era la paradójica alarma que el Barça necesitaba para salir de la siesta. El entrenador catalán respondió con entereza a sus agresiones y puso el despertador para seguir soñando.

¿En qué medida la conducta de Mourinho es socialmente lícita? Le picó el ojo a Tito Vilanova, asistente técnico del Barça, injurió a colegas como Pellegrini («si dejo el Real Madrid, yo no me voy a ir a un equipo pequeño como el Málaga sino a Inglaterra o Italia») y Preciado («alineó suplentes para ayudar al Barcelona»). Además, diseñó un dispositivo de juego que convirtió a Sergio Ramos en el jugador más expulsado en la historia del Real Madrid (¡a los 26 años!) y a Pepe en un futbolista que debería ser analizado por Human Rights Watch.

El clima de paranoia que el portugués infundió en el equipo *merengue* sería plenamente documentado por Diego Torres en su libro: *Prepárense para perder.* Mou mantenía los balones bajo llave para que sólo pudieran llegar a los jugadores a través de él. Sabía motivar a los suyos pero siempre se ponía en el centro de la situación. El título del libro proviene de una charla táctica antes de enfrentar al Barcelona. Convencido de que no podrían superar al rival, pidió a sus jugadores que extremaran las precauciones para no recibir otro 5-0. Lo que estaba en juego no era el partido sino la reputación del técnico.

Después de narrar las numerosas intrigas y las guerras de nervios que convirtieron al portugués en un ser todopoderoso en el Madrid, Torres concluye su libro con esta reflexión: «El triunfo más asombroso de José Mourinho en sus tres años en el Madrid fue inducir a miles de personas a pensar que el juego era lo accesorio. Daba igual que el equipo practicara un fútbol irreconocible e ineficaz, era irrelevante que el lateral izquierdo fuera Marcelo o Coentrão, o que la portería fuese para Diego López o para el mejor portero de la historia de España. Hasta la "décima" [Champions] dejó de ser lo crucial. Porque finalmente, a la hora de emitir las conclusiones, los administradores no condenarían al mánager por lo mal que dirigió los partidos decisivos. Ni siquiera lo juzgarían por no haber sabido hacerse respetar por sus futbolistas. Para muchos, aquello que de verdad determinó su éxito fue su capacidad para formular un mensaje, difundirlo sin fatiga, y resultar convincente. En la calle, en ciertos platós de televisión, y en algunos despachos, las reglas de oro del *reality show* derogaron las leyes del fútbol bajo un manto de ruido».

Ideólogo de alta eficacia, Mourinhno propagó el miedo y dividió a sus futbolistas para ser el único mando posible. Se deshizo de Jorge

Valdano, director deportivo del equipo *merengue*, que como jugador, entrenador y comentarista representa los mejores valores del futbol.

El portugués apostó más por el control de la institución que por la táctica, arriesgándose a perder un partido con tal de mantener el control de la plantilla y poder culpar a los árbitros de su negro destino.

Incluso cuando trata de mostrar *esprit de corps* discrimina a los demás. El 15 de febrero de 2014 su equipo, el Chelsea, fue eliminado de la copa inglesa por el Manchester City, entrenado por el chileno Pellegrini. La derrota le dolió especialmente al portugués porque sustituyó a Pellegrini en el Madrid y ha tratado de mostrarse por encima de él. En la rueda de prensa dijo: «Hay cosas que no puedo decir y que quiero reservarme. No quiero señalar a mi delantero o a mi arquero o a mi defensa. Somos un equipo, ganamos y perdemos juntos». Pocas veces un mensaje «solidario» fue tan sibilino. El técnico revelaba que tenía algo que reclamar, pero prefería callarlo para no decir algo negativo del portero, la defensa o cierto delantero, con lo cual no hacía otra cosa que denunciarlos. Lo definitivo, según su guion de siempre, era que él no tenía la culpa de la derrota.

Curiosamente, este perseguidor con sobresueldo, tiene arrebatos afectivos. Recorrió medio Londres para recuperar a su perrito, lleva a su familia a parques temáticos, lloró en los tatuados brazos de Materazzi después de conquistar la Champions, luego de la derrota de 5-0 ante el Barcelona le pidió a sus jugadores que ganaran el siguiente partido para salvar la honra de su hijo de doce años, de quien se burlaban sus compañeros del colegio, y en lujosas ocasiones puede reconocer que el contrario merecía el empate (como hizo ante el débil Getafe). Todo esto revela algo aún más dramático: el monstruo es humano, lo cual lleva a un enigma superior: ¿por qué alguien obsesionado por rentabilizarlo todo no aprovecha la vida útil de su corazón?

En España alzó una Copa y una Liga, pero fue incapaz de superar en la cancha a su acérrimo enemigo; recibió un inolvidable 5-0 y fue vencido en la mayoría de los lances frente a frente. Para muchos *merengues* hubiera sido más importante golear al Barça que ganar la Liga.

«Soy antipático; sólo me llevo bien con mi familia, mis amigos y mis jugadores», anunció Mou a su llegada. La frase sugería que si los periodistas deseaban a alguien simpático, podían tocar la puerta de Guardiola. Así transfirió a su enemigo la responsabilidad de agradar a los demás.

Sus logros y su salario (diez millones de euros anuales, en tiempos de recesión) se discutieron menos que sus declaraciones. Cuando pisó el pasto del Santiago Bernabéu dijo que parecía un «campo de patatas» y obligó a cambiarlo (la medida fue acertada: el Barcelona tardó en hacer lo mismo y Pedro se lesionó al caer en un hueco). Cuando le preguntaron por qué no alineaba al joven Pedro León, contestó: «Porque no obedeció las instrucciones. ¡No me hablen de él como si fuera Maradona o Zidane!».

El País le dedicó un editorial donde lo llama Perfectus Detritus, como el personaje de Asterix que protagoniza el episodio «La Cizaña». Esta severa descalificación no tuvo consecuencia alguna.

La personalidad de Mourinho desafía a los psicólogos. Estamos ante el intrincado villano que los rivales aman odiar. En una actividad que produce millones para que la gente injurie en las tribunas, la educación es signo de debilidad.

En cualquier estadio hay pruebas de barbarie capaces de erradicar el gusto por el futbol. Escojo una al azar: en el Estadio Manzanares, ciertos fanáticos del Atlético de Madrid siguen agraviando a Aitor Zavala, hincha de la Real Sociedad que fue apuñaleado por colchoneros neonazis. El ultraje no puede ser más franco: no se ofende a un villano sino a una víctima.

Mourinho opera en un entorno donde los valores se atropellan en las oficinas de la directiva y en la grada. Algunos de sus peores gestos tienen inmediato respaldo. «Mou, tu dedo nos señala el camino», decía una pancarta en el Santiago Bernabéu después de que el técnico le picara el ojo a Tito Vilanova.

El futbol es una búsqueda de destellos entre las bajezas. Cuando un jugador se dispone a tirar un córner, recibe escupitajos, pedradas e ignominias. En el pecho lleva un anuncio de Telmex o Burger King.

Mourinho es un troglodita de diseño, ideal para ese ámbito de la provocación y el consumo.

Los cronistas solemos agregarle virtudes a la realidad. Mou ofrece un baño de realidad: el futbol huele a lodo y a dinero.

La única virtud moral que aún puede reclamar es la de ejercer el oprobio para que se entienda por contraste lo que es el bien. En su novela La ceremonia de la traición, Mario Brelich lanza una inquietante conjetura: Judas sabía que su traición era necesaria para realizar la imagen de Jesús. A cambio de treinta monedas —cifra ridícula incluso en una época sin futbol profesional— aceptó el descrédito; fue, definitivamente, el infame. Judas aparece en esta lectura como un traidor sacrificado, el verdadero mártir de la tragedia.

El éxito de Mourinho define nuestra época: Judas dando autógrafos.

Y puestos a revisar los nombres, analicemos los siguientes. En el *derby* de 2010 los centrales del Madrid se llamaban como el álter ego de Manuel Vázquez Montalbán, máximo heraldo de las gestas *blaugranas*. ¿Qué pensaría el inolvidable creador del detective Pepe Carvalho al ver que el club de sus amores enfrentaba a los durísimos defensas Pepe y Carvalho? ¿Fue este otro demoniaco artilugio de Mourinho?

Para perfeccionar su maleficio, el portugués desquicia a los rivales y no les concede la revancha. Sabe que los ciclos ganadores del futbol duran poco: una vez en la cima, huye a otro país. Es como *Deep Blue*, la computadora de ajedrez diseñada por IBM. Kasparov la enfrentó, mostrando la muy humana capacidad de fallar por nervios. Cuando pidió un segundo encuentro, la máquina fue archivada en un sótano. Las corporaciones y los robots no brindan otra oportunidad.

Después de ganar la Champions con el Inter, Mourinho no asistió al festejo. Prefirió negociar su siguiente contrato con el Real Madrid. De ese modo confirmaba que le interesa obtener recompensas, no defenderlas.

Uno de los misterios del futbol es que permite ciertas tretas. En la jurisprudencia futbolística, el caso más difícil de sancionar es el de las faltas reiteradas; no se trata de golpes que ameriten tarjeta pero interrumpen el juego. Ante estas infracciones, el árbitro debe amonestar por acumulación, es decir, por criterio, y no todos se atreven o no todos saben sumar castigos leves. El intrigante Mou pone a prueba a los árbitros. Para perfeccionar su presión, los provoca con declaraciones previas o va a insultarlos al estacionamiento del estadio («te gusta joder a los profesionales», le dijo a uno de ellos). En caso de que uno de sus jugadores sea sancionado, culpa al árbitro y justifica así la derrota. La paranoia es parte de su esquema táctico.

Sin el menor empacho, el entrenador portugués despreció a Jorge Valdano, director deportivo de su propio equipo que preconizaba el juego limpio, y anunció que al ganar su primer título «el argentino» (ni siquiera se refería a él por su nombre) tendría que irse de la institución. Esta venganza en las entrañas del Madrid se cumplió con la conquista de la Copa en 2011.

El Barça de Guardiola y el Madrid de Mourinho se enfrentaron en suficientes partidos para crear una psicosis del Ángel contra el Demonio y generar un trauma colectivo.

La confrontación habría sido menos áspera en caso de que la directiva del Barcelona hubiera dado la cara. En tiempos de Joan Laporta, el club tenía a un caudillo dispuesto a aceptar peleas, pero Sandro

Rosell asumió las riendas del club catalán como un administrador que no quiere problemas. Es uno de esos políticos que dan órdenes en el oscuro *parking* de las oficinas y comparecen ante la prensa como si no estuviesen enterados de nada.

En noviembre de 2010 los controladores aéreos se declararon repentinamente en huelga. Había que viajar por tierra. Luego de enredados preparativos, el Barça se desplazó en tren y autobús a Navarra. Ningún miembro de la directiva hizo ese viaje, demostrando su alejamiento del equipo.

Rosell atacó todas las iniciativas de Laporta; presentó una querella judicial contra el expresidente, dividiendo al barcelonismo. Sustituyó a la Unicef como principal patrocinador por Qatar Foundation y destituyó a Cruyff de su cargo de presidente honorario. Guardiola no se podía sentir cómodo en ese entorno, por más que Rosell lo elogiara en público.

Conocedor de las altas exigencias a las que se sometía, el técnico catalán decidió firmar contratos de un año. Esto suscitó un nuevo deporte: la especulación contractual. «¿Renovará o no renovará?», se preguntaban los aficionados. Las dudas sobre su permanencia se convirtieron en tema de interés social y esto aumentó la presión sobre sus decisiones.

¿Por qué se va un entrenador que ha conquistado todo en el club de sus amores? «Me he vaciado», dijo al anunciar su salida. Esto es comprensible, tomando en cuenta la exigencias del futbol y, sobre todo, el estilo personal de Guardiola, que ignora la posibilidad de dosificar recursos. Nunca le dio descanso a Messi porque el argentino se deprime si no juega. Es obvio que el astro del equipo debía estar contento, pero incluso los entusiastas se desgastan. El ritmo del Barça fue trepidante. Al cabo de cuatro años nos preguntamos si no le hubieran venido bien algunas pausas.

## Posdata: el sedentario se va

Guardiola cambió la forma en que muchas personas veían el futbol. En una ocasión cené en Madrid en una tasca. En la mesa de junto, tres elocuentes señoras de la capital hablaban de futbol. Un hombre de cabellos plateados las oía con apatía. «¿Es que a ti no te interesa el fútbol?», le preguntaron. «La verdad, soy del que juega bien», contestó el hombre sin mucho interés. «¡Entonces eres del Barça!», informaron las tres madrileñas. La conversación reflejaba un cambio de costumbres tan importante como la invención del tenedor. El equipo de Guardiola ha despertado las simpatías de personas que veían al futbol como el sudoroso oficio de patear y ahora lo consideran una rauda variante de las artes escénicas. No está de más insistir en que aquella conversación ocurrió en Madrid.

El 29 de noviembre de 2010 la esposa de Wayne Rooney encontró a su marido aplaudiendo ante la televisión. El delantero del Manchester no sufría un arrebato paranormal: acaba de ver al Barcelona derrotar por 5 a 0 al Real Madrid y se había reconciliado con su oficio.

Es posible que la escena haya sido mejorada por el rumor. Lo cierto es que ilustra el máximo homenaje que un profesional puede rendir a su oficio.

El propio Guardiola suele contar la anécdota; ningún elogio le parece más importante que el de un colega. Cuando José Mourinho recibió el premio al mejor entrenador de 2010, Wesley Sneijder lo presentó ante el público como la persona que más le había enseñado de futbol. En aquel día apacible, Guardiola, también candidato al premio, estaba sentado junto a Mou. Al oír las palabras del holandés, le comentó a su colega: «Ese es el verdadero premio».

Cuando el Barça derrotó al Manchester United en la final de la Champions en 2011, Alex Ferguson dijo: «Estoy mesmerizado. El Barcelona ha llevado el futbol a otro nivel».

En cuatro años, Pep Guardiola ganó catorce títulos de diecinueve posibles y sentó las bases para que España ganara el Mundial de Sudáfrica, como una versión alterna del Barcelona.

Se despidió conquistando la Copa y no subió al podio de honor con sus jugadores. Les aplaudió desde el césped, como un homenaje a los auténticos protagonistas.

¿Puede haber más? ¿Quién se beneficiará de su talento?

Gary Lineker ha vuelto a tener razón: el futbol es un deporte donde veintidós hombres persiguen un balón y al final ganan los alemanes.

El Bayern Múnich se quedó con el mejor entrenador del mundo. Pep Guardiola se hizo cargo del club bávaro a partir del verano de 2013.

La lengua alemana tiene una curiosa expresión para las cosas que no se entienden: «*Das kommt mir Spanisch vor*» («eso está en español»). En el pasado, la península Ibérica fue el territorio de lo incomprensible. Hoy nadie duda de las ventajas de contratar al estratega catalán. La noticia no solo se comentó en términos de la revista deportiva *Kicker*, sino de la *Fenomenología del espíritu*. Se habló de «romanticismo», «identidad», «nobleza», «estética», «elegancia».

En un destacable gesto de *fair play*, Hans-Joachim Watzke, presidente del Borussia Dortmund, felicitó a sus rivales por el fichaje.

La aldea global vivió un episodio insólito: la contratación como un triunfo ético. ¿Sería posible que un médico recibiera tantos elogios por cambiar de hospital o un escritor por cambiar de editores?

Guardiola ha logrado la difícil y muchas veces agobiante tarea de ser coherente. Incluso sus actos comerciales se presentan como gestos de integridad. Su campaña para el Banco de Sabadell fue un publiseminario sobre las razones del triunfo y el fracaso. En un medio gobernado por el dinero, la vanidad y el egoísmo, por mero contraste sus decisiones tienen un sesgo humanitario. Al ver los carteles de esa campaña en Rambla de Catalunya, el filósofo y escritor Rafael Argullol me dijo con ironía: «Nos quieren hacer creer que Guardiola es Sócrates y el Banco de Sabadell, Platón». Poco después, en una larga comida con el entrenador, se habló de gestos filantrópicos de gente famosa. «Si me están pidiendo que done el dinero que me dio el Sabadell, se equivocan», dijo con picardía.

Pertenece al mundo del comercio deportivo. Ganará millones en el país del Deutsche Bank, pero el Chelsea le ofrecía mucho más.

El Bayern comparte los principios del profeta de Santpedor: apuesta por la cantera, el juego limpio, el respeto a los socios, la integración de exfutbolistas en el club. Además, tiene una honda raigambre con la tradición local.

En 1986 hice estudios de traducción en Múnich y asistí al último partido de la temporada en el Estadio Olímpico; si el Bayern ganaba, sería campeón una vez más. El equipo liderado por Lothar Matthäus metió cinco goles con metódico sentido de la gloria. La celebración posterior ocurrió en la cervecería Hofbräuhaus. Ahí descubrí que era uno de los pocos hinchas que no llevaba pantalones cortos de cuero, sombrero verde ni jersey con botones de cuerno de venado. La afición bávara es una intensa reserva del folklore.

Guardiola conoce cada brizna de césped del Camp Nou. Ahora deberá conocer una identidad que no es la suya. Los bávaros, con el *Kaiser* Beckenbauer a la cabeza, recibirán a alguien prestigiado por su identificación con otra tribu. Se trata de un curioso trasvase de localidades en tiempos de la globalización y una ironía en tiempos de Angela Merkel: Barcelona como modelo de Alemania.

El desafío de traducir su estética y su eficacia a otro sistema es mayúsculo. Jürgen Klinsmann y Louis van Gaal fracasaron en el intento de modificar una institución que parece una artesanía bávara, es decir, un motor de BMW.

Los principales funcionarios del club son exfutbolistas con rango de mariscales de campo. Uli Hoeness, Karl-Heinz Rummenigge y Mathias Sammer integran un estado mayor que no admite improvisaciones en casos de *Blitzkrieg*.

Publicaciones como *Die Zeit* y *Der Spiegel* se sumaron a la euforia por la contratación, pero plantearon dudas sobre el trasvase de identidades.

Guardiola ganó una partida mediática con la sola elección de su nuevo club y la demostración de que había aprendido alemán exprés.

Sepp Herberger, que llevó a Alemania a ganar el Mundial de 1954, sabía que nada debilita tanto como la comodidad. El favorito para ganar la competencia era la Hungría de Puskás. «Hay que confiar en los problemas», decía Herberger en tono de enigmático gurú: «Si llueve, podemos ganar». Las molestias tonifican a Alemania.

El técnico catalán viajó al país de los reyes dramáticos del futbol, dispuesto a dominar un idioma tan complejo como la lluvia.

Uno de los rasgos más curiosos de Guardiola es darle coherencia a lo imprevisto. Cuando Eto'o se fue del Barça, dijo que era un asunto de *feeling*. La explicación resultó satisfactoria.

Con Guardiola todo adquiere peso simbólico: si José Mourinho es el principal dolor de cabeza del futbol, él se mudó al país de la aspirina.

# Piqué y Shakira: dos son multitud

Un melancólico poeta de Barranquilla propuso este mandamiento para la mujer: «Hay que ser blanca y triste, lo demás no importa».

La barranquillera Isabel Mebarak Ripoll, mejor conocida como Shakira, ha crecido para refutar ese precepto. Desde que Elvis Presley se ganó el mote de «Elvis Pelvis», nadie había hecho tanto por el movimiento de caderas. Nacida en 1977, es una estrella desde 1995, cuando lanzó un disco que aludía a la variante más modesta del nudismo, practicada incluso por los carmelitas: *Pies descalzos* (sus siguientes cedés llevarían títulos más transgresores: *¿Dónde están los ladrones?*, *Fijación oral* y *La Loba*).

Aunque algunas mujeres de Barranquilla languidecieron a la sombra de los naranjos, según aconsejaba el poeta modernista, la mayoría se adaptó al enclave más vital del Caribe. El novelista Ramón Illán Baca, autor de *La mujer barbuda*, me explicó así la liberalidad de la región: «Durante mucho tiempo la ciudad no tuvo obispo; el primero llegó por ahí de 1935». Esa vacante permitió bacantes.

Situada cerca del río Magdalena y del mar, Barranquilla se convirtió en ruidoso bastión de árabes, catalanes, judíos, alemanes (entre ellos, los fundadores de la aviación colombiana) y los chinos que construyeron el canal de Panamá. Durante años, ahí vivió la tercera parte de los extranjeros de Colombia y fue ahí donde los masones crearon el Cementerio Universal, sitio de reposo para cadáveres de todas las procedencias.

También la música y el carnaval contribuyeron a que la ciudad sin obispo adoptara el hedonismo. La cultura no se quedó atrás: el sabio catalán Ramón Vinyes abrió una librería cuyo incendio, el día de san Juan de 1923, aún se recuerda como una pérdida legendaria, y el periodismo se renovó con inventiva caribe. En *El Heraldo*, un novato reportó que un muerto andaba en bicicleta. No se averiguó el nombre del difunto capaz de mantener el equilibrio, pero no se olvidó el del reportero: Gabriel García Márquez.

Con frecuencia, la cultura barranquillera es una prolongación de la parranda. Los artistas se han reunido durante décadas en el bar La Cueva, fundado por Eduardo Vilá en los años cuarenta del siglo pasado. Una madrugada que nadie podrá olvidar, el pintor Alejandro Obregón llegó ahí a pedir un trago. «¡Vete pal carajo!», le respondió Vilá, que ya dormía. Obregón se sintió facultado para hacer algo muy lógico: tirar la puerta a golpes. Pero encontró demasiada resistencia, así es que fue a un circo vecino, convenció al domador de que le prestara un elefante (con el argumento decisivo de que deseaba abrir un bar), y finalmente echó la puerta abajo. Vilá admiró su sentido de la insistencia y bebieron rodeados del elenco del circo hasta que cantó un gallo.

Fui a La Cueva en compañía del periodista Heriberto Fiorillo y vi las huellas del elefante que se conservan a la entrada. La historia debe ser tan cierta como esas contundentes pisadas.

Shakira creció en un puerto donde los artistas saben que en caso de apuro hay que usar un elefante. «Desde niña tenía una determinación extraordinaria. Era tenaz», me dijo Gina Banfi, su maestra de canto. «No se detenía ante nada», comenta esta mujer de belleza serena, informada de todo lo que ocurre en el mundo. Desde su departamento veíamos a los niños que desfilan en carnaval, emulando a Shakira.

Pero una cosa es tener éxito y otra tenerlo en forma récord. Para 2012, cuando anunció sus nupcias con el central del Barça, Shakira ya había conseguido dos Grammy, ocho Grammy Latinos, doce Premios Billboard y trece millones de seguidores en Twitter.

Aunque tendría que estar atado a un mástil como Ulises para soportar sus gritos de falsete, la historia de la cantante me interesa porque redefine la noción de celebridad y convierte a una pareja en asunto de interés público. Su apoyo a los desplazados por la violencia y su trabajo con la Unicef redondean su fama con el prestigio de la filantropía. Por otra parte, sus atrevimientos coreográficos han perfeccionado el *ménage à trois* del videoclip, la música y el *table dance*. Diego Manrique ha comentado con acierto que las trayectorias de Britney Spears, Christina Aguilera, Lady Gaga, Madonna y Shakira pertenecen a una peculiar rama del entretenimiento que incluye la pantomima sexual; tienen tanto que ver con el *soft porno* como con el arte. Acaso lo más justo sería decir que se sitúan en un punto medio entre ambos extremos, evitando comprometerse del todo con cualquiera de ellos.

Edgar García Ochoa, mejor conocido como Flash, periodista de *El Heraldo* de Barranquilla que pasea por la ciudad en compañía de una belleza que no posa para las fotos sino que las toma, celebró a Shakira cuando nadie la conocía y mantiene estrecha amistad con ella.

Es posible que alguien que ha conocido a tantas celebridades como Flash sea proclive a la exageración. Después de mostrarme fotos que prueban que la cantante aceptó su invitación a inaugurar la biblioteca de una cárcel, el decano de los chismes barranquilleros me comentó que Shakira ha hecho milagros. El dato se consigna en su libro *Antes de que se me olvide*; ahí revela que la diosa de las caderas transmitió poderes con su mano para curar a un enfermo de cáncer. No hay ídolos sin mitología.

Atrevida y consciente del sufrimiento ajeno, costeña y cosmopolita, Shakira tomó por asalto el «planeta futbol» en la final de Alemania 2006. El Estadio Olímpico de Berlín se transformó por un momento en el Parque Caribe de Barranquilla, donde se reinventan la cumbia, la champeta y el *reggaeton*.

Nada más lógico que la incombustible colombiana se hiciera cargo del tema musical de Sudáfrica 2010: *Waka-Waka.*

¿Pero qué son las historias de éxito sin un célebre amor que las respalde? Hubo un tiempo en que las actrices y las cantantes aspiraban a casarse con el príncipe de Mónaco. Hoy, la aristocracia de la aldea global usa zapatos Nike o Adidas.

Los futbolistas comenzaron su historia como héroes de barrio que seducían a la empleada de la farmacia o la enfermera que les cambiaba un vendaje. Todavía en los años setenta, el apuesto Beckenbauer tuvo más relevancia como *Kaiser* que como *sex symbol*. Los mujeriegos eran vistos como un peligro en el vestidor. A George Best, el «Beatle del Futbol», se le consideraba demasiado juerguista para tomarlo en serio. Al final de su carrera, el goleador mejoró su mito con una frase célebre: «Gasté todo mi dinero en coches y en mujeres, y lo demás lo desperdicié».

Pero los tiempos cambian y el futbolista es hoy en día una marca registrada, un promotor de calzoncillos, desodorantes o sopas, el codiciable Adonis que, al modo de las fragancias, aparece en distintas presentaciones. Beckham reveló que un *crack* puede ser más audaz en sus peinados que en su juego e inauguró las posibilidades metrosexuales del futbolista. Cristiano Ronaldo amplió esa conducta por el rumbo de la depilación láser. Como la apariencia también se beneficia de la vida interior, Pep Guardiola ha surgido como icono de la estética que no está reñida con la inteligencia, y Zinedine Zidane como el galán silencioso que, si no es profundo, al menos parece nostálgico.

Según el propio Guardiola, ninguno de los futbolistas que ha conocido se compara en *sex appeal* con Gerard Piqué. La frase puede parecer desmesurada. Lo es más si se recuerda que Guardiola compartió equipo con Luis Figo, el Apolo que cautivaba en el Camp Nou hasta que se convirtió en el Judas que cautivaba como *bad boy*.

Más allá de la frívola discusión de méritos físicos, Piqué apareció como el actor de carácter que faltaba en el reparto del Barcelona. Surgido de La Masía, acabó de formarse en el Manchester United y en 2008 regresó a Can Barça. Su cuerpo, demasiado alto, parecía refractario a las sutilezas, pero mostró de inmediato dominio del balón, iniciativa para ir al frente y buen remate de cabeza. Los mexicanos supimos con tristeza que Rafa Márquez tenía los días contados.

Piqué contó con un maestro a dos metros de distancia: Carles Puyol. A veces su temperamento es demasiado brioso o rockero para alguien sin tatuajes que además juega en el Barça (baste recordar su encendida declaración antes del partido de vuelta contra el Inter de Mourinho: «Vamos a hacer que odien ser futbolistas»). Sin embargo, ese temperamento le sienta bien a un grupo de chicos bondadosos que a fin de cuentas se ganan la vida a patadas.

Los rivales lo buscan con especial saña y disfrutan que la sangre escurra por su rostro. Piqué se ha convertido en una de las personas más golpeadas en lo poco que llevamos de siglo XXI. Curiosamente, enfrenta el carnaval de palizas con calma. Al respecto conviene recordar la forma en que «descansó» del futbol, sentándose en la orilla de una lancha para recorrer las turbulencias de unos rápidos.

Shakira y Piqué poseen *glamour* genético y representan una atractiva mezcla de culturas, una fábula para los tiempos de la navegación en red; sin embargo, su trayectoria está marcada por el esfuerzo. Por Max Weber sabemos que el carisma es un aura que distingue a los elegidos. Por los carismáticos que acaban en clínicas de desintoxicación, sabemos que eso no basta para preservar una carrera.

La revista colombiana *Semana* ha aportado otra razón para el éxito de la pareja. El 13 de febrero de 2012, en la sección más leída de la publicación, «Confidenciales», apareció esta nota: «Ahora que Shakira y Piqué cumplen un año de noviazgo, hay un dato interesante que no se ha hecho público. La cantante barranquillera tiene un coeficiente mental de 140, lo cual la convierte en miembro del selecto grupo del 1 por ciento de la población más inteligente del planeta. Pues resulta que el futbolista es del mismo nivel intelectual y también tiene un coeficiente de 140, es decir, que la pareja es prácticamente de genios». Cuesta trabajo encontrar un binomio con mejor dotación cerebral. También Hillary Clinton tiene 140, pero su marido se quedó en 137.

La inteligencia se asocia más con el sentido trágico de la vida que con la promoción del festejo. Sin embargo, hay mentes brillantes dedicadas a encandilar estadios.

Una de las paradojas de la cultura de masas es que te entera en detalle de cosas que no te interesan. ¿Por qué hemos visto tantas veces la lengua de Miley Cyrus? Sin necesidad de buscarlo, nos topamos con ese descarado apéndice. La información mediática pertenece al clima. A los once años mi hija, que no se interesa en Shakira ni en Piqué, ya estaba al tanto del romance. Me enteré de esto cuando algunos comentaristas juzgaron que el defensa central se concentraba demasiado en un área chica ajena a la cancha.

¿Se trata de un simple morbo digno de la telebasura? Para el aficionado barcelonista, la estabilidad emocional de Piqué es básica para el equipo. Estamos ante un jugador que no suele tener prolongadas lesiones físicas pero que sucumbe con facilidad a despistes psicológicos. ¿Puede una chica mejorar o perjudicar las habilidades del marcaje? La respuesta es tan hermética como la expresión «waka-waka».

El hecho de que ella sea diez años mayor que él ha dado de qué hablar a los defensores de las convenciones y el sistema decimal. ¿Pero desde cuándo los excepcionales deben ser comunes?

El futbol es tantas cosas que incluso sirve para alimentar a la prensa rosa: cada tanto tiempo, una *top model* es retratada con un astro de temporada. Todo eso resulta intrascendente. Sin embargo, en el caso de Shakira y Piqué hay algo más: dos exponentes extremos de la vida pública se han atrevido a compartir la vida íntima. ¿Existe esa utopía?

La pareja condensa los anhelos de la sociedad del espectáculo: un romance en el Olimpo, ese sitio donde suponemos que la gente es feliz, pero donde resulta imposible decir la frase que los novios de pueblo pronuncian en su noche de bodas: «al fin solos».

# La oficina de Cruyff

Acostumbrado a la originalidad, Johan Cruyff aceptó el número 14 cuando nadie más lo usaba y le pareció magnífico fumar un cigarrillo en el descanso del partido.

Sus logros son tan incuestionables como su capacidad de reinventar el lenguaje. George Steiner ha dicho que un lugar común es una verdad cansada. En consecuencia, un disparate puede ser una verdad precipitada. Cruyff es el gran precipitado del futbol: tiene razón antes de que sepamos lo que quiso decir.

No es posible ejercer esta conducta sin temple de profeta. El Flaco no admite la duda ni el error: «Estoy en contra de todo hasta que tomo una decisión; entonces estoy a favor. Me parece lógico».

Algunos famosos hablan de sí mismos como próceres, en tercera persona. Cruyff es distinto; habla de tú para referirse a sí mismo: Dios vive en el corazón de los creyentes.

Para el iluminado holandés las otras religiones no tienen cabida en el campo, y da una prueba empírica: muchos jugadores —en especial los españoles y los latinoamericanos— se persignan al salir al campo; si Dios les hiciera caso, solo habría empates.

En sus tiempos de futbolista le respondía con enjundia a los entrenadores y en sus tiempos de entrenador criticaba más a sus mejores futbolistas para que asumieran una responsabilidad mayor. Juzgó que Bergkamp no se tomaba en serio por ser guapo. En consecuencia, lo hizo entrenar entre dos defensas que le recordaron las desventajas de tener cara. Cuando Koeman fue operado, exigió estar junto al cirujano, por si hacía falta un milagro.

Su pasión parlanchina viene de 1966. Georg Kessler, entrenador de Holanda, le informó que Alemania e Inglaterra habían llegado a la final en Wembley porque eran los que más hablaban en la cancha. Desde entonces se convirtió en un comunicador desbocado; nadie ha podido callarlo y no acabaremos de interpretarlo. La sociedad lingüística neerlandesa *Onze Taal* (Nuestro Idioma) le dedicó un número de su revista y Edwin Winkles revisó su trayectoria en un singular tratado de filología futbolística: *Escuchando a Cruyff*.

Al llegar a España, el Flaco pensó que perdería fluidez si reparaba en el género de los sustantivos. Decidió que «todos los palabras» fueran masculinos (salvo «mujer» y «chica»). Así evitó el horror de titubear.

Amante de la paradoja, ha lanzado axiomas incontrovertibles: «Si no marcas a un jugador, no puede desmarcarse». La frase tiene más miga de lo que parece. Ciertos jugadores requieren de obstáculos superables para avanzar: ante un hueco, padecen vértigo.

Otros no deben ensayar el *dribbling*. Gerd Müller anotaba de un solo toque, pero no sabía burlar contrarios: obligado a controlar el balón era un palmípedo.

La idea de dejar solo a un delantero es discutible. Si se trata de un enamorado del caracoleo, no sabrá qué hacer. Si se trata de Müller, tendrá un día de campo.

Más sensata es la propuesta cruyffiana de que el árbitro lleve el silbato en la mano y no en la boca para que piense antes de marcar; esta sabia consideración proviene de alguien con el silbato en la boca.

Otra de sus obsesiones es el empleo del tiempo. El partido depende de segundos decisivos, pero no hay modo de localizarlos: «Cada segundo puede ser un momento», dice como un poeta vanguardista.

Pocos han entendido como él la condición psicológica de la velocidad: «Si empiezas a correr antes, pareces más rápido», explica.

Un firme escepticismo determina su concepción de la naturaleza humana: «En el reino de los ciegos, el bizco es rey, pero sigue siendo bizco».

El error es la comicidad de Dios. Una de sus expresiones más conocidas es: «¿No tienes hojas para ver?», aunque la favorita suele ser «gallina de piel», tan superior a la «piel de gallina» que dio lugar a un exitoso sitio de internet.

El futbol existe para ser discutido y le debe enormidades al hijo de un vendedor de naranjas que dignificó la camiseta de Orange. Cruyff nació en una frutería vecina al estadio del Ajax. Su madre hacía trabajos de limpieza en el club donde debutaría su hijo Johan.

No es casual que más tarde el prodigio holandés decidiera jugar a orillas del Mediterráneo, el lugar de donde vienen las naranjas. Marcel Bataillon dedicó una obra titánica a mostrar el influjo de un holandés en el pensamiento español: *Erasmo y España*. Se necesitaría la misma erudición para describir la influencia de Cruyff como jugador del Barça y entrenador del *Dream Team*.

A partir de la Eurocopa 2008, la España de la Furia se transformó en La Roja, la España del toque. Mucho de eso se debía a la revolución del Erasmo del futbol. Incluso las camisetas muestran lo que España le debe a Holanda: el rojo es un naranja entusiasmado.

Un año antes de la Revolución francesa, Goethe estrenó *Egmont*, que trata de la autodeterminación de los pueblos y la tolerancia religiosa. Ahí, los nobles holandeses se alzan contra la España inquisitorial de Felipe II. En 1568, Guillermo de Orange y el Conde de Egmont preconizan la libertad de discusión; desde entonces, los Países Bajos han defendido la disidencia. Esto ha provocado tremendas polémicas en la Naranja Mecánica. Cruyff se negó a ir al Mundial de 1978, Van Nistelrooy disputó con Van Basten, el portero Van der Sar no se entendió con el entrenador Van Marwijk. En involuntario homenaje a Rembrandt, los discutidores holandeses han tenido claroscuros. Aun así, han sido tres veces subcampeones del mundo.

«No hay en mi sangre una sola gota que me haga vivir a la española», exclama el Egmont de Goethe, recordando una rivalidad que está en la letra del himno holandés. No le vendría mal a la Naranja Mecánica interpretar mejor a ese adversario. Para triunfar, Holanda necesitar un poco de vehemencia española.

Cruyff parecía el candidato ideal para hacerse cargo de ese sueño, pero se entregó demasiado al Barça, sufrió un infarto y ya sólo le es leal a su corazón.

Curiosamente, la final de Sudáfrica 2010 fue un homenaje al niño que vendía naranjas. Holanda, heredera del sistema de rotaciones de Rinus Michels, se enfrentó a España, que tanto le debía a las enseñanzas de Cruyff en Barcelona. «Gane quien gane, gano yo», dijo con tanta razón como vanidad el hombre al que se le pone la gallina de piel.

Cuando Sergi Pàmies lo fue a ver al campo, Cruyff lo recibió sentado en el balón: «Estoy en mi oficina», dijo.

De ahí han salido inolvidables aforismos. Uno de ellos resume los misterios del futbol: «La casualidad es lógica».

# Entrenadores en llamas

Entrenar a la selección nacional es la condena mejor pagada del sistema penitenciario mexicano. Una temporada para ahorrar dinero y vejaciones. Y sin embargo, cada dos o tres años un hombre desmedido acepta la sufrida tarea de despertar las ilusiones.

En 2006, después del Mundial de Alemania, Hugo Sánchez propuso algo aún más arriesgado: compartir el delirio. Cuando era opositor de Ricardo La Volpe prometió que si él se hacía cargo del puesto, ganaríamos la Copa del Mundo. Ya al frente de la selección rebajó un poco las expectativas, pero nunca se asoció con el realismo. El exagerado que anotaba goles de embrujo desafió a la sensatez mientras su país descreía de su grandeza.

Si el Ratón Macías entendió que para triunfar en México con simpatía conviene presentarse como un accidente de la fortuna o un simple subordinado de la Virgen de Guadalupe, el centro delantero del Real Madrid cantó sus éxitos como si hubiera descubierto el remate de tijera, propuso que las generaciones por venir se refirieran a su lance como «huguiña» y lo inmortalizó en una estatua en su jardín.

Hugo habla de sí mismo en tercera persona, como si encabezara la gesta de los Insurgentes, mientras el público lo admira sin afecto. A pesar de sus logros incomparables, se convirtió para muchos en una figura a la que da gusto odiar, el antihéroe necesario en un ámbito donde las villanías rara vez se pagan.

El fracaso de Hugo al frente de la selección fue relativo. Hizo una buena Copa América, siendo superado sólo por Brasil y Argentina —cosa lógica—, quedando por encima de una excelente selección de

Uruguay en el partido por el tercer lugar. Su error fue aceptar, simultáneamente, la selección juvenil y no clasificar a la Olimpiada. Como Hitler y Napoleón antes que él, abrió demasiados frentes de batalla.

Su paso por la selección reflejó el deterioro general del futbol mexicano; sin embargo, el puesto de entrenador existe para tener un culpable certificado.

A nivel mundial, el deporte se organiza con criterios primitivos y rara vez se somete a la transparencia o los usos democráticos. Si el Comité Olímpico Internacional ha tomado decisiones mafiosas y la FIFA ha padecido jerarcas autocráticos, la liga mexicana es un paradigma de corrupción. Su única lógica consiste en obtener ganancias fáciles; el «deporte» representa la causa remota, el pretexto de origen que permite embotellar y vender agua milagrosa. Los máximos beneficiarios no son los futbolistas sino los promotores que cobran comisión por los traspasos (muchas veces los directivos y los entrenadores también se llevan su tajada). Basta ver lo que equipos como Cruz Azul o Tigres han gastado en transferencias para suponer que alguien gana con esos movimientos. La auténtica ambición no es conseguir títulos sino colocar piernas en el mercado. En estas especulativas circunstancias, un jugador «normal» cambia de club suficientes veces para perder el arraigo, el sentido de la orientación y la confianza en el destino. ¿Cómo puede jugar con consistencia?

La falta de regularidad se acentúa con la liguilla. De los torneos que duraban un año y premiaban al más constante, pasamos a los minicampeonatos que desembocan en partidos de taquicardia. El calendario de juego dejó de depender del criterio deportivo y se sometió al *rating* de la televisión. El futbol mexicano es lo que sucede entre los anuncios (y a veces al mismo tiempo). No es de extrañar que la selección sea un fiasco.

## Jugamos como nunca, perdimos como siempre

Aunque cada entrenador (y Hugo no fue la excepción) propone volver a los torneos largos para trabajar con estilos de juego definidos y darle oportunidad a las canteras, el inmediatismo económico privilegia la liguilla. Antes teníamos un campeón al año, hoy tenemos un campeoncito cada seis meses.

Con la posible y lejana excepción de Nacho Trelles, ningún entrenador ha contado con consenso duradero. José Antonio Roca llegó al Mundial de Argentina 78 con enorme prestigio. Su estilo abierto prometía una marea ofensiva, la «esperanza verde» de la que hablaban los locutores. En una entrevista con Vicente Leñero que fue tema de portada de *Proceso*, Roca ofreció su aguerrido pronóstico para la justa: victorias ante Túnez y Polonia y empate con Alemania. Por una vez, el optimismo era compartido por la tribu.

Cuatro años antes, el «equipo de todos» había sido eliminado por Haití, potencia del vudú que ganó sin necesidad de hechizos. Al llegar a Argentina, nuestra capacidad de autoengaño se sometió a un psicoanálisis exprés y pasamos de la prepotencia al complejo de inferioridad: Túnez obtuvo ante nosotros el mejor resultado deportivo de su historia, Alemania nos hizo lo que Hitler a Polonia y Polonia lo que hubiera querido hacerle a Hitler.

Objeto de burla a nivel mundial, la selección mexicana se vio superada en la ruta a España 82 por Honduras y El Salvador, quedó excluida de Italia 90 por falsificar documentos en las categorías juveniles y fue multada con una cantidad récord en vísperas de Alemania 2006 por el dopaje de Carmona y Galindo.

Cada entrenador equipado con la egolatría, la ingenuidad o el heroísmo necesarios para pretender enderezar las cosas ha encarado a una grey ávida de milagros. Sin embargo, mientras los feligreses rezan en favor del nuevo profeta, murmuran por lo bajo: «No va a poder». El fracaso se espera y en cierta forma se desea, pues elimina la angustia de esperanzarse en algo que a fin de cuentas no es posible y permite el alarde compensatorio del linchamiento.

Ni siquiera Menotti, que llegó con aura de campeón del mundo, tuvo un inicio fácil al frente de la selección. Los aficionados no encontraron a un redentor sino a un hombre flaco que fumaba todo el tiempo y hablaba de obligaciones; sólo cuando terminó con éxito la primera fase eliminatoria para el Mundial de 1994 se respetó el sólido trabajo que había hecho. Por cambios en la Federación, el rosarino empacó sus cigarros y se llevó sus humos a otras canchas. Así se perdió la oportunidad de soñar a largo plazo, aunque se sentaron las bases para conformar el grupo con el que Miguel Mejía Barón trabajaría después. Menotti logró un rito de paso psicológico, la mayoría de edad de una generación de futbolistas.

Mejía Barón empezó con la prensa en contra luego de sus pobres resultados en Centroamérica. Su prestigio creció con el tiempo y situó a México en un segundo puesto en la Copa América. Como el Mundial de 1994 coincidió con las elecciones y el Tri gozaba de insólita reputación, Magú dibujó un cartón en el que candidateaba a Mejía Barón a la presidencia.

El desempeño del equipo se ajustó a lo previsto. Aun así, el último partido de Estados Unidos 94, disputado contra Bulgaria, dejó la sensación de que el responsable de la derrota era el entrenador, que no hizo cambios pertinentes y dejó a Hugo en la banca (en una de sus célebres posdatas, el Subcomandante Marcos pasó de la gesta histórica a la estrategia futbolística y aseguró que Hugo debería haber entrado). Estados Unidos 94 no fue un Vietnam para Mejía Barón pero marcó el declive de su estrella.

Como Menotti, Bora Milutinovic ha sido criticado por su extranjería y sus problemas para comunicarse tan lejos de Serbia. En México 86 cosechó resultados razonables; recibió el Águila Azteca que se concede a los forasteros que han hecho algo por nosotros y el perdón de la hinchada. Pero no para siempre. Cuando regresó a la selección años después, fue visto como el viudo que quiere cobrar dos veces la misma herencia.

El sufrimiento de los entrenadores no ha tenido tregua. Manuel Lapuente llegó a Francia 98 en estado de protomártir. Tal vez por su sólida educación cristiana y sus conocimientos acerca del valor moral de la penitencia, soportó el calvario del que era objeto. Contra todas las profecías, su selección jugó mejor de lo esperado y estuvo a un tris de vencer a Alemania (una forma políticamente correcta de decir que nuestra derrota no fue un exterminio). Aun así, el paso por la selección le dejó sinsabores.

El Ojitos Meza, hombre al que aprecian mucho los futbolistas y con toque mágico para obtener títulos de liga, llevó a la selección a una senda de dolor en la que parecía imposible clasificar al Mundial de Corea y Japón. Javier Aguirre lo sustituyó *in extremis*, cuando era necesario ganar y ganar y ganar para tener el derecho de viajar a Oriente.

Aguirre logró un desempeño impecable en la cardiaca ruta final de la eliminatoria, llegó al Mundial con merecido prestigio y fue el mayor responsable de la derrota ante Estados Unidos. Aunque salió relativamente bien librado, aseguró que jamás volvería a dirigir una selección sometida a tantas presiones ajenas a la cancha. En 2008 escribí: «Como es uno de los pocos hombres de palabra del futbol mexicano, no es posible contar con su regreso». Qué equivocado estaba.

Vino el turno del tiránico La Volpe, gran conocedor de los duros métodos de entrenamiento, poco dócil con los medios, siempre seguro de tener razón. En Alemania 2006 demostró que se puede perder ante

Argentina jugando bien. Fue el mayor logro de una selección a la que le faltó personalidad, vocación de riesgo, respeto a figuras individuales como Cuauhtémoc Blanco. Tuvo un terrible opositor en la arena pública: Hugo Sánchez.

## Ego Boss y el vestidor chípil

Al criticar con saña a La Volpe, el incontenible PentaPichichi creó las condiciones para su caída posterior. Si Fox ganó las elecciones prometiendo irresponsables fantasías (crecer al 7 por ciento, arreglar el problema de Chiapas en quince minutos, exterminar a las «víboras prietas» que saqueaban el erario público), Hugo abusó ante las derrotas de La Volpe y prometió el cielo para México.

Dedicó cuatro años de su vida a agraviar a un argentino de por sí impopular; después de eso no podía ser sensato sin volverse inverosímil. Al asumir el mando fue lo que siempre ha sido, el Napoleón que a veces aparece en Austerlitz y a veces en un psiquiátrico.

Su bitácora como director técnico no era muy abultada. Se le criticaba por haber obtenido un título al vapor en Costa Rica, pero había llevado a los Pumas de la Universidad a conquistar dos minitorneos seguidos, algo que en la inestable liga mexicana equivale a ganar la guerra de los Treinta Años. Además, sus Pumas derrotaron al Real Madrid a domicilio con un golazo de Israel Castro, y alzaron el trofeo Santiago Bernabéu.

Pero no es lo mismo mantener las expectativas a lo largo de cuatro años que sortear un vendaval de mediano plazo o llegar como salvador de la patria en el último momento. En 2013-14, el carismático Miguel Herrera ganó dos partidos como entrenador contra un rival que no podía ser más endeble, Nueva Zelanda; pero se trataba de partidos de repechaje para el Mundial de Brasil y ese logro en la cancha de las últimas oportunidades dio al Piojo un impulso que valía por seis meses.

Hugo nunca ha tenido una estrella fácil. El ágil delantero juvenil, bautizado en Cannes como el Niño de Oro, se endureció en España ante las gradas que le gritaban «indio» y blindó su personalidad para creer en una sola causa: su éxito personal. En su condición de centro delantero, nunca tuvo que pensar en los demás. Su única filantropía era anotar.

Es imposible saber qué porcentaje de las críticas a Hugo proviene de la razón pura, y qué porcentaje de la envidia o el deseo de obstaculizar al prójimo (el famoso «cangrejismo» al que tantas veces se refiere). Lo cierto es que no ha gozado del unánime cariño que conquistaron Enrique Borja o Luis Hernández. Durante México 86 el héroe del pueblo fue el Abuelo Cruz, futbolista muy inferior a Hugo pero más cercano a una afición que perdona las fallas de los que no tienen por qué triunfar.

Cuando el PentaPichichi fue suspendido en aquel Mundial, la voz del Azteca gritó en forma inaudita: «¡México ganó porque Hugo no jugó!». El delantero había fallado un penalti —pifia casi obligatoria para mostrar pedigrí autóctono—, pero no fue perdonado porque se ufanaba de estar hecho de un metal superior y hablaba de sí mismo en tercera persona, con la suficiencia de un prócer que ya leyó su biografía.

En un país que le habla de usted al destino y no sabe si ofrecerle propina, Hugo actúa con afrentosa seguridad. Su impresionante carrera lo respaldaba con goles, pero el futbol es una actividad rara donde los datos no siempre convencen. Si la patria estuviera hecha de récords, Hugo sería un héroe absoluto. Sin embargo, compartimos una identidad extraña donde el examen de modestia es más certero que una placa de tórax y donde hay que observar barrocas cortesías. En un territorio donde, como dice la canción, hasta el águila pidió permiso para subir al nopal, no se vale actuar sin consideración.

Hugo tiene la ética de Robinson Crusoe: es el solitario industrioso; sobrevive donde lo pongan. Su carácter no siempre cae bien en un entorno donde las iniciativas individuales lesionan a la tribu y el desmadre exige solidaridad para hundirse juntos. De haber jugado en Italia 90, justo cuando acababa de obtener el Botín de Oro como máximo goleador de Europa en una de las ligas más competidas, quizá habría cortejado mejor el alma del aficionado mexicano. Aquel Mundial fue uno de los más flojos y el delantero del Real Madrid estaba en su mejor momento. Pero el negro expediente de los «cachirules» impidió que hiciera algo famoso por nosotros y enfrentara la prueba que sin duda merecía.

Hugo ha asociado su reputación en tal forma a los resultados que la adversidad se le imputa como si tuviera un contrato personal con la diosa Fortuna.

Al hacerse cargo de la selección, puso su notable tenacidad y su astucia al servicio de la competencia. Cuando estudiaba para dentista, aprendió que en situaciones críticas hay que cerrar la boca. En su arranque como timonel estrenó sentido de la diplomacia, rebajó sus aspiraciones y soportó críticas sin responder con bravío narcisismo. Era demasiado tarde para unir a la afición pero muchos pensamos que merecía una oportunidad.

Muy pronto descubrió su principal carencia: no hay un solo delantero que anote como él y no hay forma de entrenar la puntería. En su primer encontronazo con Estados Unidos colocó hasta seis delanteros al frente del equipo, todos incapaces de rematar jugadas que parecían al alcance de una selección Sub-60.

Goleador sin herederos, terminó sus días en la selección de mala manera. Presionado por directivos y publicistas, aceptó hacerse cargo de la selección olímpica; él había sido un notable juvenil en el torneo que México ganó en Cannes y los anunciantes salivaban para comercializar su aura. Los resultados en la fase eliminatoria no fueron los esperados y llegó un partido decisivo contra Haití. México necesitaba un marcador de *waterpolo* para calificar: los artilleros de Hugo se quedaron a un gol de la proeza y fue despedido para beneplácito de decenas de periodistas que llevaban meses injuriándolo.

En 2006 viajamos juntos de Múnich a Berlín para cubrir la final de la Copa del Mundo. En la sala de espera de los vuelos chárter lo vi ejercer una de sus grandes pasiones: discutió en inglés con un camarero como si enfrentara a un árbitro. Había pedido un sándwich con pan de centeno y le trajeron pan blanco; la oportunidad de protestar lo puso de buen humor. Aproveché para hablar con él de su futuro. La Volpe ya no podía seguir al frente de la selección y el candidato más sonado era él.

—¿No crees que cuatro años de proceso son demasiados para ti, tomando en cuenta la tensión mediática que generas? —le dije.

—Si yo pudiera escoger los plazos, pediría entrenar dos años al equipo, de 2008 al Mundial de Sudáfrica.

Sabía que su gestión iba a ser una bomba de tiempo, y le tocaron los dos años equivocados, de 2006 a 2008.

El puesto de entrenador existe para que alguien pague las consecuencias de fracasar en lo que siempre fracasamos. En el caso de Hugo esto se extremó por las polémicas que suscita y por su tendencia a hacerse responsable de la historia del mundo.

No perdió en la guerra de las Termópilas sino en una práctica de tiro al blanco contra adolescentes haitianos. ¿Por qué los medios se ensañaron con él? Semanas antes de tomar las riendas del Tri, Hugo había sido colaborador de Televisa en Alemania 2006. En cuanto decretó una tregua informativa —procedimiento muy común en selecciones como la de Brasil—, el Canal de las Estrellas presentó una lista de las diez peores jugadas de Hugo Sánchez.

La derrota parece menos grave que no dar entrevistas. El embargo informativo planteó algo nuevo en la cultura de masas: el mito que no habla. Eso se le perdona a Tláloc, porque no lo entenderíamos. La televisión quiere disculpas, dramas, ese momento de valentía ante lo inconfesable que llamamos «dar la cara», revelaciones del héroe que una vez fue suyo.

Hugo se calló y los micrófonos se sintieron agraviados. En el país de Juan Rulfo, el silencio suele ser atronador. Basta recordar las líneas de «Luvina» que presagian un diálogo en la zona mixta:

—¿Qué es? —me dijo.
—¿Qué es qué? —le pregunté.
—Eso, el ruido ese.
—Es el silencio.

Esto fue creando un clima para poner en práctica una extraña pasión vernácula: el placer de que alguien excepcional sufra castigos. En esta antropofagia, el «ser superior» deja de serlo; su cadáver es tan sabroso como cualquier otro que se coma en pipián de cacahuate. La caída de Hugo confirmó los prejuicios de quienes no creían que alguien _____ (ponga usted el adjetivo sacrificial) pudiera salirse con la suya.

No es la envidia ni el despecho de la grey lo que está en juego, sino algo más complejo. En un ambiente acostumbrado a la derrota, las iniciativas de ultraje despiertan más consenso que los proyectos de futuro; si no tenemos verdaderos héroes, al menos podemos tener culpables ejemplares. El victimismo se desplaza del orden cósmico (la teodicea azteca donde ningún dios sabe chutar) al mundo terrenal, donde podemos condenar al exagerado que se atrevió a ofrecer un paraíso al que nunca llegaríamos. Su pecado fue hacernos creer que teníamos derecho a la esperanza.

Hugo sufrió el boicot de los jugadores mexicanos que militaban en equipos de Holanda y Alemania, fue criticado por Rafa Márquez (que se incorporó tarde a la concentración y cuyo expediente en pifias en el Tri aconsejaría prudencia), se enfrentó al descontento de Cuauhtémoc Blanco, que volvía a la selección gracias al técnico pero no jugaba tanto como quería, enfrentó las quejas de Omar Bravo, quien desmejora si opina con palabras en vez de goles, y recibió la negativa del Kikín a volver a la selección para sustituir al lesionado Jared. Este último desplante llama la atención. El Kikín se formó con Hugo en los Pumas y alcanzó ahí su mejor momento; si el futbol se jugara sin balón, sería un *crack*. Sus mayores méritos han sido la entrega y la simpatía dentro y fuera de la cancha. Pues bien, este tritón cuyo atributo homérico es echarle ganas, dijo «nanay». En suma: la selección nunca ha sido un gallinero tan levantisco como en la gestión de Hugo. ¿Fue él quien provocó que todos cacarearan o sencillamente le faltaron al respeto por no considerarlo apto para la tarea? Los medios contribuyeron al clima de tensión: Hugo fue exhibido como incapaz (se recordaron sus penaltis fallados y se cuestionaron las promesas, dignas del trabajo combinado de Cupido y el Ratón Pérez). Lo decisivo es que no contó con un respaldo directo de los jugadores. Así llegó a la Copa América. No jugaba con los elegidos sino con los resignados. El saldo fue el único bueno de su gestión: un peleado tercer lugar, con un grupo animoso y un Neri Castillo en trance de semigracia.

Hugo Sánchez no es un creador de teoremas como Mourinho o Rafa Benítez: es un motivador que, dadas las circunstancias, ayuda a los suyos. Por su jerarquía como futbolista hubiera sido interesante verlo a la orilla de las canchas africanas, pero el futbol nacional no vive de jerarquías. Tampoco vive de resultados: vive de pretextos. Se aparta a Hugo porque no pudo, pero sobre todo para que parezca que se hizo algo al castigarlo.

Después de él, Sven-Goran Eriksson, Javier Aguirre en su reencarnación, el Chepo de la Torre y Víctor Manuel Vucetich fracasaron al frente de la selección.

Los problemas de nuestro futbol son estructurales. Tienen que ver con la falta de continuidad en los equipos, la ausencia de estilos de juego, el casi nulo trabajo en las canteras, la escasa responsabilidad de los jugadores.

Al llegar a España, Javier Aguirre se sorprendió de que sus futbolistas se entrenaran igual en las vacaciones que en la temporada regular. En México el futbolista necesita estar vigilado para rendir. Su principal atributo, como ha señalado Manuel Lapuente, es la obediencia; dócil y abnegado, hace lo que le piden. Esto garantiza un rendimiento básico y nada más. Para ganar en justas internacionales hay que tener iniciativa. ¿Qué sucede cuando uno de los nuestros debe tirar un penalti? Sobreviene ese momento de vacilación trascendental en que nadie quiere hacerse responsable. En el fondo, el cobrador de la pena máxima no le teme tanto a la pifia como al acierto que lo distinga y lo obligue a rendir en la próxima ocasión. El que falla se reintegra sin problemas a una comunidad habituada a tratar con la desgracia, errar normaliza y homologa con la tribu. En cambio, quien acierta se separa, desafía al destino y al clan, sugiere que no depende de los otros. Hugo fue un futbolista de ese estilo: sus éxitos lo volvieron curiosamente ajeno, no sólo porque en general ocurrieron lejos, sino porque tenían algo soberbio y afrentoso. Si el Ratón Macías atribuía sus trofeos a la irrefutable trinidad de la madre, la Virgen y el pueblo de México, Hugo pisaba el pasto como si se hubiera hecho a sí mismo en la fragua de Narciso.

## La visión de los vencidos

Toda revisión de las costumbres nacionales es forzosamente reductora. Sin embargo, uno de los problemas de fondo del futbolista vernáculo es la falta de iniciativa. ¿Por qué no tira cuando tiene un flanco abierto? ¿Por qué prefiere el infructuoso pase lateral? ¿Por qué no se atreve a las rarezas que animan otras canchas?

El partido entre México y Argentina en el Mundial de Alemania 2006 podría haber durado cuatro horas sin que ninguno de los dos cometiera un error. Esos tiempos extra sólo podían resolverse con una genialidad, que por desgracia se le ocurrió a Maxi López; difícilmente un mexicano hubiera intentado algo tan fuera de programa.

El futbolista nacional es un ser atenazado por la inseguridad. Su existencia a medias en la cancha es reflejo de su existencia a medias como profesional: carece de derechos sancionados por la Constitución y la Ley Federal del Trabajo. No hay un gremio que proteja sus reclamos, a diferencia de lo que ocurre en países muy parecidos al nuestro como Colombia, Chile o Argentina.

Fuera del campo, el jugador nacional es un siervo de sus patrones. ¿Qué motivos tiene para liberarse en el césped? Si el *crack* es, por definición, alguien que elige la jugada insólita, el sometido jugador mexicano considera que toda iniciativa pone en riesgo su trabajo. A veces el futbolista mejora al irse lejos, como Rafa Márquez en el Barcelona, pero cuando regresa a la selección toca la pelota con la mano.

Detrás de todos estos fallos está un espléndido negocio. Un país que nunca aspira a nada en ningún cotejo mundial genera más ganancias que Francia o Inglaterra, por mencionar sólo a dos campeones del mundo.

Hay quienes se adaptan mejor a esta cultura de la mediocridad. Vucetich, conocido como el Rey Midas de la Liga Mexicana, cobró casi medio millón de dólares por dirigir a la selección durante dos partidos grises. Juzgado con un criterio burocrático, se salió con la suya.

En cambio, Hugo cayó con el estrépito de quien ha querido ser emblemático. Las flechas encendidas lo persiguieron como en un funeral vikingo para que su barca ardiera en llamas punitivas. Mientras tanto, aumentaron los patrocinadores.

Hace años reencontré a un amigo de la infancia que trabaja en mercadotecnia. Estaba feliz porque había cerrado un negocio proverbial: «¡Soy la galleta oficial de la selección!», me dijo en forma inolvidable, identificándose con su producto en una versión comercial del «amor a la camiseta».

La verdadera alineación del Tri está hecha de cervezas, refrescos y galletas. Mientras nadie toque a esos protagonistas, los que sudan en la cancha serán prescindibles.

En 2008, año del despido de Hugo, la estrella del deporte mexicano fue Lorena Ochoa. Una fábula resumía la situación: érase una vez un país con cuarenta millones de pobres donde la mejor deportista jugaba al golf.

# Hugo Sánchez en el área chica

Conocí a Hugo discutiendo de camas. El centro delantero juntaba las manos ante la mirada atónita del recepcionista de un hotel. Habíamos ido al Mundial de Alemania 2006 como comentaristas y el PentaPichichi convertía su alojamiento en un problema de área chica: se dirigía al empleado como a un defensa enemigo.

Lo curioso es que la dificultad le sentaba bien. Ocupar una posición en la cancha significa asumir una psicología. Hugo Sánchez aprecia que existan los obstáculos porque es la única forma de sortearlos.

El sibarita de los enredos encuentra en lo más nimio una opción para la épica. En diversas ocasiones lo vi discutir con más ademanes que palabras, como si reclamara un penalti.

El futbolista tiene dos vidas públicas: una en la cancha, otra afuera. Hugo recibió unánime aceptación por su contundencia goleadora; lejos del campo, no cuenta con el mismo aprecio. La fama es siempre simplificadora y el ariete de excepción ha sido visto como alguien que pone excesivo énfasis en sus virtudes. Sus malquerientes piensan que en sus tiempos de jugador se hacía expulsar para ver cómo era la cancha sin él.

Pero no se viaja por el mundo anotando goles de chilena sin otras facultades. La acrobacia depende del temperamento. Hugo está mejor informado que la mayoría de sus colegas y profesa un inquebrantable afecto por los suyos. Esto le da seguridad para el desorden, es decir, para transformar lo cotidiano en un teatro de la picardía. Cualquier sitio califica para él como área chica.

Cuando llegamos al estadio Allianz, la fila para entrar era enorme y diseñó una estratagema: se fue a un costado y pidió que lo llamáramos. Esta «jugada de atracción» hizo que numerosos aficionados abandonaran la fila para saludarlo. Repartió abrazos mientras nosotros avanzábamos hacia la entrada. Cuando llegamos a la puerta, nos alcanzó corriendo. Nunca un acceso fue tan veloz.

Entonces un empleado rigorista lo detuvo por llevar un peine de aspecto punitivo. De nuevo discutió con felices aspavientos. Por último alzó el dedo que se suele utilizar para el insulto, aclarándole al guardia que era más peligroso que su peine, pues podía meterlo en sitios poco oportunos.

La discusión terminó con un peine decomisado y un vejamen para la autoridad. Esto animó a Hugo a inventar otra jugada. Íbamos con Bernd Schuster. Por simples ganas de alterar la realidad y joder a un colega, Hugo se propuso impedirle el acceso al ascensor. Fingió que se había lastimado y nos retuvo junto a él. Cuando la puerta se abrió, esperó el tiempo exacto para entrar un segundo antes de que se cerrara, sin que Schuster pudiera hacerlo. ¿Qué objeto tenía esto? Ninguno. El pícaro burla gratis.

«Siempre ha sido así», comentó Chucho Ramírez, que compartió con él los tiempos como juveniles en los Pumas. Con los años, Ramírez se convertiría en el notable entrenador que llevó a la selección mexicana al campeonato Sub-17 en 2005 y gran conocedor de la psicología deportiva. Para él, la habilidad con que Hugo cambia la sal por la pimienta define al que engaña en espacio corto.

Una tarde estábamos detenidos en un una autopista bávara; de pronto recibimos el empellón de otro vehículo. No hacía falta volverse para saber quién molestaba de ese modo. La *Autobahn* se había convertido en el área chica de Hugo Sánchez.

En todo equipo hay un bromista de vestidor, dispuesto a encontrarle posibilidades dañinas al champú. El que convierte eso en un sistema de vida suele ser centro delantero, un cazagoles que sólo requiere de un toque para anotar, alguien que escapa a la marca de los otros y se roba el destino en un instante.

# «No somos los salvadores de la patria»: las palabras de Javier Aguirre

Después de las polémicas declaraciones que Javier Aguirre hizo en España acerca de la situación del país, el entrenador de la selección se alejó de los medios. Sorprendido de la reacción pública, pidió disculpas por la forma y el lugar en que habló de los problemas nacionales, y se concentró en su trabajo rumbo a Sudáfrica.

El técnico del Tri debe ser un vendedor de ilusiones, un gestor de la esperanza. La selección mexicana representa un negocio lucrativo, sujeto a las presiones de los medios, los anunciantes y los federativos. No es fácil ejercer el cargo simultáneo de estratega futbolístico y motivador de la autoestima nacional. Después de triunfar con el Pachuca, el Vasco Aguirre dirigió con éxito al Osasuna y se convirtió en el primer técnico mexicano en hacerse cargo de uno de los protagonistas de la Liga española, el Atlético de Madrid. Seleccionado mexicano en el Mundial de 1986, asistente técnico en el de 1994 y entrenador en el de 2002, conoce los desafíos de ocupar el puesto más controvertido de la vida nacional.

Gracias a las gestiones de Conaculta, Juan José Kochen (responsable de prensa de la Federación Mexicana de Futbol) y a la disponibilidad del propio Aguirre, el 30 de abril de 2010 visité el Centro de Alto Rendimiento para grabar un programa de la serie «Discutamos México» dedicado al futbol. Era un momento en que la selección ya no daba entrevistas. El objetivo no consistía en hacer pronósticos para Sudáfrica 2010, sino algo más decisivo y espinoso: revisar la estructura del futbol mexicano. En la mesa de discusión también participaron los analistas Roberto Gómez Junco y Roberto Zamarripa. Aquí ofrezco las intervenciones de Aguirre.

La ruta de acceso al Centro de Alto Rendimiento es un deporte extremo. Cerca de la salida a Cuernavaca, la ciudad se desdibuja en colinas y calles imprecisas. Resguardado por un zaguán metálico, el enclave de la selección tiene testigos permanentes: un perro callejero de cola erizada y dos muchachos con camisetas de las Chivas.

Por dentro, las instalaciones se ordenan con una reiterada intención: el éxito deportivo. La cancha de arena, los campos de césped color menta, la sala de prensa, el gimnasio, la zona de visita de los familiares y las habitaciones de los jugadores conforman un *resort* donde el turismo consiste en ganar. Como en otros paraísos artificiales, predomina una sensación de aislamiento.

Aguirre llegó a la sala de prensa vestido con los *pants* corporativos de la selección. Acababa de cenar con sus jugadores, ritual que no se pierde. Participó en la conversación con ritmo de atleta profesional. Llegó un minuto antes y se despidió un minuto después. La cordialidad y la disciplina se mezclan en su carácter: un entusiasta que aprecia el rigor.

No quiso saber cómo estaban las cosas en el mundo de fuera ni buscó averiguar qué percepción había de su trabajo; parecía tener claros sus objetivos y no deseaba influencias externas. Ese blindaje se acentuaría en Sudáfrica.

Terminada la entrevista, los periodistas subimos a una terraza. Las canchas a oscuras parecían una metáfora de la soledad. Las concentraciones protegen, pero también agobian. Detrás de las sombras, el entrenador leía en su cuarto y, probablemente, los jugadores mataban el tedio ante la PlayStation.

En una loma palpitaban las luces amarillas de un barrio pobre. Desde ahí, el pueblo podía ver a los suyos.

Aislados, los héroes se disponían a dormir. Mientras tanto, la gente se disponía a soñar con ellos.

## Las palabras de Aguirre

*Con la llegada de César Luis Menotti hubo un cambio de mentalidad en la selección. En los últimos cuatro mundiales hemos tenido regularidad. Una actuación correcta, sin llegar al anheladísimo quinto partido.*

Antes que nada diría que hay un antes y un después de los «cachirules». Ahí tocamos fondo, ahí el equipo mexicano queda fuera de cualquier evento internacional y es vergonzoso. Estábamos en Guatemala, aún lo recuerdo, con la selección de México, la selección mayor. Ganamos nuestro pase a Seúl 88, pero a los cinco minutos la alegría se diluyó cuando dijeron que había un problema, que denunciaron falsificaciones en las actas. No sólo no fuimos a esa Olimpiada (Guatemala fue en nuestro lugar), sino que no fuimos al Mundial de Italia. Ahí tocamos fondo y ahí rodaron cabezas. Fue un parteaguas, un punto de inflexión.

A partir de ahí deciden cambiar a los jerarcas, viene gente, no sé si mejor o peor, pero distinta en cuanto a mentalidad. Coincidentemente hay alternancia política. Cuando vi una conferencia de Ernesto Ruffo se me querían salir las lágrimas, nunca hubiera imaginado ver a un gobernador de la oposición; los senadores y gobernadores eran todos priistas, la Cámara de Diputados tenía una poquita participación de otros partidos.

Entonces viene César Luis Menotti y yo estoy en su primera convocatoria. El hombre no sabía de dónde venía yo, no tenía la menor idea. De hecho le pregunté: «César, ¿por qué me llamas? Soy un hombre mayor, de 33 años, no estoy teniendo un gran año con las Chivas» (tampoco las Chivas lo estaban teniendo), y entonces me contestó: «Me dijeron que tú podías ser un buen vínculo entre los jugadores, los medios y yo; una especie de delfín». Lo llevé un poco de la mano; luego cometí un acto de indisciplina, hay que decirlo, y él decidió prescindir de mí a los seis meses. Pero sí creo que con su llegada el futbolista mexicano dice: «Hay que dar ese paso, el paso del cambio».

Nos avergonzaba ser futbolistas mexicanos porque estábamos expulsados de FIFA, no éramos el lugar 236 que hoy será Benín o no sé quién, simplemente no estábamos. A partir de ahí hay un crecimiento, sobre todo en la mentalidad de los jugadores.

Hoy veo a estos muchachos, campeones del mundo Sub-17 en 2005, les hablo de Sudáfrica y es como si les estuviera hablando del Morelia, del Puebla o el San Luis. Tienen seguridad, ves en los ojos la confianza. Esto también ha ido de la mano con el crecimiento físico de los futbolistas. En el partido contra Nueva Zelanda era la selección más alta en la historia del futbol mexicano, 1.78, me parece.

Ya estamos en un nivel competitivo; no nos da miedo ir a enfrentar a Italia. Ahora nos falta dar el gran paso: nos falta un éxito deportivo. Ahí está el Mundial Sub-17, pero hay que consolidar un triunfo con la selección mayor.

*¿Qué tanto se ha trabajado en la mentalidad del futbolista mexicano?*

A partir del rompimiento hacia delante del futbol mexicano, los clubes también empiezan a crecer, a invertir en infraestructura deportiva, en fuerzas básicas, en pagarle bien a los entrenadores de los niños, y se incluyen gabinetes psicológicos.

Te diría sin temor a equivocarme que hoy 90 por ciento de los equipos mexicanos trabajan con un gabinete psicológico. Nosotros lo tenemos a nivel de selección. Chicos de Sub-15, Sub-17, Sub-20 han pasado por ahí. A los sesenta días de estar concentrados alguien puede extrañar a su niña, o le llama la esposa y aún no tenemos los boletos del Mundial, cosas de esas. Esto hace ruido, merma el rendimiento del futbolista; ahí entra un trabajo especial. Los jóvenes han asimilado esto mejor.

Aún no estamos preparados en la primera división ni en la selección mayor, aún hay esa dosis de ignorancia y desconocimiento, pero sobre todo es un problema de autoridad.

Si organizo una dinámica de grupo asisten todos y me respetan, la hacemos y la llevamos al ritmo que yo quiera, pero yo no soy un especialista. Si traigo a un psicólogo deportivo, no lo respetan, lo boicotean, se mofan. Para eso aún no estamos preparados. Por eso insisto en que trabajemos con los niños; porque ese niño de quince años que hoy está trabajando, se está acostumbrado a que le hablen con un léxico distinto, a que lo inviten a formar un grupo, a prepararse ante la eventualidad de una fractura de tibia o del retiro. Cuando ese muchacho llega a primera división ya tiene seis o siete años de trabajo psicológico.

Para mí, el futbol se compone de cuatro aspectos fundamentales. El primero es el aspecto técnico, que tiene que ver con la pelota: cómo le pegas, cómo la dominas, cómo eres capaz de dirigirla hacia donde tú quieras. Esto se entrena todos los días; ponemos grados de dificultad, obstáculos, usamos balones pequeños, le ponemos retos incluso a Cuauhtémoc, a la gente que es hábil *per se*, cositas para que sigan aprendiendo. Luego viene el aspecto táctico: cómo jugamos; somos once y ellos son once; tú vas por la izquierda, con tales obligaciones cuando tengas la pelota, y con estas otras cuando no la tengas; tú por la derecha, yo delante y tú detrás; ese es el tema táctico y lo entrenamos todos los días. Luego viene el aspecto físico, hoy no ves jugadores gordos, no ves chaparritos... por ahí alguno, hay garbanzos de a libra como el Hobbit...

*Además el futbol es generoso y admite que gente bajita sea atleta.*

Son los menos, pero son atletas. Físicamente trabajamos bien, les ponemos pulsímetros a los jugadores. Pero el cuarto aspecto, el psicológico, no lo entrenamos a diario. ¿Cuándo se ha visto que el equipo vaya todos los días a ver media hora al psicólogo? No lo hacemos. Ahí tenemos un rezago.

La labor de los entrenadores es llegar a cumplir con esta fase, con todo el riesgo que implica; porque hay casos, no voy a dar nombres, de entrenadores que han echado a perder jugadores porque les han destrozado el aspecto mental, los han destrozado literalmente.

*¿Los medios están inflando a la selección?*

Bueno, yo fui acremente criticado por mis declaraciones. Me equivoqué en la forma, pero en el fondo dije: «Si ganamos un partido 4-1 y luego vamos al Mundial, eso no significa que vayamos a ser campeones».

Me empecé a asustar con la presión y lo único que hice fue poner un marco de referencia: «A ver, vamos a ubicarnos; en el Mundial de Alemania, México fue lugar número 15, en Corea fue 11, en Francia 13, y en Estados Unidos 13». Entonces el salto es un poquito grande del 15 al 1 o del 15 al 2.

No quiero generalizar, pero hubo gente que sin ningún tipo de complejo ni problemas dijo: «Estamos para campeones, es la mejor selección». ¡Ah, caray! Como si de eso dependiera el futuro del país, ¿no?

*Parecería que si gana la selección nos van a perdonar la deuda pública y las tortillas van a ser más sabrosas.*

Ese es mi punto. Un día discutí con un técnico que tuve en Chivas. Él nos hacía ver que el compromiso era brutal y que teníamos que ganar esa noche al equipo rival, porque si no, al otro día los alfareros de Tonalá no iban a producir lo mismo y los mariachis no iban a cantar. Nos metió una carga tremenda. Yo me levanté y le dije: «Perdóname, pero no estoy de acuerdo... no puedes vivir con eso, no puedes dar un pase pensando: *caracoles, si yo fallo, la producción de Jalisco baja...*»

 Si yo le digo a los jugadores: «Mira, realmente el país está ávido de buenas noticias; la economía nos llega a cuentagotas, la violencia está terrible, la sociedad no camina: hagamos nuestro papel, ¡ganemos el Mundial!». ¿Te puedes imaginar la presión?

Tengo que manejar otro discurso para ganar el Mundial o para ganar los partidos que nos lleven a hacer un mejor papel.

A chicos de veinte, veintiuno o veintiocho años no les puedo cargar las responsabilidades de otras personas. Somos mexicanos, tenemos una obligación y un compromiso social y lo cumpliremos cabalmente en función de nuestras capacidades o incapacidades; pero no puedo decirles: «Si no ganamos, mañana México se paraliza». Los jóvenes están conscientes del rol que jugamos en la sociedad, pero no podemos cargar con los problemas que azotan al país.

*No son ni héroes ni mártires de la patria.*

Somos trabajadores, trabajadores privilegiados, evidentemente, a los que todos ven, trabajadores en una pecera.

*Varios técnicos han dicho que tenemos que volver a los torneos largos. Lo dijo Menotti, lo dijo Lapuente, lo dijo Hugo. Así puedes trabajar con la cantera, probar a un jugador, una derrota no importa tanto porque te puedes recuperar, puedes apostar por un estilo de juego, irlo perfeccionando. Los torneos cortos y la liguilla sólo benefician a la televisión.*

Sería fundamental volver a los torneos cortos. El ejemplo de una buena directiva es Pachuca, un equipo que en doce años ganó diez títulos con seis técnicos distintos, eso es para Ripley. Ahí se trabaja a largo plazo. En mis primeros siete partidos como técnico tuve cinco derrotas. Era joven, inexperto, motivo suficiente para echarme, pero no me echó el Pachuca. Aguantó la crítica, aguantó los embates de la gente a la que le gusta cambiar técnicos porque se beneficia, y el equipo fue campeón. Esa debe ser la filosofía.

El torneo corto es voraz, a los técnicos nos tiene en la silla eléctrica. Tú llegas, te piden un proyecto a largo plazo, o mediano por lo menos: «¿Cuál es su intención, caballero?». «Pues en tres años le voy entregar esto y esto; necesito estos elementos, etcétera». Presentas tu proyecto, te lo aprueban, y en tres partidos te echan. Perdiste en casa el primero, te golearon en el segundo y volviste a perder en casa por un accidente. «¡Fuera!» ¡Eso se va al bote de la basura!

*Otro tema social es el sindicato de futbolistas. Países bastante parecidos al nuestro (Colombia, Chile o Argentina) tienen asociaciones gremiales que respaldan a los futbolistas. ¿En qué medida sería esto necesario para que el futbolista mexicano tuviera más conciencia de sus propios derechos, más seguridad dentro y fuera de la cancha?*

Es muy importante el concepto de gremio, que no tenemos. Yo estuve muy involucrado en este caso en la formación de la Asociación de Futbolistas Profesionales con Alfredo Tena, Miguel España, Rafael Chávez Carretero, Félix Fernández, gente comprometida.

Un directivo —que ya murió, por cierto— me dijo: «¿Para qué quieres tu sindicato?, ¿para ir el 1 de mayo al Zócalo y hacerte rico tú solo?» Yo le dije: «Desde ahí estamos mal, no podemos sentarnos a hablar con un señor que piensa de esa manera». No pudimos hacer un sindicato porque ni la propia Secretaría del Trabajo quería ni los futbolistas querían.

Hubo uno, famosísimo, que nos dijo: «Yo entro y firmo, pero no usen la palabra "sindicato" porque si la ponen me corren de mi club». ¿Entonces de qué estamos hablando?

Yo te diría que tengo gente hoy en la selección que está mejorando en este rubro. Hay un buen nivel académico, gente que te confronta, que te entiende, con la que puedes discutir en un nivel que antes era imposible.

Sí creo que necesitamos una asociación porque hay veintidós o veinticinco que destacan y a los que les va muy bien, pero hay gente en tercera división... Hay diez mil jugadores federados, y nada más tengo veintitrés superestrellas. ¿Qué pasa con los otros nueve mil y pico? Que ganan mil pesos al mes y no tienen balones para entrenar...

Miguel España dijo un día: «Quieren que nos comportemos como leones en el campo y nos tratan como ratones fuera de él». Es absolutamente cierto.

Hay una Comisión del Jugador, hay que decirlo; se ha crecido en ese sentido, ha habido controversias y se han resuelto más casos a favor de los jugadores que de los clubes.

El futbol es otro en relación al que nos tocó a nosotros. Yo llegué al América en 1975. La primera camiseta que me puse decía: «Propiedad del Club América». ¿La propiedad era la camiseta o yo? Fui propiedad del Club América hasta que quisieron y dejé de serlo, sin mi venia por supuesto.

*El futbolista mexicano acaba su carrera después de pasar por trece equipos, teniendo que llevar a su familia por otras tantas ciudades y rindiendo menos por una situación personal complicada.*

El *draft* me parece una de las cosas más denigrantes. Cuando surgió aquello fue escandaloso. Hoy está bastante más *light*, por decirlo de alguna forma, ya llegas al *draft* con 95 por ciento de las negociaciones hechas, pero en su momento era verdaderamente vergonzoso ver desfilar a un jugador al lado de otros 500 o 600.

*¿Cómo resumes la situación del futbol en México?*

No nos equivoquemos: estamos inmersos en un contexto social, en nuestro México, y hay que decir algo: el jugador vive en una burbuja, siente que no le va a pasar nada, como se sintió Cabañas en su momento (cuentan que incluso retó al tipo que tenía la pistola). Rubén Omar Romano salía todos los días del entrenamiento de Cruz Azul sin ningún problema, con esos camionetones y esos relojotes y esas joyas. Y no sólo Rubén: todos andamos en las mismas, vivimos en una irrealidad.

El jugador pide: «Yo quiero mi salario libre de impuestos». ¿Por qué? Porque ve que el empresario no paga impuestos. Entonces el directivo te dice: «Okey, libre de impuestos». Es un problema general. Nos han educado de esa manera; vives en un México que no es el real y por ende también te empiezas a creer que eres capaz de ganar la Copa del Mundo. Luego el batacazo es terrorífico.

La labor que tenemos, yo en este caso de juez y parte, es educar al jugador, decirle: «No te equivoques, no está el país para que tú tengas ese tipo de joyas ni para que andes alardeando, para que vivas de esa manera y no seas capaz de ayudar a la sociedad en lo que mejor sabes hacer, que es dar una alegría; detente a dar un autógrafo, no te cuesta nada; es gente que viene caminando hasta el Centro de Alto Rendimiento, un lugar bastante inaccesible; viene a pedirte un autógrafo y no te detienes en tu 4x4, en tu coche de ocho cilindros». Eso no me parece justo.

El futbol va creciendo en función de cómo va creciendo el país. No es gracias al futbolista que México va a resurgir, pero sí va a ayudar a que el mexicano tenga un clavo ardiente de dónde sujetarse para que pueda decir: «Quiero a esos amigos de verde que cantan su himno y se rompen el alma, como yo lo hago para perseguir el camión y vender mis gelatinas en la calle».

# México en Sudáfrica: fallaste, corazón

El futbol es un oficio de paradojas: Steven Pienaar, que en la cancha condujo a la selección de Sudáfrica, no tenía licencia de manejo. Esa carencia se descubrió cuando lo detuvieron al salir de un bar en la ciudad de Liverpool. Tal vez por ello, dentro del campo disfrutó el arte de avanzar en sentido contrario sin posibilidad de ser multado.

¿Qué otras paradojas podía esperar México en la inauguración del Mundial? La más importante hubiera sido que Sudáfrica recordara que tiene once idiomas oficiales y cada uno de sus seleccionados hablara uno distinto: enfrentar a un equipo babelizado por el desconcierto hubiera sido espléndido.

No fue eso lo que ocurrió. Sudáfrica dejó que sus rivales llegaran como un cazador deja que un tigre se aproxime a beber agua; luego sacó la pólvora.

El primer trasplante de corazón de la historia fue hecho en Johannesburgo; en homenaje al doctor Christiaan Barnard, los anfitriones podrían haber dejado que jugáramos con corazón de locales. Una arraigada tradición hace que prefiramos ejercer la simpatía de quien ofrece la fiesta que caer en pecado de arruinarla.

Sudáfrica era el más endeble de los seis equipos del continente africano que participaban en el Mundial de 2010, pero había hilvanado doce partidos sin derrota bajo la dirección de Carlos Alberto Parreira, que fue campeón con Brasil. Además, contaba con las simpatías de la FIFA, el público, los ambientalistas que se unen a los débiles y las estruendosas *vuvuzelas*, trompetas del juicio final que sonaban en las gradas.

Cuando entrevisté a Javier Aguirre, poco antes del cotejo, puso énfasis en el trabajo mental, poco tomado en cuenta en una profesión que se precia de ser ajena a la vida interior. La máxima preocupación personal del protagonista de la serie *Los Soprano* es que sus colegas de la mafia sepan que va a terapia. Eso puede minar su prestigio de jefe duro, pues sólo los débiles aceptan que algo pasa dentro de ellos. El futbol es igualmente primitivo, y Aguirre lo sabe.

Terminado aquel diálogo, le pregunté a Juan José Kochen, de la Federación Mexicana de Futbol, qué psicólogo llevarían al Mundial. La respuesta fue sorprendente: «A ninguno, Javier asume esa tarea».

El Vasco entendió que había una carencia, pero la empeoró al no pedir respaldo profesional. Analicemos una de sus más raras medidas psicológicas. Salió de México con veinticuatro jugadores con el expreso fin de dejar fuera a uno de ellos. Sólo a uno. Esta selección del personal era una forma de la tortura. ¿Podemos imaginar la depresión de quien debe emprender el solitario viaje del descastado? Esta antiterapia equivale a participar en *American Idol* al revés: el elegido no va a la gloria sino a la ignominia.

Para colmo, el jugador excluido fue Jonathan dos Santos, el único con un hermano en el equipo. Más allá de sus cualidades, se trataba del jugador cuya ausencia podía afectar más en el plano emocional a un titular.

Aguirre revolvió los ánimos de sus jugadores. No fue el único eclipse de un hombre íntegro. Después de superar la crisis por sus críticas a la situación del país, pasó al extremo opuesto y se convirtió en inmoderado propagandista de los esplendores nacionales en la campaña «Iniciativa México». Sin causar tanto ruido como las *vuvuzelas*, sus inconsistencias desataron innecesarias controversias. Las ideas del técnico se movían en péndulo y luego cayeron en un punto muerto.

## El presidente que no sabía decidir

Las vacilaciones de Aguirre son una muestra de entereza comparadas con las del presidente Felipe Calderón. Cada doce años el Mundial coincide con las elecciones; durante la campaña de 2006, Calderón visitó al Tri como candidato panista. La selección es —o debería ser— «el equipo de todos» y no debería prestarse al proselitismo partidista. Pero tanto el futuro presidente como la desleída candidata Patricia Mercado buscaron beneficiarse al posar con los futbolistas.

Como candidato, Calderón buscó contagiarse de la gloria deportiva. Como presidente, actuó con la indecisión de un delantero que llega solo al arco pero da un pase atrás para que otro asuma la responsabilidad de chutar.

A Sudáfrica asistieron unos setenta jefes de Estado. Desde el punto de vista protocolario, resultaba lógico que el presidente de México viajara al cotejo. Sin embargo, recurrió a un «sondeo» manipulado para sugerir que el pueblo solicitaba su asistencia.

Quien necesita una encuesta para respaldar una decisión revela debilidad. Después de encerrarse en su propia área chica al pedir el permiso público, el Ejecutivo anunció la visita como «viaje de trabajo». Acto seguido, los diputados le hicieron un *pressing* de *catenaccio* italiano y recordaron los muchos temas que dejaba pendientes .

El avión presidencial despegó cuando un niño mexicano había sido asesinado por la Border Patrol, causando un significativo conflicto bilateral. Ese mismo día las carreteras de acceso a Monterrey fueron bloqueadas por el crimen organizado, un empresario apareció asesinado en Xalapa, y se encontró un arsenal de explosivos en el D. F. (aunque luego se diría que se trataba de algo inofensivo, tal vez leche Nido). Calderón dejó un país en llamas, no por una razón circunstancial, sino por la infructuosa guerra que había desatado.

Desde un punto de vista simbólico, ¿le convenía ir a Sudáfrica? Si México ganaba, difícilmente el triunfo se atribuiría a su apoyo. Y si México perdía, los supersticiosos, los esotéricos, los amigos del azar y de la estadística pensarían que el chaparrito daba mala vibra.

El pretexto de entregarle a Nelson Mandela el Águila Azteca no parecía de suficiente peso porque no había certeza de reunirse con un exmandatario de 92 años, pero sobre todo porque, si el objetivo era respaldar al Tri, resultaba contradictorio llevarle un regalo al adversario.

Cuando el presidente abanderó a la selección, el capitán Gerardo Torrado lo invitó a Sudáfrica. Para entonces la polémica del viaje ya estaba en el aire. Calderón sonrió, como diciendo: «A mí que me esculquen». Su indecisión y su falta de claridad sintonizaban con una selección dubitativa cuyo signo profético fue estrenar uniforme negro.

## Si los goles no existieran...

Joseph Blatter es un jerarca transnacional. Seguro de su poder, puede darse el lujo de ser sincero. Esto lo llevó a decir que esperaba que Sudáfrica pasara a la siguiente ronda. Su secretario fue aún más proselitista y pidió al público que llegara a tiempo al estadio Soccer City «para no perderse los dos primeros goles de los *Bafana Bafana*».

La FIFA no escogió a un árbitro experto para soplar justicia en el partido inicial sino al novato del torneo, procedente de las praderas de Uzbekistán. La situación se prestaba para que, en caso de duda, el colegiado se inclinara por el equipo local.

En aquel equipo, el Guille Franco escribía un prólogo estupendo para un libro que no existía. Dominaba balones inverosímiles; luego de ese brillante prefacio, dejaba la obra maestra en blanco.

México empató con el anfitrión, derrotó a Francia gracias a la aparición del Chicharito Hernández (que sin embargo no se convirtió en titular) y no logró derrotar a Uruguay. Esto nos condujo a una versión futbolística del psicoanálisis lacaniano: enfrentar a Argentina. Nuestra autoestima se sometió a los insondables traumas del inconsciente. Juegue como juegue, la albiceleste nos parece siempre superior.

¿Hay una moraleja de lo ocurrido en Sudáfrica? Las vacilaciones de Aguirre y del presidente son el espejo de una selección sin capacidad de resolver.

Tradicionalmente, México se adapta al son que le tocan; gana de fea manera ante Jamaica y pierde de lujo ante Brasil. La selección se parece a Ivanovich Chíchikov, el personaje de Gógol: «Ni feo ni guapo, ni delgado ni grueso, ni viejo ni joven».

La horrenda tarea de decidir le sienta mal a un equipo que no busca la singularidad del gol y en cambio administra bien el balón, acata la norma y cumple a cabalidad largos trámites de archivo. Un país intensamente dominado por la burocracia no puede tener individualidades.

México jugó en Sudáfrica sin personalidad, aunque con ánimos de imponer un récord geriátrico con dos hombres de 37 años en el campo, Cuauhtémoc Blanco y el Conejo Pérez. Fue un indudable triunfo médico, pero lo que nos hizo falta en la tierra del doctor Barnard fue un trasplante de corazón.

## Un Chicharito no hace verano

El resultado que mejor define a México es el empate técnico. Aunque el levantamiento zapatista en Chiapas no fue reprimido, sus demandas no se resolvieron ni se normalizó la vida en la zona. La Ley del Libro vetada por el presidente Fox fue aprobada por el Congreso, pero no ha entrado cabalmente en vigor. El Tribunal Federal Electoral consideró que hubo injerencia del Ejecutivo y del Consejo Coordinador Empresarial en las elecciones de 2006 y esto no implicó sanciones. La Suprema Corte de Justicia analizó el entramado de negligencias que llevó a la muerte de casi cincuenta niños en la guardería ABC de Hermosillo sin encontrar culpables definitivos.

En México, los problemas se reconocen y analizan. ¿Provoca eso una solución? Por supuesto que no. ¡Bienvenidos a la tierra de la medianía, el país del ni fu ni fa, donde el diagnóstico es tan dramático que no quedan ánimos para el tratamiento!

En concordancia con ese marasmo, la selección nacional no es pésima ni estupenda. Sin embargo, por un momento cayó en la tentación de ser distinta en Sudáfrica.

En el futbol nada pesa tanto como la tradición. El partido contra Francia fue un ejemplo de que los fantasmas también juegan. Cuando el Chicharito Hernández sorteó con aplomo al portero enemigo y vio que el balón iba a dar a las redes, seguramente pensó en su abuelo: en 1954, Tomás Balcázar anotó contra los franceses en el Mundial de Suiza. Nieto e hijo de futbolistas, el Chicharito confirma que los ausentes no dejan de chutar: el fantasma de Garrincha le manda centros a Brasil.

Aquel partido en el que jugó el abuelo Balcázar acabó en derrota y ya sólo era recordado por los archivistas. Esta vez hubo victoria y celebramos como si hubiéramos vuelto a ganar la batalla de Puebla ante las tropas de Napoleón III. Los mariachis crearon casi tanto estruendo como las *vuvuzelas*.

En México no estamos seguros de que el futuro exista: cada alegría puede ser la última. Esto explica nuestro consumo de tequila y que miles de mexicanos hayan viajado a Sudáfrica. No nos sobra dinero sino confianza en que no llegará el día de pagar la tarjeta de crédito.

La selección doblegó a Francia gracias a un novato y a un veterano. El Chicharito pertenece a la generación que ganó el Mundial Sub-17 en 2005 (aunque quedó fuera de la última convocatoria). Por su parte,

Cuauhtémoc Blanco representa los valores, acaso en extinción, de la picardía en la cancha. Su cuerpo desafía al del atleta común; camina como un pato y carece de cuello. Pero el futbol es democrático en cuestiones físicas y Blanco llegó a anotar goles con la joroba. Nació en Tlatilco, barrio de la ciudad de México con gran destreza en el robo de autopartes, y avanza por la cancha como si sorteara el tráfico en la calle, dispuesto a quedarse con algún espejo.

Durante casi veinte años fue el gran referente del futbol nacional. Ante Francia ejecutó un penalti de museo y se convirtió en el único mexicano que ha anotado en tres mundiales. Hubiera anotado en cuatro, pero La Volpe, dogmático que odia el asombro, lo dejó fuera de Alemania 2006.

Cuauhtémoc lleva el nombre del último emperador azteca, a quien Cortés quemó los pies para que revelara dónde estaba su tesoro. En 2010, a sus 37 años, el rey viejo tenía pulmones para jugar veinte minutos y correr como si hubiera sufrido el calvario de su tocayo. Pero sabía dónde estaba el tesoro.

Ante el Tri, Francia pasó del estructuralismo a la deconstrucción. El entrenador Domenech, que confiaba en los astros en la misma medida en que desconfiaba de los peluqueros, hizo todo lo posible por desmontar a su equipo. En su vestidor imperaba un clima donde la pasión se confundía con la intriga. Una novela definía ese ambiente: *Las relaciones peligrosas*, de Choderlos de Laclos.

México enfrentó a una Francia debilitada por sí misma pero ganó por méritos propios. Sin crear muchas opciones de gol, dominó de punta a punta y recordó la principal diferencia entre la Revolución mexicana y la francesa: nuestros caudillos duran más.

El apodo del Chicharito sorprende en países donde a esa redonda forma de la naturaleza se le dice «guisante». Lo decisivo es que alude a una circunferencia diminuta, un pequeño balón vegetal. Se trata, también, de un arma poderosa, según sabemos por el cuento de Hans Christian Andersen donde una princesa sutil no puede conciliar el sueño a causa de la presión de un guisante bajo una montaña de colchones.

El subcampeón del mundo cayó ante México, país de artillería doméstica que, sin embargo, disponía de un agudo proyectil. Entendimos lo que vale un chícharo y rezamos porque el entrenador también lo entendiera.

El camino de la esperanza parecía abrirse. Derrotar a Uruguay no era un desafío paranormal. En la Copa América, le habíamos ganado 3-1 en el partido por el tercer lugar bajo la dirección de Hugo Sánchez. Con una victoria se abría una ruta cómoda y podíamos llegar no sólo al quinto sino al sexto partido. El optimismo se puso en oferta.

Sí, hubo un instante esquivo en que el Tri pudo separarse de la norma. Del otro lado estaba la gloria, que, por desgracia, en nuestra cultura también es sinónimo del abismo, la diferencia, el pecado de sobresalir. «Más vale malo por conocido...», dice el refrán con el que nos resignamos y le echamos más agua a los frijoles.

La selección optó por la tierra firme que significa «lo de siempre». Uruguay hizo su parte, desde luego, pero México jugó en estado de penitencia, con una penca de nopal en el pecho. Desde 1994 somos un país que pasa a la siguiente ronda y pierde. Reiterar esta actuación promedio resultó preferible a correr el riesgo de violentar la tradición e incurrir en la extravagancia de ganar.

La selección no lleva el país a cuestas, pero influye en la forma en que lo miramos. Sin determinar al Producto Interno Bruto o el sabor de los tamales, arroja una imagen de nosotros mismos.

¿Cómo interpretar nuestra reiterada vocación de perder el cuarto partido cada cuatro años? Sin arriesgar la incomprobable hipótesis de que México renunció voluntariamente al triunfo, podemos decir que se complicó las cosas para ponerse a salvo de la responsabilidad de ganar. La afición que gritaba «¡Sí se puede!», acabó diciendo: «¡Niguas!». ¿Hay modo de entender lo que pasó?

No es por presumir, pero los mexicanos somos delicados: el frío nos perjudica, el calorón nos abruma, la lluvia nos deprime. Cada vez que se produce un cambio climático en una cancha, el locutor de turno opina: «Esto puede perjudicar a la selección mexicana». Aunque la nieve caiga sobre los dos equipos, la alteración no nos conviene. En todas partes hay tormentas, pero nosotros nos mojamos más.

«Ni lo toques, que es como un jarrito de Tlaquepaque», este dicho no alude al hipersensible inquilino de un manicomio, sino a la mayoría de nuestros parientes. ¿Hay otro sitio donde la gente se ofenda tanto con los «ojos de pistola» y las «miradas que matan»? Habitamos una de las pocas regiones donde esta pregunta tiene sentido: «¿Te fijaste cómo *se nos quedó viendo*?». Mirar el horizonte es sano, «quedarse viendo» ofende. La cortesía, la discreción, el deseo de no destacar han sido una manera de evitar la injuria de que alguien nos distinga con su atención.

No es fácil que una nación de más de cien millones de personas susceptibles se ponga de acuerdo. Y sin embargo, el Mundial de Sudáfrica nos llevó a un consenso: todos queríamos al Chicharito. ¿Todos? Bueno, Javier Aguirre tuvo sus dudas.

En el siglo XIX, Gregor Johann Mendel descubrió las leyes de la herencia al estudiar chícharos amarillos y verdes; desde entonces sabemos que los chícharos sirven para medir la tradición. En otras palabras: Javier Hernández es nieto e hijo de futbolistas y se ha convertido en ídolo de la afición. Contra las leyes de Mendel, no fue nuestro titular.

Sobran motivos para respetar la trayectoria del Vasco; dentro y fuera de la cancha ha mostrado entereza. Llegó a Sudáfrica precedido de experiencia en el Pachuca, el Osasuna, la selección de 2002 y el Atlético de Madrid, carrera sin precedentes para un entrenador mexicano. Pero en el partido contra Uruguay logró una proeza inaudita: por comparación, sus paisanos nos sentimos sensatos.

La derrota provocó una asombrosa unanimidad; el análisis de ese juego es ya un lugar común compartido por cualquier taxista. El asunto incluso provocó un pronunciamiento en el recinto del folklore donde se problematiza lo obvio y se impide lo urgente: el Congreso de Unión. El diputado yucateco Éric Rubio Barthel anunció que la bancada del PRI deseaba que Javier Aguirre compareciera en San Lázaro para explicar sus extrañas decisiones.

¡Hasta con los diputados estuvimos de acuerdo!

Sin embargo, hubiera sido inútil que el Vasco se presentara en la Cámara de Diputados, donde se habla con menos elocuencia que en un vestidor. Olvidemos ese trámite y analicemos su conducta.

El veterano Cuauhtémoc era un relevo ideal, dada su provecta edad, pero fue alineado como titular. El Bofo, que no había jugado, fue incluido en forma asombrosa y corrió menos que el portero. El Guille Franco, argentino que descubrió su amor a México cuando supo que no llegaría a la albiceleste, ocupó el sitio del bienamado Chicharito. Aunque es posible que el *argenmex* anote alguna vez, se necesita paciencia benedictina para aguardar ese milagro. No deja de ser un jugador que controla la pelota y la mata de lujo con el pecho. Si los defensas supieran que no va a ningún lado, dejarían de marcarlo. Como ignoran que es un eximio preparador de jugadas sin conclusión, lo siguen a todas partes y se cansan a su lado. Llegamos a una razón para que esté en la cancha: desgasta a los centrales que corren tras él. Pero eso no basta para tenerlo ahí, pues Britney Spears podría hacer lo mismo. Su verdadera aportación es que defiende bien los *corners*. Esta virtud desnuda un terrible defecto: México es un desastre de marcación en jugadas de táctica fija. Nuestro centro delantero se hace necesario ¡como quinto defensa!

Una imagen resumió el fracaso en Sudáfrica: el máximo responsable del turismo mexicano repartió insultos y manotazos al terminar el partido México-Argentina. Miguel Gómez Mont, director de Fonatur, hermano del secretario de Gobernación y amigo cercano del presidente Felipe Calderón, representó a México con el proselitismo de los golpes. El desfiguro reveló los límites de la impunidad en la era de YouTube: si el agresor no hubiera sido captado en video, no habría perdido el cargo. El futbol mexicano es un negocio que depende de la oscuridad en las decisiones y la falta de rendición de cuentas; un espectáculo donde la parte visible es pobre (perdimos otra vez) y la parte oculta formidable (los dueños ganaron más).

## Saramago en el Mundial, Monsiváis ausente

El periodista y editor Raúl Silva me envió un sugerente correo sobre el distinto impacto que dos muertes tuvieron durante el Mundial de 2010.

Portugal salió a la cancha con un listón de luto en memoria de José Saramago. El gesto fue importante, aunque al autor de *Ensayo sobre la ceguera* no le gustara el futbol. Tuve oportunidad de hablar con él del tema en 2002, después de las deliberaciones del Premio Extremadura, cuyo jurado presidió. Soledad Puértolas, Enrique Vila-Matas y yo fracasamos en imponer a un candidato distinto al suyo.

Militante curtido en mil asambleas, Saramago quedó contento con su triunfo (esperable, por otra parte, dada su impar jerarquía). Aproveché que estaba de buen ánimo para hablarle de lo bien que se veían los portugueses al perder en el futbol. En el Barcelona, el elegante Vítor Baía ganó la fama de ser el portero más estético al recibir un gol. A Saramago le gustó que su país pudiera convertir la derrota en belleza. Luego comentó que se había formado en un marxismo ortodoxo y no apreciaba el mercadeo ni la sociedad del espectáculo generados por el balompié: «Espero que Portugal siga perdiendo bien», concluyó.

El novelista que resucitó a Fernando Pessoa repudiaba el futbol, pero la selección de su país le brindó un homenaje póstumo. El brazalete negro recordaba a un crítico del no siempre noble oficio de dar patadas. A veces la identidad se refuerza gracias a la discrepancia. Portugal rindió tributo a su comentarista rebelde y ganó 7-0.

Raúl Silva tenía razón: hubiera sido significativo que el Tri honrara a Carlos Monsiváis, que encaraba el futbol con más perplejidad que gusto. Pero la selección no sólo se ahorró ese luctuoso brazalete, sino cualquier otro signo de identidad.

Poco antes del desenlace en Sudáfrica, Aguirre se presentó en la sala de prensa con una gorra de beisbol hundida hasta las cejas, mirada extraviada y voz de ansiolítico. El timonel ya sólo buscaba una salida.

Se podría hacer una crónica detallada de todos los partidos perdidos por México a lo largo de la historia, buscando causas herméticas para la caída. Ante Argentina pudimos ponernos adelante con un riflazo de Guardado y uno de los goles enemigos cayó en fuera de lugar. Estuvimos a unos centímetros y a unas dioptrías de otro resultado, pero eso no sirve de consuelo.

Recuerdo la narración que Manuel Lapuente nos hizo a un grupo de periodistas en la mesa de un café para explicar la derrota ante Alemania en el Mundial de Francia 98. Cada sobre de azúcar representaba a un seleccionado nacional. El entrenador los colocó con la precisión de quien ha repasado una y otra vez el segundo gol que estuvo a punto de meter Luis Hernández. Aquella jugada lo había metido en un insondable laberinto cerebral. Miraba los sobres de azúcar como si esperara que, al fin, uno de ellos se moviera solo.

También la historia en Sudáfrica pudo haber sido distinta, pero no es posible reparar por escrito lo que no se hizo en el césped. Para efectos de este libro, me parece interesante contrastar la claridad mental que Javier Aguirre tenía antes de ir al Mundial —plasmada en la entrevista que precede a este texto— con la falta de liderazgo y el caos que vino después. Algo no concuerda en el futbol mexicano. Las ideas existen pero no llegan a ser parte de la realidad.

# Perder es cuestión de método

«¡Y retiemble en sus centros la tierra!», la letra del himno cobró inusitada vigencia la noche del martes 29 al miércoles 30 de junio de 2010. La selección nacional regresó al país, procedente de Sudáfrica, y el suelo mostró su descontento. Después de caer ante Argentina, el Tri aún debía enfrentar el marcador de la corteza terrestre: 6.5 en la escala Richter.

El verso de Bocanegra es uno de los más enigmáticos de la poesía cívica. El centro suele ser uno. ¿No suena a indecisión que un territorio tenga muchos centros? Aunque eso ofrecería una causa telúrica para nuestra perenne incertidumbre, los paleógrafos explican que Bocanegra entregó la letra del himno en manuscrito. Trazó una «a» muy abierta y la palabra «antros» se confundió con «centros». La intención del poeta consistía en advertir que la tierra retiembla en sus muchas cavidades.

De manera profética, el poeta anunciaba que nuestro destino tendría que ver con otro tipo de antros. El 13 de junio de 2010 los miembros del Tri departieron con gran jolgorio en una cantina de Sudáfrica, según revelan las fotos subidas a Twitter por una de sus acompañantes. ¿Es lógico que atletas de alto rendimiento se diviertan durante el Mundial como *springbreakers* en Mazatlán?

Esta indisciplina es sólo una de las múltiples facetas que definen a un equipo periódicamente distorsionado por los medios.

El nivel del futbol mexicano es regular, pero antes de cada Mundial los profetas de alto *rating* hablan de los futbolistas como de redentores de pantalón corto. El milagro parece posible en televisión.

# Instrucciones para fracasar

A veces se requiere de mucho esfuerzo para estropear las cosas. El título de una novela de Santiago Gamboa parece el lema de nuestra selección: *Perder es cuestión de método.*

No es raro que para debutar en un equipo mexicano los jóvenes aspirantes deban darle dinero a los entrenadores. Esto incluye a escuadras que se consideran ejemplares, como los Pumas, antigua cantera del futbol nacional que desde hace mucho es manejada con muy poca injerencia de la Universidad.

Ya en el vestidor, los debutantes son recibidos por «colegas» que amenazan con fracturarlos si destacan demasiado. Hacen falta trabajadores sociales y psicólogos que ayuden a la integración de las distintas generaciones de futbolistas. Tal y como están las cosas, el «grupo» es una variante del patio de la escuela donde mandan los gallos peleoneros.

Una vez que el jugador comienza a ser valorado, descubre que sus posibilidades de ganar dinero no derivan de obtener títulos, sino de ser traspasado satisfactoriamente a otro club. Los fichajes generan comisiones para el promotor, el directivo, el entrenador y el propio futbolista. En esta bolsa de valores, un jugador «exitoso» se retira después de haber pasado por ocho o diez equipos. Eso significa que ha vivido en otras tantas ciudades, sufriendo desajustes y problemas de adaptación.

La falta de regularidad del futbol mexicano se debe en gran medida a que los protagonistas son mercancías migratorias: destacar o fallar son, por igual, pretextos para el traspaso.

Cuando el presidente Zedillo sugirió que no vendieran a Alex Aguinaga, convirtió en asunto de Estado un temor de los necaxistas: las buenas campañas del ecuatoriano lo hacían candidato al traspaso.

Sin asociación gremial que los proteja, los futbolistas carecen de derechos laborales. Es cierto que en el país de Elba Esther Gordillo el sindicalismo no siempre es una realidad encomiable; sin embargo, también es cierto que los futbolistas no disponen de la protección gremial de sus pares de Colombia o Chile —por no poner el eterno ejemplo moral de Escandinavia—, donde hay forma de protegerse de los directivos.

Basta ver la camiseta de una escuadra mexicana para saber que anunciarse ahí es más fácil que anunciarse en el periódico. Infamados por ocho o nueve logotipos, los uniformes denuncian los verdaderos intereses de un equipo.

Llegamos al punto decisivo. En el mundo entero, el deporte es una oportunidad para vender zapatos y llenar la programación televisiva. La peculiaridad mexicana es la absoluta subordinación de los clubes a los designios de las televisoras. Para empezar, está el tema de los torneos cortos. Seleccionadores como César Luis Menotti, Manuel Lapuente, Hugo Sánchez y Javier Aguirre han coincidido en que se trabajaría mucho mejor si se regresara a las temporadas largas, que permiten probar a jugadores de las fuerzas básicas y trazar estilos de juego que se pueden definir sobre la marcha. Pero Televisa y Televisión Azteca juzgan que el aficionado padece déficit de atención y sólo se interesa por los partidos a muerte de la liguilla. Cada año, el *rating* aumenta y la calidad zozobra.

La liguilla surgió en la temporada 1970-71 como un recurso para aportarle dramaturgia al campeonato; eso era malo pero no fatal. El asunto se agravó en 1996, cuando el torneo se acortó para celebrar dos campeonatos al año y así disponer de dos rentables liguillas. Con esto los triunfos se devaluaron. En esas jornadas de la prisa, los técnicos se volvieron medrosos y resultadistas, pues tenían pocos partidos para demostrar su astucia. Además, el bazar de piernas se intensificó y las transferencias de fin de temporada se hicieron dos veces al año. Así se perfeccionó la inconsistencia del futbol mexicano. El campeón es un rey breve que se hunde en la siguiente temporada.

Cuando empecé a ver futbol, el Campeonísimo Guadalajara podía conquistar tres o cuatro torneos largos seguidos. Como el *Rebaño Sagrado* sólo incluye mexicanos, era la base lógica de la selección. En 1962 el Tri dio el mejor partido de su historia en un Mundial derrotando 3-1 a Checoslovaquia, que sería subcampeona del torneo. Eso sólo pudo ser posible por el dominio de un estilo de juego que no ha vuelto a repetirse.

Con excepciones como los Pumas de Hugo Sánchez, el campeón corto se convierte en el derrotado exprés en la siguiente minitemporada.

Como los cánticos de algunas «hinchadas», los torneos cortos se copiaron de Argentina. Esto sirvió de excusa para argumentar que se pueden tener torneos de precipitación y al mismo tiempo buenos jugadores, pero la comparación no se sostiene. El futbolista argentino se forma en una cultura de emigración, no sólo por antecedentes familiares sino porque sabe que destacar significa irse: el futuro está en las ligas de España, Italia o Inglaterra. Jugar torneos cortos es una preparación útil para los grandes nómadas del futbol, no para los mexicanos. En este país de telenovela, donde un romance dura cien episodios, el futbolista es condenado a vivir efímeras pasiones.

Televisa y Televisión Azteca han decretado que el público carece de paciencia para seguir a su equipo a largo plazo como hacen los forofos del Sevilla, los *hooligans* del Liverpool o los *tifosi* del Juventus. En consecuencia, fomentan la liguilla y suben el precio de sus anuncios.

Pero el daño no se detiene ahí. Que una cadena de televisión sea propietaria de un equipo crea conflictos de interés; que sea propietaria de tres enturbia aún más las cosas. Por recomendación de la FIFA, dos clubes no deben tener el mismo dueño. ¿Por qué no actúa el organismo internacional en el caso mexicano? Digamos que la FIFA es sibilina y algo acomodaticia (sólo así ha logrado tener más agremiados que la ONU). Su jurisprudencia es feudal: el rey sólo entra en acción si suficientes príncipes se quejan. En otras palabras: para que la FIFA intervenga en México, debe recibir un reclamo de la mayoría de los directivos de la Federación Mexicana de Futbol. ¿Es posible que esto ocurra? Claro que no: los equipos no van a rebelarse contra el Mago de Oz que los lleva a la pantalla.

Una vez que arruina el futbol como deporte, la televisión lo infla como mercancía. La campaña «Iniciativa México», lanzada en vísperas del Mundial de Sudáfrica, demostró que ciertos sabios no han vivido en vano. El patrioterismo surge cuando se acaban los argumentos racionales. Dos ilustrados del siglo XVIII entendieron el problema. En Inglaterra, el doctor Samuel Johnson dijo: «El patriotismo es el refugio de los canallas». Por su parte, el físico y escritor alemán Georg Christoph Lichtenberg escribió: «Quisiera saber en nombre de quién ocurren las cosas que supuestamente ocurren "en nombre del pueblo"». En la pantalla chica, la patria sirve para vender pan blanco o pretender que los problemas se arreglan si elogiamos mucho nuestras raíces.

En un artículo escrito para «Enfoque», suplemento de *Reforma*, José Ramón Fernández informó que Televisión Azteca y Televisa gastaron unos cien millones de dólares en comprar derechos televisivos. Sus ganancias duplicaron esa cifra.

Varios gobernadores han contribuido a enturbiar las aguas. No es raro que el balompié se convierta en tema de campaña (de pronto, un candidato promete llevar ahí al futbol de primera división) ni que se desvíen fondos del gasto público para comprar una franquicia. Si directivos mexicanos compraran el Boca Juniors, acabaría jugando en la Patagonia si el gobierno local les diera garantías.

Los aficionados más nobles y ultrajados del futbol mexicano son los paisanos que llenan los graderíos en Estados Unidos para ver los peores encuentros amistosos de la selección nacional; su anhelo de «volver al país» es tan grande que pagan lo que sea por ver las formaciones experimentales de un equipo que sólo va ahí a cobrar dinero. En su proyecto *for export*, el Tri es un guacamole de tercera que se consume gracias al generoso apetito de quienes no tuvieron más remedio que arriesgar la vida para irse al otro lado.

El futbol nacional se resume en una frase: jugar medianamente da mucho dinero. ¿Para qué complicar las cosas buscando calidad?

En la eliminatoria rumbo a Brasil 2014 la selección hizo el ridículo. Quedó en cuarto lugar de uno de los grupos más fáciles del mundo. La alegría que esto suscitó en Centroamérica es una dura prueba de nuestra prepotencia. Durante años hemos creído que salir al campo con once jóvenes millonarios nos da derecho a ganar en tierras pobres.

México se convirtió en el país de las últimas oportunidades y tuvo que disputar el repechaje contra Nueva Zelanda. ¿Qué nos convenía más, ganar o perder? Los directivos sólo asociarán el negocio con el rendimiento cuando los malos resultados afecten su economía. En caso de haber sido eliminada, la selección habría obligado a replantear algunas cosas. Desde el punto de vista objetivo, valía la pena quedarnos en casa para analizar nuestro ridículo con inédito rigor. Pero el aficionado no entiende de razones: celebra haber ganado con gol en fuera de lugar o ante los aprendices de Nueva Zelanda. Confieso que me emocionó que el grupo comandado por el carismático Piojo Herrera se hiciera cargo de ese kiwi demasiado verde.

Al día siguiente, los publicistas de la esperanza encontraban razones para que México hiciera un papel notable en Brasil («la Argentina de Bilardo llegó muy cuestionada al Mundial de 1986 y fue campeona»). El dinero es un notable inspirador de argumentos.

## Del Rebaño Sagrado al chivo expiatorio

No hay modo de arreglar desde el banquillo un país donde la impunidad reina en los vestidores, las televisoras, las directivas y las relaciones con los gobiernos locales.

Javier Aguirre es el entrenador mexicano con mayor experiencia en torneos internacionales. De salvador de la patria pasó a villano; esta transfiguración carnavalesca es de sobra conocida. Vale la pena, por tanto, ensayar el exorcismo de la sensatez. El trabajo del técnico debe ser medido en las dos fases que enfrentó: la eliminatoria y el Mundial.

La caída de Sven-Goran Eriksson lo sorprendió cuando no tenía equipo. Sudáfrica se presentó para él como la oportunidad de mantenerse activo en lo que se enrolaba con otro club de importancia. Fue afortunado que eso ocurriera; Aguirre enderezó una eliminatoria casi perdida.

De 2006 a 2010 la selección tuvo cuatro técnicos; el dato es un certificado de inestabilidad. Además, el material humano no era entusiasmante. Los equipos mexicanos no destacaron particularmente en la Copa Libertadores y el único futbolista digno de la denominación de *crack*, Cuauhtémoc Blanco, había cumplido 37 años y resoplaba un poco al subir escaleras.

Aguirre no podía convocar a una realidad ajena a la suya. Ninguno de sus jugadores venía de ganar un torneo importante a nivel internacional. Por otra parte, los «europeos» pasaban por horas bajas, la mayoría había tenido una actuación intermitente en sus equipos (los casos de Vela, Moreno y Franco). Otros, como Márquez y Osorio, estaban en la banca. En lo que toca a Giovani, llevaba poco tiempo en el Galatasaray de Turquía y el Chicharito había salido de Chivas rumbo a Inglaterra con un futuro abierto. Sólo dos habían tenido buenas actuaciones en su más reciente temporada: Andrés Guardado (después de superar una lesión difícil) y Carlos Salcido. Era lógico que la falta de ritmo se notara en el Mundial. Aguirre no podía reinventar el nivel del futbol mexicano.

En la entrevista que concedió a *Expansión* poco antes del Mundial, dijo que había aceptado hacer anuncios que no le interesaban a condición de que los federativos no intervinieran en sus decisiones. ¿En verdad lo dejaron trabajar?

Sorprende la cantidad de jugadores que el Vasco convocó en la fase preparatoria tanto como la ausencia de un cuadro básico. ¿Con la llamada a casi todo el rebaño quería evitar ser el único chivo expiatorio? El reparto era demasiado amplio para una película que no pretendía representar la batalla de Puebla sino elegir a veintitrés jugadores.

Cuando Aguirre dejó al Tri después del Mundial de 2002, habló de la intromisión de los directivos; lo mismo hizo Eriksson cuando se hizo cargo de Costa de Marfil y le preguntaron por su fallida etapa mexicana.

En los días anteriores al último partido, Jorge Vergara, dueño de Chivas y directivo a cargo de las selecciones en la FMF, dijo a los medios que el Bofo debía jugar. La sorprendente aparición de Adolfo Bautista en el cuadro titular contra Argentina, ¿fue una concesión a uno de los más importantes directivos del futbol nacional? Lo único reportable es que Vergara perjudicó a Aguirre al proponer al Bofo.

La rumorología ha alcanzado niveles conspiratorios. El promotor del Guille Franco también lo es del Vasco. ¿Explica esto la insistencia del entrenador en alinear a un eje de ataque infructuoso? No necesariamente. Un escritor puede elogiar a un autor con el que comparte agencia literaria. Sin embargo, ante la falta de claridad, en el futbol mexicano cualquier coincidencia se vuelve sospechosa.

Mi momento favorito del Mundial 2010 fue el siguiente: Carlos Salcido —brillante entre la medianía— lanzó un tiro que pasó a un lado del poste. En las gradas, un mexicano de gran sombrero lo atrapó con enorme habilidad. ¿Quién era ese paisano desconocido? ¿Qué sacrificios hizo para ver a los suyos en Sudáfrica? Imposible decirlo. Sólo sabemos que merece un mejor equipo. Si el futbol fuera más importante, tal vez desataría un movimiento social para recuperar el espíritu deportivo.

Hasta ahora no hemos tenido revueltas populares para garantizar el nivel del entretenimiento, pero nunca se sabe.

# «Me alquilo para sufrir»:
# el árbitro y su incierta justicia

En los campos pobres el árbitro suele protagonizar el juego; no cuenta con asistentes y su justicia es absoluta. En esas tierras baldías, los futbolistas consideran su presencia como un lujo comparable a que las porterías tengan redes. Aunque se equivoque, el juez confirma que ese potrero es una cancha y recuerda que es peor jugar en campos del carajo donde no hay quien sople un silbato.

La vanidad del árbitro pobre suele ser inmensa. Por gastadas que estén sus ropas, rara vez mostrarán la ofensa del remiendo. Todos se fijan en él. No pocas veces busca congraciarse con el público y las chicas que verá en el baile de esa noche, inventando un pénalti a favor de la escuadra local con una fantasía estimulada por el abuso de autoridad. En los campos donde hay que imaginar líneas de cal, los árbitros ligan más que los jugadores.

Una de las grandes paradojas de esta ocupación es que la mejoría trae ofensas. Ni siquiera es seguro que los réferis profesionales ganen más que los *amateurs*. En las provincias sin ley, el hombre de negro puede traficar con penaltis y expulsiones. Osvaldo Soriano contaba la historia de un hábil negociador de jugadas que cobraba por marcar un córner. En cambio, el silbante avalado por la FIFA debe cuidar de dónde viene su dinero, a no ser que se vea beneficiado por la sofisticada ilegalidad de la liga italiana o alguna otra forma organizada del delito.

Normalmente, los esforzados impartidores de justicia ejercen otros oficios para pagarse la pomada contra los calambres. Suelen ser veterinarios, contadores, ingenieros; rara vez desempeñan funciones en la ciencia pura o las humanidades. Gente práctica, que vive para las molestias útiles y vacuna un gato como quien saca tarjeta amarilla.

A diferencia de los jueces de llano, los árbitros de estadio tienen el privilegio de ser abucheados por la tribu, puestos en entredicho por los comentaristas, los entrenadores y los directivos, y vigilados por la Comisión de Arbitraje. Cuando un locutor desea elogiarlos, dice: «El árbitro estuvo tan bien que no se notó». No hay mejor recompensa para él que la invisibilidad.

El salario más constante del réferi es el ultraje. ¿Por qué entonces se anima a salir al campo con dos tarjetas judiciales en el bolsillo? ¿Qué compensación lo impulsa a estar ahí? Algunos son narcisistas de cabeza ostensiblemente rapada o blonda melena de *beach boy*; sin embargo, casi todos aspiran con humildad a no ser advertidos. Esta tarea ingrata depende de un inaudito amor al juego. El árbitro es el fan más raro.

Aunque su condición física sea buena, la ausencia de otras facultades lo condena a ser juez de un deporte que sin duda hubiera preferido jugar. Su pasión por intervenir, así sea como aguafiestas, comprueba que estamos ante el más enrevesado hincha del futbol. Las horrorosas acusaciones acerca de la vencida honra de su madre no detienen a este mártir, capaz de sudar tras un balón intangible a cambio de contribuir a la gesta con su trémulo pitido.

Cada vez que un árbitro se equivoca, los fanáticos se acuerdan de la señora de cabellos grises que tuvo la mala fortuna de parirlo.

Un Día de las Madres coincidí en una cantina de la ciudad de México con el célebre árbitro Bonifacio Núñez. Ese 10 de mayo había organizado un festín con mariachi y decenas de convidados:

—Tengo que compensar lo que le gritan en la cancha —nos comentó, señalando a la abnegada anciana que remendaba sus calcetas.

Aunque el silbante acierte, no se lleva una ovación. Sólo como villano suscita ruidos.

La prueba de que la justicia futbolística es falible está en los esfuerzos actorales de los jugadores. Deseosos de afectar la subjetividad del juez, fingen haber recibido golpes de supremo estertor.

Hay delanteros muy dispuestos a desplomarse. Como los árbitros también ven televisión, desconfían de los que ya tienen fama teatral. A veces esto genera equívocos y al histrión de repertorio le dejan de marcar incluso las faltas auténticas.

El caso de Messi es muy distinto. Nunca ha sido un simulador y los réferis lo saben; el argentino es rigurosamente inarbitrable. Nunca se derrumba al primer contacto con un defensa y tiene insólita capacidad de recuperación. Aun en el césped parece capaz de concluir la jugada. En ocasiones, el juez se traga el silbato porque considera que el genio, ya derrumbado, sigue siendo peligrosísimo. Se trata de un pensamiento contra toda evidencia, pero así es como juega Messi: contra la evidencia.

Mesmerizado por el 10 del Barça, el fiscal lo considera invulnerable y no quiere interrumpir sus obras de arte.

Pero en cada partido le pedimos que acierte. Las presiones que sufre son inmensas. La FIFA le aconseja estar a dos metros de la pelota, pero la realidad le entrega descolgadas de vértigo y rebotes parabólicos. En una fracción de segundo, con la vista nublada por el sudor, debe impartir justicia. Su decisión desatará odios y calumnias. El capricho más arraigado del futbol consiste en pedirle objetividad al árbitro y valorarlo con subjetividad.

Insisto: nadie es tan aficionado como un árbitro. Se trata del hincha absoluto que por amor al juego no muestra su amor a una camiseta y soporta el desamor a su madre. Su único consuelo consiste en saber que el partido sería imposible sin su polémica presencia.

Idéntico a la vida, el futbol se somete a un principio de incertidumbre. Un silbante nos regala un penalti mientras otro se acerca a nuestro ídolo con pasos de fusilamiento y extrae del bolsillo la tarjeta del rubor y la ignominia. El responsable de soplar la ley es el atribulado representante del factor humano. El futbol sería menos divertido y menos ético si no se equivocara.

La eliminación de Irlanda en vísperas del Mundial de Sudáfrica reabrió la polémica sobre la precariedad del arbitraje. En forma injusta, Francia calificó al Mundial. Todo el mundo vio que Henry se acomodaba el balón con la mano para dar un pase que acabaría en gol; todo el mundo menos el árbitro. Para colmo, se trató de un error bastante típico. Los silbantes suelen equivocarse a favor de las escuadras poderosas que juegan en su casa.

¿Y qué debemos esperar del jugador que sabe que comete una falta? Al inicio de este libro mencioné los casos heroicos de Zarra y Klose, que se negaron a aprovechar una ventaja ilícita. Esos gestos honran al futbol, pero lo hacen a la manera de quienes son elogiados por méritos humanitarios (lo cual significa, paradójicamente, que se comportan de manera muy distinta a una especie que los admira por eso, pero no desea imitarlos).

El futbolista que acepta la ventaja adicional que le concede un error del árbitro se parece al cliente de una tienda que, en forma excepcional, recibe más cambio del que merece. ¿Es un delito aceptar esa compensación de la sociedad de consumo? La mayoría de nosotros tomamos el dinero extra como una pequeña recompensa por los abusos que hemos sufrido.

Henry reconoció que había tocado la pelota con la mano, pero no lo hizo con la entereza del santo, en el momento de los hechos. Su conducta no fue ejemplar, pero tampoco particularmente indigna; regresó a casa con más cambio del que le correspondía, quizá recordando otras ocasiones en que fue timado. Esto revela, a un tiempo, lo común y lo difícil que resulta tener comportamiento ético a toda velocidad.

Días después de aquel juego eliminatorio, el Real Madrid enfrentó en el Bernabéu al débil Almería de Hugo Sánchez. El equipo andaluz defendía un heroico 2-2 cuando su portero se lanzó a los pies de un atacante y le sacó el balón. El jugador madridista tropezó y el árbitro decretó penalti. Cristiano Ronaldo cobró la falta y el portero atajó el tiro. Pero este lance heroico, que reparaba la injusticia, resultó inútil, haciendo más doloroso el resultado: el balón fue a dar a Benzema, quien de manera ilegal se encontraba dentro del área en el momento del cobro. El francés anotó gracias a esta suma de chapuzas y las ilusiones de los pobres se desvanecieron ante la doble fechoría de los millonarios. La ignominia hizo que pasáramos la noche en blanco (castigo adicional para los que detestamos ese color en el futbol).

¿Debe cambiar esto? Los comentaristas de televisión piden que se use el *replay* para revisar jugadas. Se trata de una opinión interesada que aliviaría a los cronistas, eliminaría los caprichos del azar y daría aún más poder a la televisión. Las desventajas de este método son muchas. Por principio de cuentas, las cámaras no son objetivas: una toma puede mostrar que la jugada ocurre en fuera de lugar y otra sugerir que el delantero está en posición correcta. Las máquinas también tienen fantasmas. Por lo demás, revisar la jugada interrumpiría un deporte que corre al parejo de la vida. En casos de mucha confusión los partidos durarían como una ópera de Wagner.

El balompié es el más democrático de los deportes: basta que las porterías tengan redes para que un llano tenga las mismas leyes que Maracaná. Si esto se modifica, en las canchas con tribunales electrónicos se practicaría otro deporte.

La sanción más difícil de entender para los legos es el «fuera de lugar». Hace algunos años, las chicas se interesaban menos en el futbol y los noviazgos solían atravesar por un rito de paso: cuando ella entendía el *offside*, la relación se consolidaba.

El «fuera de lugar» surgió para evitar derrotas de escándalo, producidas por un cazagoles sin otro mérito que aguardar balones junto al portero. Se trata de una regla magnífica, pero su aplicación es cosa delicada. El árbitro auxiliar debe evaluar la posición de quien recibe el pase, no en el momento en que se completa la jugada sino cuando es mera intención, es decir, cuando surge el envío. Se trata de algo casi metafísico.

Uno de los recursos de los grandes pasadores consiste en no delatar hacia dónde enviarán el balón: cuando advierten un hueco propicio para un compañero, ahí dirigen la pelota. Ante ese toque de despiste, el asistente debe evaluar en qué posición se encuentran quienes asombrosamente pueden recibirlo. En otras palabras: ser auxiliar es asunto de criterio.

Pero el tema no acaba ahí: el primer árbitro puede ignorar la decisión de su auxiliar. La bandera en alto es una sugerencia que aguarda ser avalada. Todo esto ocurre en un santiamén. Durante décadas, el futbol ha existido con esta norma inverificable en tiempo real, y los pícaros de alta escuela han aprendido a usarla. Ciertos delanteros caen voluntariamente en fuera de lugar. Con terca insistencia, se hacen los inútiles hasta que la defensa se acostumbra a su error y en un descuido los dejan en libertad y peligrosa posición legal.

Es obvio que los árbitros deben perfeccionar su trabajo y que sus pifias merecen sanciones posteriores. El silbante que se equivoca no va al Mundial; si ya está ahí, no pita la final. Por su parte, el jugador tramposo es suspendido. Los desaguisados no quedan del todo impunes y reciben el más importante de los veredictos: la memoria de la tribu.

Ejerzamos esa memoria ante un crápula que nunca debió haber arbitrado y acaso nunca debió haber circulado en libertad. Me refiero al ecuatoriano Byron Moreno, quien de manera inexplicable llegó al Mundial de Corea y Japón y protagonizó errores de escándalo en el partido entre la prometedora Italia dirigida por Trapattoni y Corea del Sur; esa noche, él no representó el error, sino el vicio humano. Moreno inventó un penalti a favor de Corea del Sur, expulsó a Francesco Totti por haberse tropezado (en su opinión, simuló una caída que le valía una segunda tarjeta amarilla) e invalidó una jugada legítima que concedía el gol de oro a Italia y su pase a la siguiente ronda. ¿El país sede lo sobornó?

Moreno no necesitaba de estímulos externos para arruinar la vida de los otros. Poco después del Mundial, en septiembre de 2002, fue suspendido durante veinte partidos por haber alargado un juego en forma delirante, cobrando faltas que sólo existieron en su mente e ignorando a sus abanderados. El melodrama se perfeccionó cuando uno de los porteros se arrodilló para rogarle que consultara al árbitro asistente. Ni siquiera este gesto de postración lo llevó a recapacitar.

En 2010 Moreno al fin se sometió a la justicia, no a la de su conciencia, que nunca existió, sino a la de Estados Unidos: fue arrestado en el aeropuerto Kennedy de Nueva York con 6.2 kilos de heroína en bolsas atadas a su cuerpo. El árbitro que no valía nada pretendía conseguir 400 mil dólares con el contrabando.

Totti es uno de los pocos grandes jugadores que se han opuesto a la comercialización inmoderada del futbol. Su decisión de declararse intransferible y de jugar sólo para la escuadra de su ciudad natal, Roma, es una excepcional muestra de lealtad en un ámbito de mercenarios globalizados. Pues bien: el futbol es una actividad impura en la que un baluarte de la nobleza puede ser expulsado por un criminal. Estamos ante un caso límite que nunca debió haber ocurrido.

¿Qué hacer al respecto? ¿Eliminar toda impureza? A pesar de dolorosos precedentes como el de Moreno, el atractivo del futbol no debe suprimir la posibilidad del error, sino mejorar sus errores. Si no queremos convertir el drama en un juego de PlayStation debemos aceptar que la jurisprudencia es otro de los accidentes del partido.

## La justicia eléctrica de los robots

El futbol es el más popular de los deportes. En un mundo que subasta los cabellos de las celebridades esto significa dinero, muchísimo dinero.

Mucha gente vive de analizar jugadas y cobra por proponer cambios (mientras no lleguen, esas iniciativas serán para ellos un redituable tema de conversación). Una de sus obsesiones es robotizar a los árbitros. Si les hiciéramos caso, arruinarían un aspecto de la fiesta.

La justicia futbolística no puede ser perfecta por una razón decisiva: el árbitro no es un enviado de Dios ni de Hacienda. Tiene un papel mucho más significativo: *juega* a cumplir la ley. Como los futbolistas, se sirve de las reglas para desempeñar su oficio de la mejor manera. A veces acierta y a veces falla. Estamos ante un ejemplo superior de la elección individual: presionado por su circunstancia, actúa conforme a su conciencia. No quiere fallar pero puede hacerlo. Bajo nuestra voraz mirada, improvisa una sentencia.

El futbol surgió para encandilar a una especie competitiva; sus triunfadores se convierten en ídolos. Pero su jurisprudencia depende de alguien que es como nosotros.

Homero, primer cronista deportivo, dejó una épica definición de lo humano. Cuando Héctor enfrenta a Aquiles, sabe que no vencerá al protegido de los dioses. Consciente de su mortalidad, acepta el desafío, el precario regalo de ser hombre.

El futbol se inventó para que Aquiles anotara los goles y Héctor decidiera si son válidos. No tiene caso modificar tan singular atrevimiento: veintidós futbolistas juegan a ser dioses y tres jueces juegan a ser hombres.

## El hombre de la raya

No he podido confirmar en internet —*outlet* de la mitología— la existencia de este héroe. Debo su conocimiento al asombroso Juan Sasturain. En su libro *Picado grueso* se ocupa de Frank Ramón Turner, mártir dispuesto a ser árbitro auxiliar.

Turner y su banderita judicial son tan inverificables y tan verdaderos como el Mago Merlín y la espada Excalibur. La fábula de Sasturain es ejemplar; si los hechos no la acompañan, peor para ellos.

Lo interesante del caso Turner es que retrata a alguien que desea, voluntariamente, ser un marginal que sólo participa en el juego cuando alza una bandera y recibe a cambio un abucheo.

«¿Alguien observó que el *lineman* está afuera de la cancha?», pregunta Sasturain: «Tangente con el campo y la tribuna, el hombre de la banderita mira con los mismos ojos del espectador —desde afuera— pero colabora con la visión de adentro… ¿Cómo se llega a *lineman*?… Hay trabajos socialmente "sucios", desde el de verdugo a recolector de residuos, en los que algunos recalan por desgracia o se autoconfinan los desesperados o aquellos que alguna culpa quieren lavar entre la mugre y la sangre. Pero *lineman*…»

Por lo general, el asistente aspira a dictar sentencia con un silbato. Frank R. Turner tenía todo para prosperar; su padre, Reginald Turner, fue uno de los árbitros ingleses que introdujeron el whisky y las leyes del futbol en Argentina.

Turner padre —al que imaginamos enrojecido por el alcohol y los soles australes— abandonó a su familia para regresar a un país donde las canchas tenían menos agujeros y más *fair play*. Siempre según Sasturain, su hijo creció para emularlo, pero no del todo. Asumió como un mandato la función más residual del juego: alzar una bandera al otro lado de la línea de cal.

El mestizo Turner también heredó de su progenitor el gusto por la bebida. Le decían Frasco en alusión a la botella que llevaba en su maletín deportivo y desempacaba con cariño en el vestidor.

En su relato, Sasturain hace morir al hijo en plena cancha, perfeccionando su tragedia. Un sábado cualquiera es alcanzado por un proyectil en la ciudad minera de Andalgalá, provincia de Catamarca. Su salud, ya mermada por el trago, no resiste esta última afrenta de un público que nunca entendió su sacrificio. Frank R. Turner cae sin soltar su banderín.

Hombre fronterizo, el auxiliar participa en el juego sin entrar en él. Especialista en marcar el fuera de lugar, él mismo se halla en esa posición. Sufre junto a la línea en espera del domingo en que pueda dar el paso decisivo para hollar la cancha como si pisara la superficie de la luna.

Turner era hijo de un árbitro. Aunque en ocasiones la profesión de árbitro es dinástica, él no quiso ser el padre que lo abandonó y cambió de país: su patria era la raya. Expósito, descastado, aceptó su condición limítrofe. Su vida fue secretamente ejemplar hasta que Sasturain llegó a contarla. Turner es un arquetipo del incomprendido solitario que corre a un lado de la cancha y así define el juego.

## El cuarto elemento

El árbitro cuenta con dos auxiliares atenuados provistos de banderas, los hombres de la raya.

Al borde del campo está el más tenue de los jueces: el cuarto árbitro. *Voyeur* acreditado por la FIFA, mira con concentrada atención, en espera del accidente que le permita intervenir.

Para un jugador de calidad no hay peor calvario que el banquillo. Esto no es nada comparado con el árbitro asistente, que vive en estado de suplencia. Aunque de vez en vez el titular es alcanzado por un rayo, cortesía de los dioses hartos de su miopía, es raro que deje su sitio al cuarto árbitro. El asistente se limita a desempeñar menudas actividades fuera del campo: regula el comportamiento de las bancas, registra los cambios, anuncia los minutos que deben agregarse.

El cuarto árbitro no interviene en lo que se decide dentro de la cancha, pero es responsabilizado de la mala leche de su colega. Cuando el estadio abuchea una decisión, se produce un momento de rara gestualidad: el entrenador abandona su área técnica y se dirige al árbitro asistente por ser el único que le queda cerca. Sus frenéticos ademanes tienen por objeto demostrarle a los hinchas que la táctica del equipo es estupenda pero ha sido arruinada por la injusticia. Hay casos de estrategas que salvan su trabajo por estos histriónicos berrinches. El cuarto árbitro sirve para el desfogue como los patos para el tiro al blanco.

Juez aplazado, el asistente revisa a los jugadores de recambio para que no entren a la cancha con clavos en los botines o aretes puntiagudos; los más rigoristas retiran del pecho del atleta un escapulario que juzgan de peligro. La verdad sea dicha, esto no le interesa a nadie. Ni siquiera la amenaza terrorista ha prestigiado la revisión en pos de *cutters* o navajas.

Sólo hay un instante de notoriedad para el asistente, cuando alza un número que representa los minutos que se agregarán al juego. El monumento al cuarto árbitro tendría que captarlo en esa posición. Se trata, por supuesto, de una conjetura irrealizable: ni acribillado en cumplimiento de su deber tendría una estatua.

El box decidió relacionar la aritmética y el erotismo por medio de las chicas que pasean en bikini por el cuadrilátero portando un cartel con el número del *round*. En esa zona donde todo es primario, resulta lógico que los golpes sean relevados por las nalgas. Aunque no se trata de un placer sofisticado, es fácil constatar que existe.

La arraigada tradición erótico-deportiva de las chicas con números revela lo poco *sexy* que luce el cuarto árbitro con sus minutos de compensación. No ha nacido el Harrison Ford que brinde estilo a esa tarea.

Me he detenido en esta figura soslayada porque hay que reverenciar al más inmóvil de la gesta, el menos advertido. Ni siquiera sabemos si el cuarto árbitro hizo bien o mal lo poco que tuvo que hacer. En un territorio donde todo amerita comentarios, el asistente opera en el vacío. Nada le permite añadirse a la epopeya al modo del «quinto Beatle» o el «octavo pasajero». Debe esperar, abrir los ojos, tener fe en el paraíso al revés que le depara el futbol: el jardín donde será injuriado.

Hecho de anhelo sin realización, el cuarto árbitro no es otra cosa que un creyente. ¿Cruzará algún día la línea de cal? Ignorado, al margen del acontecer, el protagonista secreto del futbol aguarda su destino.

# La vida en fuera de lugar

«Tener talento no basta: también hay que ser húngaro», dijo Robert Capa. No aludía al éxito, sino a su forma de ver la realidad.

En ciertos países el triunfo es un animal exótico. Cuando conocí al novelista húngaro Péter Esterházy, me contó el momento más memorable de su familia: en 1986 su hermano Márton jugó en el Mundial de México contra el país al que daba más gusto vencer, la Unión Soviética. «Lo bueno fue que sólo perdimos 6-0», dijo Esterházy con orgullo.

Otro hermano del autor de *Pequeña pornografía húngara* fue árbitro y él destacó como *amateur*. Su relación con las canchas ha dependido de fecundas desgracias: «Las derrotas acompañan al futbol húngaro como las pulgas al perro. Entre nosotros, los logros se vuelven sospechosos».

Durante el Mundial de 2002 me reuní en Barcelona con Mihály Dés, quien entonces editaba ahí la revista *Lateral*, refugio de parias, locos y genios de la literatura. Dés fue de los primeros entusiastas de Roberto Bolaño, se interesó en Mathias Enard mucho antes de que renovara la literatura francesa (era un traductor del árabe recién llegado a Barcelona) y nombró jefe de redacción a un novelista colombiano que iniciaba su carrera, Juan Gabriel Vásquez.

Mihály posee un excelente olfato para el talento ajeno pero, como buen húngaro, desconfía de los triunfos propios. La casualidad quiso que viéramos juntos el partido Rusia-Estados Unidos. Por razones inversamente proporcionales, él apoyaba a Estados Unidos y yo a Rusia: para un húngaro, el opresor habla ruso y para un mexicano habla inglés. Sin embargo, a medio partido Mihály temió ganar. Recordé que en el primer número de *Lateral* prometió lograr un «brillante fracaso».

Su conducta vital sintoniza con la de Esterházy y la de los estadios de su patria. Con su peculiar e irónico sentido del desastre, Hungría ha aportado melancólica elegancia al futbol y a la cultura.

Con motivo del Mundial de Alemania 2006, Esterházy escribió una original autobiografía: *Deutschlandreise im Strafraum* (Viaje por Alemania en el área penal). Ahí aborda la derrota más inesperada de todos los tiempos. En 1954 Hungría llegó a la final de Berna después de más de treinta victorias seguidas; enfrentaba a Alemania, a la que había vencido 8-3 en la primera fase del torneo. Esterházy tenía entonces cuatro años y aún recuerda el rostro de su padre ante el inverosímil resultado: Alemania 3-Hungría 2.

El novelista ha vivido contra ese suceso: «Dediqué toda mi energía a erradicar de la historia del mundo esos noventa minutos». En otras palabras: atesoró la tragedia.

Para consolarse, pensó que si la dorada horda magiar hubiera vencido, la dictadura comunista habría sido más feroz. Cuando conoció a Hidegkuti, titular de aquel equipo, le preguntó por la lluviosa tarde de Berna. «De eso ya no hay que hablar», dijo un hombre con la mirada nublada por el recuerdo.

Más sincero fue el guardameta del equipo. Esterházy coincidió con él en una tertulia de televisión. Grosics le confesó: «No hay un solo día, Péter, entiéndeme bien, un solo día, en que no piense en ese partido». Tratándose de un húngaro, no sabemos si lo hace para sufrir o para sentir un agradable acabamiento.

Los fanáticos compensamos la realidad con desesperadas supersticiones. Para escribir su libro, Esterházy revisó las biografías de los participantes en el adverso milagro de Berna: tres alemanes y tres húngaros seguían vivos. ¡El partido se había empatado!

Uno de los sobrevivientes era Puskás. El gran artillero húngaro jugó lesionado en la final. Aun así, abrió el marcador y dos minutos antes de que acabara el partido anotó el empate, que fue invalidado por fuera de lugar (algo que en su caso era existencial).

«Con Puskás termina la época del juego y comienza la del entretenimiento», dice Esterházy. La frase revela el valor que el novelista húngaro otorga a la calamidad. Puskás le parece el primer futbolista posmoderno en la medida en que deslumbró sin llegar a la meta: fue el mejor sin asumirlo. Ajeno a la recompensa, supo permanecer en *offside*.

Cuando la rebelión liberal de 1956 fue reprimida en Budapest, el motor de la selección húngara decidió irse al exilio. En 1958 fichó con el Real Madrid. Para entonces ya tenía 31 años, pero sus pies no se habían enterado de la noticia.

Hizo legendaria dupla con Alfredo Di Stéfano y fue cuatro veces campeón de goleo. Estos éxitos distantes, percibidos como rumores en una época anterior a la televisión satelital y comunicados por una prensa severamente vigilada, perfeccionaron la idea de que el mejor de todos estaba al margen.

En 1962 Puskás asumió la nacionalidad española. El fugitivo, el emigrado, el disidente, ahora fue llamado «traidor». Jugó cuatro veces con la camiseta de la Furia, tres de ellas en el Mundial de Chile, en 1962. No anotó ningún gol para España. El exiliado no pertenecía ahí.

Cuando colgó los botines, su errancia continuó como entrenador. Llevó al Panathinaikos de Grecia a la final de la Copa Europea, donde perdió contra el Ajax. En 1993 recibió el anhelado perdón de su país y se hizo cargo de la selección nacional, pero no por mucho tiempo.

Ningún otro símbolo del futbol ha tenido una relación tan desgarrada con su patria. Ferenc Puskás convirtió el fuera de lugar en una condición moral y acaso física, pues pasó sus últimos años sumido en la penumbra del alzheimer.

Lo que sin duda fue una desgracia, también puede ser visto como una extraña lección. Los dolores edifican.

Siguiendo a Esterházy, es posible afirmar que, para un húngaro, el triunfo es algo que está lejos. Puskás buscaba la identidad en un lugar ajeno. También los desubicados tienen sentido de pertenencia.

La literatura se escribe desde los márgenes; es siempre extraterritorial. Nada más lógico que el autor de *Pequeña pornografía húngara* celebre a un *outsider*.

Como tantas madres, la de Esterházy no entendía la regla del fuera de lugar. Esa omisión no podía perdonarse, no en esa casa, donde todos los varones amaban el futbol.

«Decidí explicársela en su lecho de muerte; era ahora o nunca. No me avergüenzo de ello», dice el novelista con inquebrantable humor negro.

La muerte nos deja en la zona donde la acción se vuelve ilícita.

Los genios de la tragedia y la ironía sobreviven en fuera de lugar.

# La extravagancia de ser bípedo

*Tengo dos problemas para jugar al fútbol. Uno es la pierna izquierda. Otro es la pierna derecha.*

Roberto Fontanarrosa

## La otra pierna

Uno de los grandes enigmas del futbol es que los jugadores tengan dos piernas. Normalmente, sólo se sirven de una para establecer contacto con el balón y perfeccionan su habilidad a tal grado que convierten a la otra en una sombra que sirve de apoyo.

Cuando un diestro se ve obligado a usar la zurda, suele soltar un tiro que más parece una serpentina. «¡Le pegó con la de palo!», exclama un locutor de la televisión.

Numerosos jugadores parecen el reparto de *La isla del tesoro*, piratas a los que un tiburón les merendó el otro apéndice.

Esto enfatiza la condición caprichosa de una actividad que se niega a ser completa o versátil.

Algunos grandes jugadores han controlado el balón con las dos piernas, la cabeza e incluso los hombros. Sin embargo, esta habilidad suele ser más cercana al circo que a la cancha.

En el camino a la escuela de mi hija solemos toparnos con un virtuoso de semáforo que domina pelotas de distintos tamaños con las más diversas partes del cuerpo, sin excluir la nariz. ¿Eso lo acerca al futbol? Me temo que no.

El control de la pelota es esencial, pero sólo funciona si cumple la misión específica de convertirse en pase o gol. La mayoría de los grandes *cracks* se orientan de un modo extraño para recibir el balón de tal modo que les permita ejercer un truco; se habla entonces del «perfil correcto» de un futbolista. Los grandes defensores no buscan impedir todos los movimientos de un delantero, pues saben que eso es imposible, sino obstaculizar los ángulos en los que puede recibir el balón con «perfil orientado».

¿Por qué se somete el jugador a estas limitaciones? ¿No sería mejor que aprendiera a controlar el esférico como una foca y lo llevara adelante a golpes de nariz? La testaruda historia de esta actividad enseña que los grandes no dependen de la variedad sino de un atributo perfectamente dominado.

El futbol es una actividad homérica; cada personaje ofrece una habilidad concreta. Así como Héctor es el Domador de Caballos y Aquiles el de los Pies Ligeros, el futbolista se concentra en el mérito que lo singularice: la marca, el remate de cabeza, la recuperación de balones, la tijera, el pase, la descolgada veloz.

Como el protagonista de *Historia del soldado*, el texto de Ramuz que musicalizó Stravinski, el futbolista sabe que «la felicidad ha de ser una». Debe elegir su forma de practicar la dicha. Esto se dificulta enormemente cuando se dispone de dos pies.

Jugadores que mezclan la potencia con la habilidad, como Drogba, y utilizan los dos perfiles, como Xavi, parecen atentar contra la fidelidad a una sola virtud que parece exigir el futbol. Pero incluso ellos revelan que aunque hagan todo bien, hay algo, único e intransferible, que siempre hacen mejor.

La historia de la evolución es la del *Homo erectus* que aprendió a caminar en dos pies. Como el arte existe para corregir a la naturaleza, el futbol demuestra que a los genios les sobra un pie.

## Los izquierdistas del césped

El estado actual del mundo hace pensar que las canchas de futbol serán el último refugio para tener una orientación de izquierda.

La punta siniestra de la cancha es patrimonio del extravagante del equipo, un velocista habilidoso que parece jugar al otro lado del espejo.

Cuando los números definían posiciones y psicologías, el 11 era el talismán de los zurdos. En el futbol el último de la fila es impar, un iconoclasta en una especie con diez dedos que optó por el sistema decimal.

Patear balones nos ha acostumbrado a un misterio biológico: la pierna izquierda nace más especializada que la derecha. Es más común que un futbolista zurdo sea un virtuoso y más difícil que sea ambidiestro. Modelo de enjundia, Martín Palermo logró patear del mismo modo con los dos botines, pero con ninguno logró toques versallescos.

A veces resulta innecesario duplicar recursos. Sería una desmesura que Messi y Maradona lograran con la derecha lo mismo que con la izquierda. En su caso, asombra que tengan otra pierna.

Cada cierto tiempo, Javier Marías escribe con justicia acerca de la discriminación que padecen los zurdos; sabe de lo que habla porque fuma y firma con la izquierda. Abundan los casos de niños obligados a escribir con la mano «correcta» para no usar la «siniestra».

No se puede decir que el futbol menosprecie en forma abierta a quien deslumbra en la última esquina del campo al estilo Futre o domina toda esa banda como Roberto Carlos. Otros, como Hugo Sánchez, repudian su hábitat natural. Durante un tiempo fue situado como extremo, en función de su pierna especializada, pero lo suyo era el remate en el centro del área, no el desborde. De haber sido diestro, jamás habría sido considerado como extremo.

La zurda provoca fijaciones y parece haber límites para dicha habilidad. ¿Cuántos zurdos resiste un equipo? Una alineación de once diestros resulta aburrida pero se tolera; en cambio, al tercer zurdo el entrenador sufre taquicardia. ¿El futbol del futuro deparará alguna vez un equipo íntegramente de izquierdas?

En una ocasión conversé con un amigo argentino sobre Fernando Redondo, jugador excelso con pinta de trágico Príncipe Valiente, que fue alejado de las canchas por las lesiones y de la selección porque no quiso cortarse el pelo. Me recordaba a un personaje de Juan Ruiz de Alarcón que se definía así en *Mudarse por mejorarse*: «Yo me llamo Redondo y soy agudo».

Elogié al volante hasta que mi amigo me refutó de esta manera: «Es demasiado zurdo». Extraño reproche, pues discutíamos de un deporte donde los grandes perfeccionan una sola cosa: la volea (Gerd Müller), el cabezazo (Bierhoff), la tijera (Hugo Sánchez), el tiro libre (Beckham), burlar al equipo entero (Maradona). Pero ciertos conocedores consideran que alguien puede ser demasiado zurdo.

Los amantes de la regularidad y la eterna primavera desconfían de la lluvia que nadie preveía y del lance inopinado que surge por la izquierda. Más aún: desconfían de los artífices que hacen que todo el campo parezca la punta izquierda.

Custodios de lo impredecible, los hombres que no saludan con la diestra por instinto sino porque aceptan el mundo donde son minoría, confirman que la originalidad es rara.

Rivelino llevó en la espalda el 11 de la más célebre selección brasileña, la que triunfó en el Mundial de México en 1970. Admiraba a Pelé, pero sabía que al Rey le faltaba una singularidad para ser perfecto. Un día se le acercó y le dijo: «¿Te hubiera gustado ser zurdo, verdad?».

El Rey no respondió.

# Caín y Abel en la cancha

En el Berlín dividido, el zoológico se convirtió en el centro de la ciudad. El metro hacía ahí una forzosa última parada: la siguiente escala quedaba en Alemania Oriental. Cada febrero, el Festival de Cine de Berlín se celebraba en el auditorio Zoo Palast. Es común que los cines lleven nombres de palacios, pero no de zoológicos. En el corazón de la guerra fría, la vida se organizaba en torno a animales salvajes.

Cuando Kevin Boateng vio la jaula de los chimpancés en el zoológico sintió una curiosa sensación de pertenencia, no sólo porque su padre había nacido en Ghana y los primates lo remitían a la tierra del origen, sino porque había aprendido a jugar futbol en Wedding, en una pequeña cancha enrejada a la que le decían «la jaula».

Wedding es uno de los barrios berlineses más duros y degradados, un sitio difícil de asociar con la acaudalada Alemania. Durante décadas, los inmigrantes han intercambiado ahí drogas y decepciones. Es difícil salir adelante en ese entorno. Kevin fue el segundo hijo varón de Prince Boateng, ghanés con gran arraigo por su tierra y muy escaso por sus esposas.

De 1981 a 1984 viví en Berlín. El sitio más significativo que conocí en Wedding fue la cárcel. La hija de una amiga había sido detenida y me pidió que fuera a verla. En mi recorrido del vestíbulo a la sala donde podía visitarla, siete puertas de metal se abrieron y cerraron. Un agobiante mecanismo de reclusión.

Para los vecinos, la inmensa cárcel de concreto es un permanente recordatorio de que ahí pueden acabar sus días. En comparación, la jaula de juegos del joven Kevin era un espacio de libertad, donde la imaginación escapaba mientras la pelota daba contra el techo enrejado.

Según rumores, acaso mejorados por la leyenda, George, hermano mayor de Kevin, era el más talentoso de los Boateng. Aquel virtuoso se arruinó por un problema social con nombre de grupo de rap: las malas compañías.

El apellido Boateng es tan común en Ghana, que en Holanda juega un tocayo absoluto de George Boateng, el primero de su estirpe que dominó un balón en Wedding.

La saga de los hermanos berlineses incluye al genio que no pudo ser. Cuando pasó por el Hertha, el primogénito mostró sobre el césped la misma cólera que desplegaba en las calles de su barrio y solía llevarlo a la delegación de policía; era demasiado rudo para un juego con reglas, bebía y faltaba a los entrenamientos. En algún momento, supo que su trayectoria como futbolista se había arruinado. Entonces decidió alejar a su hermano Kevin de los peligros callejeros. A pesar de su reputación como jugador rijoso, el segundo Boateng es una versión suavizada del primero.

Kevin creció en un departamento sobre una tienda de alfombras, propiedad de un comerciante turco. También el negocio de al lado, una pequeña joyería donde los niños llegaban a vender los objetos dorados que encontraban o robaban en las calles, confirma que Berlín es la segunda ciudad turca del mundo: en una pared cuelga la camiseta del Fenerbahçe.

La madre de los Boateng trabajaba en una fábrica de galletas y pasaba de un compañero a otro. Sería difícil saber si tuvo tiempo para educar a su hijo. Lo cierto es que lo tuvo para vigilarlo: nunca lo dejaba desvelarse ni dormir en casa de amigos.

A los siete años, Kevin fue descubierto por un *scout* del Hertha, principal equipo berlinés. Su pasión era tan llamativa como su buen toque: si perdía o no lo alineaban, caía en un llanto inconsolable.

En el Hertha, los miembros de las fuerzas básicas aprenden que la indisciplina termina limpiando excusados. Para Kevin, eso fue como la vida en casa.

Su padre fundó una segunda familia en el acomodado barrio de Wilmersdorf, que también abandonaría pronto. Ahí nació Jérôme Boateng, quien recibió mejor educación, supo lo que significa ir de vacaciones y desde muy pronto tuvo zapatos de futbol. Su madre consideraba el deporte como una actividad de proletarios y estuvo a punto de alejarlo de las canchas. Pero el patriarca Boateng, que nunca estuvo muy presente, se opuso porque encontró en el futbol un remedio para vincular a los hijos de sus dos familias.

También Jérôme entró en las fuerzas inferiores del Hertha. A pesar de sus distintos puntos de partida, los medios hermanos llevaban vidas paralelas.

Kevin lamentaba que su padre se hubiera ido de casa, pero decidió asumir su nombre. El mundo del futbol lo conocería como Kevin-Prince Boateng. Dispuesto a encarar a los rivales con inquietante audacia, jugaba de volante ofensivo. En cambio, el paciente Jérôme jugaba de defensa. Kevin-Prince llegaba a cualquier sitio con los ojos enrojecidos de quien desea arreglar cuentas; le gustaba destacar, asumir responsabilidades, cuestionar a quien se interpusiera en su camino. Jérôme era reservado, tímido, obediente.

Ser disciplinado en Alemania es tan importante como saber bailar en Colombia. Si es teutona, la vida diaria tiene complejas instrucciones de uso. En alguna ocasión, Kevin-Prince se enteró del examen que hay que resolver para trabajar de taxista en Berlín. No sólo es necesario conocer todas las calles y el sentido en que corren, sino trazar rutas críticas de un punto a otro, tomando en cuenta los impedimentos que puede haber a cualquier hora del día (la salida de los alumnos de un colegio, el mercado callejero de frutas, el festival de los ciclistas, etcétera). Entendió que ser futbolista es menos riguroso que conducir un taxi. No quiso sortear las reglamentadas calles de la ciudad, sino sortear al enemigo sin reglamento alguno.

Cuando su primer entrenador profesional le preguntó dónde había aprendido a jugar, se negó a decir «en la jaula» porque eso hubiera fomentado bromas raciales, pero esa era la verdad. Ahí fue donde aprendió a dominar un balón, a anhelar el pasto, a desconfiar de las normas.

Por sugerencia de Kevin-Prince, los tres hermanos fueron a hacerse un tatuaje. Querían un símbolo que los uniera. No les costó trabajo ponerse de acuerdo en el diseño: la silueta de África.

Habían crecido entre los lagos y los parques de Berlín. Cerca del zoológico, habían visto la *Gedächtniskirche*, la Iglesia de la Memoria, que seguía destruida desde la Segunda Guerra Mundial como un recordatorio del horror. Para ellos el origen estaba en otro sitio, la tierra olorosa a leopardo donde no habían estado y cuya lengua ignoraban, pero que ya llevaban en la piel. Eran alemanes. Eran negros. Tenían el mapa de África en el brazo.

Su más urgente desafío fue encontrar una identidad en la cancha. El temperamento de Kevin-Prince era temible para los contrarios, y a veces para los compañeros. Su enjundia se confundía con la violencia.

«No soy un Beckenbauer», dicen los defensas alemanes que aceptan su falta de técnica después de fracturar a un contrario. Kevin-Prince no quería ser un Beckenbauer. La ordenada Bundesliga admiraba la furia con que salía a la cancha, pero no las irregularidades que dejaba ahí. El niño de la jaula no aceptaba límites.

Mientras tantos, su hermano Jérôme hacía progresos. Con método, sin alardes ni relámpagos, como quien sigue las reglas de un manual.

## La soledad: *un lugar donde sobran 199 gorras*

La cultura ama las disyuntivas: el yin o el yang, lo dulce o lo salado, PC o Mac, vino tinto o vino blanco, carne o pescado, las rubias o las morenas, solteros o casados, Dios o el diablo, lo público o lo privado, América o Guadalajara. Dos hermanos ghaneses tenían talento para el futbol. Eso era anecdótico. Lo significativo era que llevaba a una disyuntiva: Boateng el Bueno y Boateng el Malo.

Kevin-Prince recorre la cancha con el ímpetu de un escapista dispuesto a servirse de un cuchillo para abrir una compuerta; mientras tanto, Jérôme aguarda con la cautelosa atención de quien sabe que la defensa se ajusta a un plan.

Ambos debutaron en el Hertha. Naturalmente, la prensa cedió al juego de las comparaciones. La conducta del rudo y más habilidoso Kevin-Prince contrastó con el noble esfuerzo de Jérôme. Por problemas de indisciplina, el mediocampista fue expulsado de la selección juvenil alemana. Buscó entonces otros horizontes. Fue a Inglaterra, fichado por el Tottenham, a cambio de ocho millones de euros, una ganga para la *Premier League*. Su esposa se quedó en Berlín, con su hijo recién nacido, y él habitó una solitaria mansión de siete recámaras. El *Frankfurter Allgemeine Zeitung* informó que en una semana compró un Cadillac, un Lamborghini y un *jeep*. Pero no tenía adónde ir. No era titular, engordó y se deprimió tanto que compró 200 gorras y 160 pares de zapatos. Mientras tanto, su hermano Jérôme cumplía como defensa en el Hamburgo.

Kevin-Prince regresó a Alemania para jugar una temporada en el Borussia Dortmund. Tenía tantos deseos de rehabilitarse que olvidó que los contrarios tienen huesos: lesionó a un jugador de Bayern, uno del Schalke y otro del Wolfsburg. «¿De qué gueto salió este monstruo?», preguntaron periodistas poco amigos de la corrección política. Ante la rudeza del repatriado, los prejuicios tuvieron su oportunidad. Astros de la talla de Franz Beckenbauer y Matthias Sammer declararon que el *bad boy* Boateng no era apto para la Bundesliga.

Kevin-Prince entendió que nunca podría jugar con la selección alemana, a pesar de que por primera vez tenía una alineación multicultural. Ahí había espacio para turcos, polacos y un ghanés con buena conducta, como su hermano Jérôme, no para él.

Regresó a Inglaterra, a jugar con el Portsmouth, y buscó otra selección para Sudáfrica 2010. Boateng el Terrible vio el tatuaje que se había hecho en el brazo y llamó a la federación de Ghana.

Fue recibido de la mejor manera, con cánticos y bailes. «Ahí todo se hace con amor», comentó el volante que aprendió lo que duele una patada en las calles de Wedding.

2010 fue un año decisivo para los hermanos: representaron a dos países distintos en el Mundial. La vieja parábola se repetía: el sedentario Abel gozaba de buena reputación y el nómada Caín estaba en entredicho. Los reporteros afilaron sus lápices para cubrir los destinos de los berlineses negros. ¿Se enfrentarían en algún partido? ¿Jérôme tendría que marcar a Kevin-Prince?

Al futbol le gusta forzar la épica. Poco antes del Mundial, el Portsmouth se enfrentó en la final de la Copa inglesa contra el Chelsea, lo cual significa que el renegado Boateng jugó contra Michael Ballack, capitán de Alemania. Disputaban el último partido antes de concentrarse con sus selecciones para ir a Sudáfrica. En la antesala de la gloria, una durísima entrada de Kevin-Prince dejó a Ballack fuera del Mundial. Es difícil discernir si hubo mala intención en la jugada. El alemán que prefirió a Ghana actuó como siempre lo ha hecho, con una enjundia que busca el balón y aniquila un peroné. Desde Alemania, Boateng el Bueno dijo que se avergonzaba de su hermano.

En internet se creó un sitio bajo este lema: «82 millones contra Boateng». Germania entera parecía estar contra el apóstata. Los periodistas recordaron la fecunda tradición de los castigos teutones y propusieron sanciones dignas de Struwwelpeter, el personaje infantil más victimado de la literatura.

Incluso hubo manifestaciones afuera de la casa de la familia. George, el primogénito que nada tenía que ver en el asunto, llamó a la policía para que pedir que dispersara a la gente y recibió esta respuesta: «Si su apellido es Boateng, aténgase a las consecuencias».

Poco antes de que Kevin-Prince lesionara a Ballack, los tres hermanos se habían reunido en Berlín para hacerse otros tatuajes. Para entonces el emigrado a Inglaterra ya tenía once en su cuerpo y sus hermanos cuatro. Esta vez cada quien escogió un motivo distinto: George se tatuó los nombres de sus hijos y Jérôme el árbol genealógico de su familia, símbolos de integración y pertenencia. El doceavo tatuaje de Kevin-Prince fue distinto: decidió llevar en el cuello dos dados enormes.

Así lo vimos en Sudáfrica. El atribulado mediocampista que repudió a Alemania y optó por la nación de su padre es un soldado de la fortuna.

Origen de la especie, África es el futuro del futbol, aunque hasta ahora se trata de una profecía incumplida.

Ghana llevó las ilusiones de un continente hasta cuartos de final, en un duelo épico contra Uruguay. En el último segundo, Luis Suárez salvó un gol de un manotazo, cuando el partido estaba empatado. El destino de Uruguay y Ghana dependía de un penalti. Los dados parecían caer del lado ghanés, pero no triunfó la lógica: el espléndido Asamoah Gyan erró por unos centímetros y el partido se fue a la ruleta rusa de los penales. Dos minutos después, Asamoah volvió a cobrar la pena máxima: lanzó un riflazo impecable y sumamente doloroso, porque confirmaba que sabe disparar y no lo hizo cuando debía.

Uruguay ganó la tanda de penaltis. En el último disparo, Sebastián, el Loco Abreu, reveló que la lógica del futbol se parece al delirio: lanzó un tiro flotadito que engañó al arquero. Otro loco, el Boateng rebelde, quedó fuera del Mundial.

Jérôme jugó en la *Premier League* con el Manchester City y Kevin Prince en la Serie A con el Milán. 2011 fue un excelente año para ambos clubes: el Manchester ganó la Copa inglesa, el torneo más antiguo del mundo, y el Milán conquistó la Liga, algo que no lograba desde la temporada 2003-2004.

La historia de los Boateng es una metáfora de Berlín, la ciudad dividida, y de las oposiciones que alimentan y a veces destruyen al futbol.

Los hermanos se necesitan y rivalizan en dosis idénticas. Empezaron en la Bundeslinga, luego fueron a Inglaterra. Con el paso de Kevin-Prince a Italia la competencia entre los hermanos perdió su simetría, pero pronto volvieron a la misma liga: en 2011 Jérôme fichó por el Bayern y un año después Kevin-Prince no resistió la tentación de volver al país de su hermano, donde se incorporó al Schalke 04.

Los enormes dados que el mayor de los dos lleva impresos en el cuello sugieren que un condenado puede salvarse de la soga, pero no del destino.

«Un golpe de dados no abolirá el azar», escribió Mallarmé. Mientras puedan tirar los dados, los Boateng desafiarán a la fortuna.

# Robert Enke: el último hombre muere primero

El martes 10 de noviembre de 2009 Robert Enke, portero del Hannover 96 y de la selección alemana de futbol, hizo su última salida al campo. Aunque ese día no había prácticas, le dijo a su esposa que iba a entrenar. Subió a su Mercedes 4x4 y se dirigió a un pequeño poblado cuyo nombre quizá le pareció significativo: Himmelreich (Reino del Cielo). Cerca de ahí hay un descampado por el que corren las vías del tren.

El guardameta dejó su cartera y sus llaves en el asiento del vehículo y no se molestó en cerrar la puerta. Caminó a la intemperie, como tantas veces lo había hecho para defender el arco del Jena, el Borussia Mönchengladbach, el Benfica, el Barcelona, el Fenerbahçe, el Tenerife o el Hannover 96. A trescientos metros de ahí, es decir, a unas tres canchas de distancia, estaba enterrada su hija Lara, muerta a los dos años.

Un arquero ejemplar, Albert Camus, dejó los terregales de Argelia para dedicarse a la literatura. Acostumbrado a ser fusilado en los penaltis, escribió un encendido ensayo contra la pena de muerte. Su primer aprendizaje moral ocurrió jugando al futbol. Años después escribiría: «No hay sino un problema filosófico realmente serio: el suicidio».

Morir a plazos es la especialidad de los porteros. Sin embargo, muy pocos pasan de la muerte simbólica que representa recibir un gol a la aniquilación de la propia vida. Enke fue más lejos que la mayoría de sus colegas. Su muerte, de por sí dolorosa, llegó con un enigma adicional: estaba en la plenitud de su carrera y podía defender la portería de su país en el Mundial de Sudáfrica.

El número 1 de Alemania suele ejercer un inflexible liderazgo. Sepp Maier, Harald Schumacher, Oliver Kahn y Jens Lehmann se ubicaron entre los tres palos con seguridad de decanos de la custodia. A los 32 años, Enke pasaba por un buen momento deportivo; sin embargo, en su extraña ruleta interior un fracaso hubiera sido preferible. Odiaba la presión pero desde los ocho años, cuando entró a las fuerzas inferiores del Jena, sólo pensaba en atajar balones.

Casi siempre, los niños desean ser goleadores. Corresponde a los gordos, los muy altos, los lentos o los raros resignarse al puesto que obliga a tirarse y maltratar la ropa en el patio del colegio. El número 1 es el último en un equipo, el recurso final. Sólo en sitios que valoran mucho la resistencia se convierte en favorito.

En Alemania incluso la academia ha tenido que ver con las heridas. Max Weber ostentaba con orgullo la cicatriz que le había dejado un duelo con un miembro de una fraternidad estudiantil enemiga. El niño que opta por ser guardameta tiene las rodillas raspadas y se ensucia con el lodo del sacrificio. En el país donde Sepp Maier fabricaba guantes blancos para enfrentar un destino oscuro, Enke quiso ser portero.

Defender el destino de Alemania en el Mundial de 2010 podía llevarlo a la gloria. Sin esa oportunidad decisiva hubiera estado más sereno.

Sus verdaderos problemas profesionales habían ocurrido tiempo atrás. Debutó con el Jena en 1995, donde sólo estuvo una temporada. En 1999, después de varios años de regularidad con el Borussia Mönchengladbach, dio el anhelado salto a un club grande de Europa, el Benfica de Portugal. Compró una casa a la que regresaría siempre, como su sitio de descanso favorito. Este gusto por el país no se correspondió con su desempeño profesional.

Aunque cautivó a la afición, llegó en una época turbulenta para el Benfica. Tuvo tres entrenadores en un año y decidió aceptar un puesto más tentador, sin saber que sería el peor de su vida. «Ninguna posición en el futbol es tan exigente como la de portero del Barcelona», diría después. En la sufrida era del tiránico Louis van Gaal, Enke fue el frágil defensor de la portería barcelonista; aún se le culpa de la eliminación ante una escuadra de tercera división en un partido de la Copa del Rey.

Barcelona consagra o aniquila. Fue ahí donde Maradona se entregó a la cocaína; fue ahí donde Ronaldinho triunfó y quiso superar las presiones del éxito con la variante brasileña del psicoanálisis: las discotecas. Fue ahí donde Enke padeció sus más severas depresiones.

En su libro *Una vida demasiado corta*, Ronald Reng, periodista que fue amigo cercano del arquero, comenta que las depresiones se presentaron de forma curiosa en su destino. La primera crisis ocurrió en 2003, cuando fue relegado a la condición de suplente en Barcelona. En ese momento había una causa concreta para la preocupación. La muerte de Lara, su pequeña hija, fue otro claro motivo de devastación. Pero con el tiempo, la angustia desaparecería para regresar sin razones evidentes, e incluso como el extraño complemento de los triunfos.

Después del fracaso en Barcelona, el emigrado alemán aceptó defender la puerta del Fenerbahçe, en Turquía, y de ahí pasó a una discreta isla del Mediterráneo: fue guardameta del Tenerife, en segunda división. En 2004, cuando el borrador de su biografía trazaba un fracaso, recibió la oportunidad de regresar a Alemania con el Hannover 96.

La experiencia es la gran aliada de los porteros y Robert Enke demostró que merecía un segundo acto; a partir de los treinta años transmiten una seguridad que no siempre tienen cuando son ágiles novatos.

La revista *Kicker* lo nombró mejor guardameta de Alemania. Ciertos jugadores sólo se enteran de que no están hechos para salir de su país cuando están lejos; Enke pasó por esa prueba, pero necesitaba el suelo de Alemania. De vuelta en su ambiente, recuperó la regularidad y los ánimos.

Entonces la vida privada le presentó severos desafíos. En 2006, su hija de dos años murió a causa de una deficiencia cardiaca. Su esposa y él adoptaron a otra niña, Leila. La seguridad del arquero había aumentado, pero su paranoia encontró otra salida: temía que se conociera su estado depresivo y le quitaran la custodia de su nueva hija. Obviamente se trataba de una fantasía autodestructiva.

Una paradoja determinó su trabajo. Era mejor en Alemania pero sus actuaciones no siempre sintonizaban con los gustos del país. «¿Cómo iba a convencer a un público que confunde la arrogancia con el carisma?», pregunta Reng. Los grandes porteros alemanes han tenido el temple tiránico de Herbert von Karajan al frente de la Filarmónica de Berlín. La modestia, la sencillez y la vulnerabilidad psicológica de Enke no encajaban del todo en esa cultura. «Era lo que los británicos llaman un "portero de porteros", alguien valorado más por sus compañeros de profesión que por el gran público. Robert se ciñó a la idea de ser un "portero prudente", en contra de la tendencia que estaba de moda, la del "portero radical" que intentaba interceptar cada centro y cada pase en profundidad», escribe Reng.

En los cuadernos donde solía anotar pensamientos, el arquero anotó una frase escueta: «La vida produce ansiedad».

## El pecado de estar triste

El guardameta no carecía de apoyo. Teresa, su mujer, se había convertido en una mezcla de enfermera y orientadora sentimental, y su padre, Dirk Enke, es psicoterapeuta. El doctor Enke trató de rebajar la importancia que su hijo concedía al futbol, continuamente le enviaba mensajes de texto para preguntarle por su estado y le repetía que el bienestar personal es más importante que el triunfo deportivo.

Pero ya era tarde para una pedagogía paterna. La auténtica educación de Robert había ocurrido en las canchas. El futbol de alto rendimiento está sometido a una exigencia extrema; esto se agrava en el caso del portero. Fue Israel Villaseñor, excancerbero de Jaguares que juega en Monarcas, quien me regaló el libro de Reng; por correo electrónico intercambiamos opiniones acerca de los predicamentos del portero.

Transcribo una elocuente reflexión de Villaseñor: «El juicio hacia la participación de un portero es distinto al que se hace del resto del equipo. Cuando un delantero falla un disparo a gol, ya sea porque el guardameta rival consigue desviar la pelota, porque esta pasa cerca del arco rival o incluso porque el balón pega en el poste y termina fuera del arco, los compañeros reaccionan aplaudiéndole, motivándolo, diciéndole: "¡Bien!, a la otra entra". El público incluso se pone de pie y le aplaude por la gran jugada (que acaba de errar). ¿Y ante un error del portero? Después de recibir un gol nunca he escuchado un: "Buena, para la siguiente la atajas", menos aún he visto que el publico le aplauda a un arquero tras recibir un gol ni festejar su máximo esfuerzo por atajarlo, siendo que tal vez este esfuerzo hizo que se viera más espectacular el gol. Los errores del delantero terminan en un: "¡Vamos, a la otra cae!", y los de un arquero terminan dibujados en la pizarra».

Villaseñor captura a la perfección el valor diferenciado que el error tiene en el futbol. Un delantero que está a punto de anotar motiva a los suyos; un portero que quedó a punto de atajar, los decepciona. Junto a la línea de cal, el equívoco es aliado de la muerte.

En el entorno del futbol, cuando alguien se siente mal, se informa que no podrá jugar porque lo atacó un «virus». No se habla de asuntos personales para no perjudicar al equipo ni afectar la reputación del jugador. Sólo los débiles sufren por dentro.

Es posible que Alemania haya inventado la aspirina como una paradoja para recordar que nada es tan importante como soportar el dolor.

En 1991, a siete partidos de su retiro, Harald Schumacher, ex-guardameta de la selección alemana, hombre con pinta de mosquetero que adquirió triste celebridad por despojar de varios dientes al francés Batisston en el Mundial de España, dio una entrevista a André Müller para el semanario *Die Zeit*. Para entonces jugaba en Turquía y había sido expulsado de la selección por sus declaraciones sobre la corrupción y el uso de drogas en la Bundesliga. En su último lamento como cancerbero dijo: «La gente cree que soy frío porque soporto el dolor. Una vez le pedí a mi esposa que me apagara un cigarrillo en el antebrazo y sufrí tanto como ella. Todavía tengo la cicatriz. Quería demostrar que uno puede soportar lo que se propone. No soy un bloque de mármol. Soy vulnerable como cualquier otro. Sólo soy brutal conmigo mismo. No soy un genio como Beckenbauer. No he heredado nada. Estamos en el purgatorio. Cuando deje de sentir dolor, estaré muerto».

El área chica de Alemania es un purgatorio al aire libre.

En 1897, Émile Durkheim publicó su monumental investigación sociológica *El suicidio*. Una de sus aportaciones consistió en vincular la tendencia de ciertas personas a quitarse la vida con la anomia que padece la sociedad entera. Las causas del suicidio siempre son particulares, pero al final del año se cumple una cuota fijada por la sociedad.

Sería simplista pensar en Enke como parte de una tendencia nacional. Lo cierto es que vivió en un entorno de severa exigencia donde las excusas no podían tener lugar. No estuvo a la altura de un código de honor samurái que pudiera ser celebrado por los suyos. En la ceremonia luctuosa que se llevó a cabo en el estadio del Hannover 96, el sufrimiento embargó a todo el futbol alemán y acaso servirá de estímulo a futuros triunfos. En los mundiales, transformar el calvario en éxito ha sido una especialidad alemana, como lo demostró en 1954 en Suiza, cuando todo mundo daba como favorita a Hungría.

Portento de la entrega y la disciplina, la nación que ha conquistado tres veces la Copa del Mundo y ha sido cuatro veces subcampeona, suele estar integrada por neuróticos que no se hablan en el vestidor pero son aliados inquebrantables en el césped. «El portero de la selección nacional es el símbolo de la fortaleza física», escribió *Der Spiegel* a propósito de Enke: «Debe ser impecable. Controlado. Seguro de sí mismo. No hay empleo más duro en el futbol, y Enke lo había obtenido».

Curiosamente, la depresión regresó en 2009, cuando tenía la perspectiva más interesante de su carrera: ser titular en el Mundial. En esta ocasión la angustia no había sido disparada por una causa negativa, sino por la posibilidad de cumplir un sueño. La enfermedad se instaló en él como un veneno irrenunciable. A diferencia de lo que ocurrió con su fracaso en Barcelona y la muerte de su hija, en este caso no tenía un problema que superar. La tensión provenía de aquello que lo beneficiaba, jugar para Alemania.

Su círculo más próximo de amigos y familiares estaba al tanto de la severidad con que se juzgaba y la fragilidad con que reaccionaba. «No podía gozar nada», ha dicho su padre, el terapeuta Enke. Las cosas más simples se le dificultaban. Fue incapaz de elegir un pastel para el cumpleaños de su hija.

Teresa le pidió que diera prioridad a su tratamiento, pero él estaba seguro de que eso acabaría con su carrera. Dos metas opuestas se mezclaban en él: curarse y jugar en Sudáfrica 2010.

Tomaba antidepresivos y temía que eso se advirtiera en las pruebas de dopaje. Cuidaba al máximo sus reacciones y sus palabras. Se vigilaba a sí mismo con la desesperación de un culpable que ya ha sido descubierto y cuya tortura superior es que aún no le comunican su sentencia.

Cuando el último hombre del equipo pierde la concentración, sella su destino. Moacyr Barbosa fue el primer portero negro de la selección brasileña y tuvo una carrera admirable, pero todo mundo lo recordará por su error en la final de Maracaná, en 1950, impidiendo que Brasil alzara la Copa Jules Rimet. Luis Miguel Arconada fue un portero sólido, de la estirpe vasca a la que pertenecen Iríbar y Zubizarreta; sin embargo, todas sus atajadas se esfumaron en 1984 cuando recibió el gol más sencillo del mundo en la final de la Copa Europea de Naciones, permitiendo que Francia doblegara a España.

«Quisiera ser una máquina», dice Schumacher. «Me odio cuando cometo errores. ¿Cómo podría combatir si me importara un carajo el resultado? Vivimos en una enorme fábrica. Cuando no funcionas, el siguiente te remplaza. Supongo que sólo la muerte cura las depresiones.»

Estas frases de Schumacher prefiguraban el destino que uno de sus sucesores tendría casi veinte años después.

Algunos guardametas tratan de aliviar los nervios con supersticiones (escupen en la línea de cal, colocan a su mascota de la suerte junto a las redes, rezan de rodillas, usan los guantes raídos que les dio una novia que no se casó con ellos pero les trajo suerte). Otros buscan vencer la preocupación con altanería, considerando que un gol en contra no vale nada. Viven en situación de crisis. Schumacher convirtió esa tensión en dramaturgia: «A veces me concentro con el odio y provoco al público. No sólo juego contra los otros once. Soy más fuerte rodeado de enemigos. Cuando la mierda me llega hasta arriba, sé que puedo resistir. Un atleta no se hace creativo con amor sino con odio». Enke nunca tuvo esta claridad para revertir en méritos emociones negativas, pero heredó la cabaña de Schumacher y sus redes tensadas por la furia.

Cada posición futbolística determina una psicología. El portero es el hombre amenazado; en ningún otro oficio la paranoia resulta tan útil. El número 1 es un profesional del recelo y la desconfianza: en todo momento el balón puede avanzar en su contra.

La gran paradoja de este atleta crispado es que debe tranquilizar a los demás. En su ensayo «Una vida entre tres palos y tres líneas», escribe Andoni Zubizarreta: «Cuando me preguntan cuál debe ser la mayor virtud del portero, contesto sin dudarlo que la de generar confianza en el resto de los jugadores». El equipo debe ir hacia delante, sin pensar en quién le cuida la espalda. «Claro está que, para no transmitir dudas, es fundamental no tenerlas», añade Zubizarreta: «El portero no puede ser de carácter inseguro». Inquilino del desconcierto, el guardameta vive para no aparentarlo. Es el pararrayos, el fusible que se calcina para impedir daños mayores.

Enke tenía una extraña sed de serenidad. No quería asumir la postura de artista del dolor del inimitable Schumacher, pero, como su padre señala con agudeza, «no fue suficientemente fuerte para aceptar sus debilidades». Prefirió ocultarse, negar su sufrimiento, como un alumno del colegio que teme ser castigado.

Teresa lo llevó a visitar una clínica psiquiátrica en Bad Zwischenahn. Era un sitio agradable, con aspecto de granja, cerca de un lago, y disponía de todas las comodidades, desde WiFi hasta excelente comida. Los médicos analizaron su caso y le sugirieron que se internara; sólo con un cambio radical de conducta y de rutina podría superar el mal. El novelista William Styron, que también padeció una severa depresión en un momento afortunado de su carrera (luego de recibir un premio en París), escribe en su libro *Oscuridad visible* que el remedio definitivo para romper las cadenas de la depresión consiste en ingresar a una clínica. Eso mismo le propusieron a Enke. Su respuesta define su destino:

—Soy el portero de la selección alemana, no puedo ir a una clínica.

La tristeza no puede decir su nombre en un estadio, y menos si se ubica en Alemania.

En *Cultura y melancolía*, Roger Bartra explica que durante siglos la melancolía fue vista como una dolencia judía, «un mal de frontera, de pueblos desplazados, de migrantes, asociada a la vida frágil, de gente que ha sufrido conversiones forzadas y ha enfrentado la amenaza de grandes reformas y mutaciones de los principios religiosos y morales que los orientaban». En términos futbolísticos, el portero es el hombre fronterizo. Condenado a una situación limítrofe, no debe abandonar su área. Es el raro que usa las manos. Si el Dios del futbol es el balón, el arquero es el apóstata que busca detenerlo.

El cuadro más célebre del arte alemán es el retrato secreto de un portero derrotado. En *Melancolía I*, Durero dibuja a un ángel en la actitud de meditar bajo el nefasto influjo de Saturno. Después de un gol, todo guardameta es el ángel de la melancolía: sentado en el césped, con las manos sobre las rodillas o la cabeza apoyada en un puño, simboliza el fin de los tiempos, la sinrazón, la pura nada.

## La última jugada

¿Qué hacen los alemanes ante la depresión? «Las mujeres buscan ayuda, los hombres mueren», responde el doctor Georg Fiedler, director del Centro de Terapia para Tendencias Suicidas de la Clínica Universitaria de Eppendorf, en Hamburgo. En su opinión, el número 1 del Hannover 96 representaba una marcada tendencia social. Aunque el diagnóstico de depresión es dos veces más alto en las mujeres, la tasa de suicidios es tres veces superior en los hombres.

La prueba más ardua que padeció Enke fue la muerte de su hija Lara. Durante la enfermedad de la niña, dormía a su lado en el hospital. Después de un entrenamiento llegó tan agotado que no despertó cuando las enfermeras luchaban por mantener viva a su hija. No se perdonó que ella muriera mientras él dormía. Aunque no podía hacer nada, el guardameta había nacido para la responsabilidad y la culpa.

Seis días más tarde, el 23 de septiembre de 2006, defendió la portería de su equipo. «Alemania admiró a este Robert Enke», escribió *Der Spiegel*: «Admiró la calma. La claridad de todo lo que decía, y más aún de lo que hacía. Era infalible».

La obligación de actuar sin faltas fue el castigo y la pasión del extraño Robert Enke. No podía abandonar aquello que lo tiranizaba. Sin duda, esto tiene que ver con un oficio donde los resultados son más importantes que el placer de obtenerlos, un oficio incapaz de ofrecer una formación integral más allá de los deberes en la cancha.

El mundo del futbol parece ser demasiado importante y poderoso como para que los destinos individuales cuenten. La literatura alemana se ha ocupado de las atribuladas mentes que buscan el suicidio y ha acuñado una palabra de inquietante etimología para describir la muerte voluntaria: *Freitod*. *Freiheit* significa «libertad». En consecuencia, el acto de morir por propia mano es un gesto *libre* que para algunos tambien puede ser *liberador*.

En la novela de Goethe, el joven Werther se mata por una decepción amorosa. Caso opuesto, el poeta Kleist se mató en cumplimiento de su amor, en un pacto con una mujer enferma de cáncer. Enke ofreció otra muerte ejemplar. Si todo portero es un suicida tímido que enfrenta la metralla lanzándose al aire, él dio un paso más allá.

El 10 de noviembre de 2009, el guardameta caminó por la hierba crecida, bajo un cielo encapotado. En su tipología del suicidio, Durkheim no incluyó a los que se lanzan bajo las vías del tren. Ese acabamiento se reserva a Ana Karenina y al portero de Alemania.

A las 6:17 de la tarde, el exprés 4427, que hacía la ruta Hannover-Bremen, pasó con acostumbrada puntualidad. El torturado Robert Enke se lanzó ante la locomotora con la certeza de quien, por vez primera, no tiene nada que detener.

# Otras muertes

## *Conspiración*

Durante el Mundial de Alemania 2006, la película más discutida era *La vida de los otros*, que trata de un agente de la Stasi (la policía secreta de la República Democrática Alemana). El protagonista vigila a una pareja de intelectuales y poco a poco se deja convencer por ellos.

La educación furtiva del espía que desde el sigilo comprende a quienes persigue es el reverso de las tensas relaciones que los alemanes establecieron en el socialismo. Se calcula que uno de que cada tres habitantes de la RDA era informador no oficial de la Stasi; esta sociedad de delatores tenía como fin detectar la disidencia en la especulativa fase de las intenciones, antes de que pudiera cristalizar como suceso.

De 1981 a 1984 viví en Alemania Oriental y conocí a personas que perdieron una beca o un trabajo por la sospecha de que fueran disidentes en potencia; las pruebas al respecto podían ser tan endebles como la presencia de una revista de Occidente en un cajón del escritorio o el encuentro casual con un extranjero.

Las personas investigadas ahora pueden revisar sus archivos. Fue una decisión valiente por parte de una sociedad que no quería repetir el pacto de silencio que siguió al nazismo. Algunos vaticinaron que el vasto escrutinio de situaciones amargas, no siempre previsibles, abriría una caja de Pandora. No es fácil sobreponerse al hecho de ser espiado por las personas más cercanas.

Entre los millones de vigilados por la Stasi estuve yo, con el expediente XV 1790/73, por haber trabajado en la Embajada de México en Berlín. Consulté mis papeles secretos con el interesado anhelo de descubrir que esos años habían sido más interesantes para los espías que para mí; acaso mi vida en la sombra era mejor que mi vida real. De modo previsible, no encontré las intrincadas tramas que alimentan las cuatro mil hojas del expediente de la patinadora Katarina Witt ni los simposios paranoicos que abultan las carpetas de Günter Grass. Con todo, mi exiguo expediente atestigua la irracionalidad de un sistema que se consagró al automatismo de la indagación.

La policía secreta no fue ajena al futbol y contaba con su propio equipo, el BFC Dynamo. Aunque hay algo paradójico en que un estadio se llene para ver al club de los agentes secretos, el Dynamo no desentonaba en una liga donde militaban escuadras del ejército y la policía.

Alemania 2006 obligó a recordar la historia de un futbolista perseguido por la Stasi. Entre los millones de archivos de la vigilancia se encuentra el de Lutz Eigendorf, jugador de la selección de la RDA que en 1979 escapó a Occidente para alinear con el Kaiserslautern. El jerarca de la Stasi, Erich Mielke, juzgó que se trataba de un pésimo ejemplo para la aurora socialista y calculó una pausada venganza.

Hay algo casi redundante en que el persecutorio Mielke fuera aficionado a la cacería. Durante cuatro años acechó a Eigendorf; mientras tanto, hostigó a su familia en la RDA. El futbolista hizo inútiles gestiones para que su esposa y su pequeña hija pudieran acompañarlo a Occidente. Un casanova de la Stasi asumió la misión de seducir a la mujer del futbolista para garantizar una íntima vigilancia del entorno familiar. Harto, convencido de ser visto a todas horas, Eigendorf bajó de juego, cambió de equipo, se aficionó a la cerveza. Su mente, siempre predispuesta al escape, lo llevó a una nueva afición: el pilotaje. El delantero asediado sólo pensaba en despegar.

El 5 de marzo de 1983 fue a su taberna de siempre, bebió algunas cervezas y se despidió temprano. Al día siguiente tenía práctica de vuelo. Tomó una carretera secundaria. En una curva se adentró hacia el bosque oscuro. De pronto, surgió un resplandor: un coche lo deslumbró con faros de inusual potencia. Eigendorf perdió pista y se estrelló contra un árbol. Murió en el acto.

Las actas de la Stasi revelaron que el accidente fue planeado: un reloj de sombra medía las horas del futbolista. A los veintiséis años, Lutz Eigendorf pagó el precio de su escape. El hombre que superaba con facilidad a los defensas fue alcanzado por la historia.

# Asesinato

René Higuita cometió el pecado de ir a «La Catedral»: no se trataba de la iglesia, sino de la cárcel donde estaba Pablo Escobar, el narcotraficante que había sido propietario del Independiente y del Atlético Nacional de Medellín.

La popularidad del capo dependía de la filantropía en un país marcado por la desigualdad y de su apoyo al futbol de barrio. La venta de cocaína permitió que los campos pobres recibieran lujosas líneas de cal; de ahí salieron los integrantes del histórico Nacional. En 1989, bajo las órdenes de Maturana, el equipo verdiblanco conquistó la Copa Libertadores, algo nunca logrado por un club colombiano.

Escobar asistía a los partidos con el aire de un honesto vendedor de telas. Era un asesino salvaje, pero recibía trato preferente en los negocios y en la Federación Colombiana de Futbol.

Cuando cayó en desgracia, Higuita le mostró lealtad. El portero que se especializaba en salir del área fue demasiado lejos: visitó la cárcel, intercedió en el rescate de un secuestro y fue detenido. Quedaría fuera del Mundial de Estados Unidos.

Colombia iba al Mundial con una selección que había perdido un partido de veintiséis. Valderrama dormía la siesta al patear prodigios; Asprilla y Valencia anotaban goles de técnica brasileña; Andrés Escobar recordaba a Beckenbauer, era el Caballero de las Canchas.

En Italia 90 el equipo había perdido por capricho. Higuita intentó un *dribbling* fuera de su área y permitió que Roger Milla, camerunés de 38 años, disfrutara de una magnífica prejubilación.

En la eliminatoria a Estados Unidos 94 ganaron como hacen los desadaptados, con una originalidad que no existe donde el triunfo es una costumbre. En el Monumental de River derrotaron 0-5 a Argentina y fueron aclamados por los rivales.

Con sus melenas rizadas y sus barbas hirsutas, parecían bucaneros en busca de buen ron. El presidente Gaviria los seguía a todas partes para mostrar que su país era algo más que narcotráfico; el pasaporte más inspeccionado del siglo XX se había vuelto carismático.

No le faltó fantasía a esa selección: le sobró realidad. Otros capos imitaron a Escobar: el Mexicano se adueñó del equipo Millonarios y Miguel Rodríguez del América de Cali. El blanqueo de dinero y las apuestas acompañaron los triunfos colombianos.

En vísperas del Mundial, el hijo de tres años de un jugador fue secuestrado. Eso anunciaba lo trágico que sería el campeonato. Contra Rumania, el portero suplente se comió un gol lanzado por Hagi a 35 metros de distancia y el partido terminó 1-3; el futuro se decidiría ante Estados Unidos. Pocas veces un partido se ha disputado con mayor tensión. Maturana tardó en alcanzar a sus jugadores en el vestidor: cuando lo hizo, llegó llorando. Había recibido amenazas de muerte y le exigían que retirara a un jugador. Obedeció, seguro del riesgo que corrían.

No se disputaba un partido sino un juicio. El marcador representaba una sentencia. El impecable Andrés Escobar se barrió con precipitación y produjo un autogol. No olvidaremos su mirada al ponerse de pie: la mirada del condenado.

En Medellín quiso dar la cara ante su gente y trató de hacer su vida habitual. Fue ultimado afuera de una discoteca. Una chica lo acompañó al hospital, le sostuvo la mano y le habló con afecto. El Caballero fingió escucharla, demostrando que los héroes colombianos triunfan en la imaginación.

## Infarto

Nada tan difícil de entender como el corazón. Lo saben los cardiólogos, lo saben los poetas. Los latidos miden el tiempo pero no se miden a sí mismos. Esta incertidumbre esencial cobró imborrable dramatismo en agosto de 2007 con la muerte de Antonio Puerta, futbolista del Sevilla.

Que un hombre de veintidós años se derrumbe en el césped sin aviso ni causa aparente revela la precariedad de todo destino. Que lo haga mientras ejerce la felicidad en el equipo que acaba de alzar la Supercopa española, recuerda que toda dicha llega en compañía de un posible revés, la ceniza que aguarda su momento.

Hoy en día, un deportista se acerca más a un mártir del castigo físico que a un emblema del bienestar. Una vez retirados, los atletas padecen molestias desconocidas por quienes no se ganan la vida entre codazos.

En las noches posteriores a un partido, un basquetbolista cena con bolsas de hielo en las rodillas. En el caso de un futbolista, el hielo suele estar en los tobillos.

La medicina deportiva prepara cocteles energéticos que rozan el dopaje. Quien usa su cuerpo para competir, cede con facilidad a las supersticiones terapéuticas: el delantero que falla tres goles cantados decide centrifugarse la sangre. Podemos recordar la mirada borrosa de Ronaldo en la final de Francia 98, inyectado para jugar en condiciones indignas para un caballo de carreras.

La vida breve de los atletas y el excesivo dinero que reciben parecen justificar el exceso físico. Cada vez se disputan más torneos y los entrenadores buscan estrategias para servirse de sus *cracks* sin destruirlos de un día para otro. El tema del momento son las rotaciones, que permiten que no siempre jueguen los mismos. Sin embargo, eso atenta contra la psicología de quien vive en estado de competencia. Si el equipo juega tres veces a la semana, el futbolista de raza quiere estar en ellos.

¿El infarto sufrido por Puerta se debió a una exigencia inmoderada? Las especulaciones son difusas porque el corazón no siempre se delata. Puerta se sometió a exigentes exámenes días antes de fallecer y recorría el campo con la ostensible autoridad de un atleta en forma. Una vez que se derrumbó, recibió las mejores atenciones y contó con todo el apoyo necesario en el hospital Virgen del Rocío. Su caso no apunta a un problema que pasó inadvertido, sino a un oficio que presiona al organismo sin que eso parezca un problema. El entrenamiento es un desgaste que no se nota.

En su eufónica sencillez, el nombre de Antonio Puerta representaba a un ídolo del pueblo. Su vinculación con el Sevilla es difícil de encontrar en tiempos de fichajes planetarios. El dolor que suscitó su muerte y las escenas de llanto en las calles hicieron pensar en las procesiones de Semana Santa, y en especial en el episodio de la Soledad de la Virgen, cuando la ciudad sabe que el hijo se ha perdido.

El 16 que el lateral llevaba en la espalda se ha convertido en talismán casi religioso. La puerta 16 del estadio Sánchez-Pizjuán es ya un santuario repleto de velas y numerosos aficionados del Betis, eternos rivales del Sevilla, se pintaron el número 16 en sus camisetas verdiblancas. Conmovedoras como son, estas pruebas de respeto al adversario revelan que se necesita una desgracia para sacudir la primitiva animosidad de las canchas.

La tragedia de Puerta trajo a la memoria similitudes que desafían el entendimiento. En 1973 Pedro Berruezo cayó en el campo como alcanzado por una centella. También jugaba en el Sevilla, también esperaba un hijo, también había sufrido desmayos previos; 34 años después la escena se repitió. A veces las estadísticas sólo ocurren para confundirnos.

Otra cosa que escapa a la razón es lo que un equipo le debe a quienes ya no juegan en él. De pronto, una escuadra que pasa por magnífico momento va a un estadio en el que pierde porque hace 24 años que siempre pierde ahí. ¿Cómo es posible que se cumpla ese conjuro? Futbolistas que no habían nacido cuando ocurrió la primera derrota se comportan como si no fueran ellos quienes disputaran el balón. El cronista brasileño Nelson Rodrigues supo entender esta extraña circunstancia: la muerte no exime a nadie de sus responsabilidades con el club. Los once jugadores y el público en las gradas representan una minoría en comparación con los espectros que asisten al partido. Ahí están todos los que alguna vez jugaron y gritaron en su nombre: un equipo es tan grande como sus fantasmas.

Al conquistar la Supercopa, el Sevilla comprobó que su superioridad depende de la unión y el trabajo de conjunto. En los grandes días, demuestra que sus muertos también juegan.

Antonio Puerta tiene la pelota.

# Diatriba contra Cristiano Ronaldo

En nuestra época, dominada por neurosis y suspicacias, entendemos la diatriba como el arte de despotricar. En su origen, el género pretendía ofrecer una lección moral, desprovista de ánimo agresivo; así lo ejercieron Epicteto, Cicerón y Séneca, cuyas denuncias no se dejaban tocar por las injurias.

Cristiano Ronaldo recibe insultos en todos los estadios que visita. ¿Es posible asestarle una diatriba filosófica? Criticar a quien ha ganado el Balón de Oro con dos equipos diferentes resulta fascinante porque es fácil errar el tiro. Su aspecto, su salario y su carácter pueden nublar la razón y elevar la bilirrubina. Tanto él como su novia rusa se han encargado de recordarnos que su apostura causa envidia.

Estamos ante un caso de narcisismo altamente productivo. Cuando se dispone a cobrar un tiro libre, el delantero da pasos con teatral escuela; así sabemos que prepara algo inaudito; luego se detiene con las piernas abiertas en compás, como una estatua de sí mismo, en una pose que se le olvidó ensayar a Apolo. ¿Sirve esto para chutar mejor? Desde luego: Narciso se concentra llamando la atención.

El apodo de CR7 sugiere que estamos ante alguien ajeno a la condición humana: un *cyborg* o un arcángel, una criatura que se depila de modo diferente.

Sus gestos pueden ser chocantes pero eso importa poco. En la cultura de masas la vanidad funciona. Si Mick Jagger fuera humilde, los Stones tocarían en un garaje.

Quienes han tratado de cerca a Cristiano aseguran que se trata de un ser compasivo y algo ingenuo, cuyo único interés es el juego. La verdad sea dicha, poco importa que se adore en el espejo o dedique su tiempo libre a acariciar cachorros. Juzguemos al personaje por sus aventuras en el césped.

Ningún futbolista contemporáneo tiene el mismo potencial atlético. La televisión es esclava de la pelota y sólo muestra una zona del partido; esto nos priva de ver los largos recorridos que algunos jugadores hacen para desmarcarse o recuperar balones. Cristiano avanza con sostenida velocidad, aquilatando los consejos que Usain Bolt le dio en Inglaterra. Su potencia para rematar al arco de pierna o de cabeza recuerda a Batistuta o Bierhoff. Además, corre con el balón dominado y hace una pausa repentina, demostrándole a su perseguidor que las consecuencias del regate se pagan con el ortopedista.

Todo esto lo convierte en lo que la lengua alemana, tan afecta a la exactitud, denomina un *Kraftpaket*, un condensado de energía. Juzgado con criterio olímpico, CR7 merece medalla de oro. Pero el futbol es mucho más que un deporte. Su grandeza está más allá de la condición física: la picardía no se obtiene en un gimnasio.

Estamos ante el arte que perfeccionaron los pies torcidos de Garrincha, la baja estatura de Lionel Messi, el sobrepeso de Ronaldo, la mala vista de Tostão, la inmovilidad de Dino Zoff. Sus grandes virtudes escapan a todo sistema de medida. ¿Cómo cuantificar las fintas, la intuición, el pase al hueco, la sangre fría, la colocación, la certeza de lo que hará el otro?

Cristiano entiende el futbol como un deporte de alto rendimiento donde los récords personales sustituyen al embrujo. Incapaz de identificarse con jugador alguno, se refleja en el objeto del deseo: el balón. Cruyff enseñó que lo que se debe mover en un partido es la pelota. CR7 trata de revertir esta certeza para ser más visto y codiciado que el esférico.

Olvida que participa en una de las más extrañas variantes de la vida en común. En un mundo donde las familias son disfuncionales y las juntas de vecinos revelan la rareza de nuestros congéneres, el futbol propone la inaudita convivencia de once jugadores.

Cristiano participa como un entenado de prestigio, alguien que destaca en una familia que no es la suya. Se ha vuelto famoso por no celebrar los goles en los que no interviene; sus logros individuales están por encima del grupo. No en balde sus compañeros del Real Madrid lo rebautizaron como Ansias. Su sed de triunfo comienza y acaba en sí mismo.

En la temporada 2011-2012 fue nominado al Balón de Oro. Florentino Pérez no asistió al acto en Montecarlo; en cambio, ahí estaba

Sandro Rosell, presidente del Barcelona. El trofeo se lo llevó Messi: Cristiano se sintió menospreciado. En su siguiente partido, contra el Granada, anotó dos goles y no los festejó. Cuando le preguntaron por qué había mostrado esa apatía, dijo estar triste «por razones profesionales».

Un futbolista estelar gana millones de euros. Parte de esa fortuna está destinada a garantizar su felicidad pública: ha sido contratado para transmitir alegría. Anotar y poner cara de «huele a podrido» es tan anticlimático como insultar al público al recibir una ovación. Todo mundo tiene derecho a deprimirse, pero Cristiano lo hizo como una afrenta laboral. No se preocupaba por una derrota de su club, sino porque la UEFA y su presidente no lo valoraban como quería.

Al llegar al Real Madrid, el entrenador más sibilino de todos los tiempos, José Mourinho, armó un equipo en el que privilegiaba a los jugadores representados por su agente, José Mendes. Nunca un promotor ha tenido tanto peso dentro de una entidad deportiva. Para perfeccionar la tensión entre sus jugadores y reforzar su autoridad a través del miedo, cada cierto tiempo Mou el Terrible criticaba en público a sus favoritos o los dejaba fuera de la alineación. Cuando el turno de maltrato le llegó a Cristiano, el portugués pateó los muebles del vestidor. Sergio Ramos e Iker Casillas le ofrecieron su apoyo; los capitanes del equipo habían tenido el valor de enfrentarse al tirano. ¿Qué hizo el Apolo de Chamartín? Habló con su agente y le pidió que lo defendiera ante Mourinho. Mendes negoció protección y el asunto quedó resuelto (para Cristiano, no para el grupo).

Cuando Marcelo se negó a firmar con Mendes, argumentando que su representante era como alguien de su familia, Cristiano le retiró la amistad que hasta entonces le profesaba y celebró en la prensa la costosa contratación de Coentrão, el peor jugador del Mourinhato, que competiría con Marcelo.

Los intereses de CR7 rara vez tienen una condición gregaria. Dependiendo del entrenador, esto se mitiga o empeora. Quien desee conocer más detalles de la negra historia de Mourinho en el equipo blanco puede consultar *Prepárense para perder*, de Diego Torres.

El Ansias es un portento individualista y favorece estrategias ajenas al juego de conjunto. El peligro que genera en descolgadas o jugadas de táctica fija permite prescindir del dominio del balón; como los superhéroes, gana la guerra solo.

En 2014 recibió su segundo Balón de Oro y sorprendió al planeta con lágrimas de gratitud. El gesto lo humanizó, pero se conmovía por un logro personal.

Cuando Eric Cantona escogió como la mejor jugada de su vida un pase de gol, enfatizó la relación con los demás. Incluso los prodigios más caprichosos requieren de los otros. La carrera de Maradona en el Mundial de México, sorteando súbditos de la Corona inglesa, fue posible porque a su lado corría un eminente fantasma, Jorge Valdano, que en algún momento podía recibir la pelota y debía ser marcado.

Criticar la apariencia, el carácter, el club o el dinero de Cristiano es una forma vulgar de la diatriba. El formidable atleta portugués nos desafía a alcanzar un modo más complejo del repudio. Llegamos a un punto decisivo: ningún futbolista mejora en su compañía. Egoísta en grado sumo, ignora la noción de dupla: Careca se superó con Maradona y Rivelino con Pelé. «Clodoaldo, rima de Everaldo», escribió Vinicius de Moraes, subrayando el valor asociativo del juego.

La gran paradoja es que el futbolista que más se ha beneficiado de sus esfuerzos es un competidor: Lionel Messi. La competitividad a ultranza de un solo jugador estimula al rival que le disputa records individuales.

El perfeccionamiento físico de Cristiano refleja su soledad en el campo. Los grandes hechiceros tienen cómplices y le sacan provecho a sus defectos.

La Estatua de la Libertad muestra los versos de Emma Lazarus para dar la bienvenida a gente sin otro capital que su esperanza:

*Dadme a los que están cansados, los que son pobres,*
*Vuestras masas amontonadas sedientas de aire puro,*
*Los desechos miserables de vuestra tierra superpoblada.*
*Enviadme a esos sin patria que la tormenta tambalea,*
*Yo levanto mi antorcha junto a la puerta de oro...*

Los egresados de los potreros donde bota el balón no son muy distintos. Democrático en grado extremo, el futbol se inventó para superar la tiranía atlética y darle una oportunidad a los que patean descalzos y superan sus limitaciones con ingenio.

Los parias que colonizaron esa tierra se llaman Maradona, Di Stéfano, Puskás, Cruyff, Pelé... Ninguno de esos extravagantes dependió de su fuerza o su velocidad y todos hicieron mejores a los suyos.

En un oficio que autoriza a ejercer la magia, Cristiano Ronaldo sólo practica un deporte.

# La decena mágica

El número 10 resulta clave para una especie que cuenta con los dedos. El sistema decimal permite medir el tiempo con las manos.

De manera lógica, la más redonda de las cifras prestigia al artífice del futbol, el mariscal de campo que decide la estrategia.

Aunque el 10 oficia fundamentalmente de media cancha hacia arriba, su magnetismo se percibe en el terreno entero.

Salvo casos como los de Messi o Pelé, sus goles no son tan frecuentes como los de un centro delantero, pero suelen tener mayor recorrido en el espacio y en el tiempo. Rememoramos con más exactitud una jugada compleja que un remate de lumbre.

El protagonismo del 10 es evidente pero su mayor virtud consiste en mejorar a los demás, que se esmeran por recibir sus pases. Si el rival anula a este estratega, el equipo sufre muerte cerebral. El verdadero sentido del número en su espalda consiste en indicar cuántos jugadores dependen de él.

Toda lista es arbitraria. En mi decena incluyo exclusivamente a futbolistas que vi en acción. Ha habido otros genios del medio campo, pero no muchos más.

Millones de pies han pateado la pelota. Sólo unos cuantos la han hechizado.

## Didí: el Fundador

El mejor jugador del Mundial de 1958 fue Waldyr Pereira, conocido como Didí y bautizado por el cronista y dramaturgo Nelson Rodrigues, máximo mitógrafo del futbol brasileño, como el Príncipe Etíope.

Al cobrar un penalti, corría rumbo al balón y se detenía un segundo antes de hacer contacto: esa pausa —la célebre *paradinha*— vencía al portero. Su otro truco era más difícil de imitar. En los tiros libres lanzaba la pelota muy alto, como si la portería estuviera en las gradas, pero la dotaba de efecto para que cayera con un vaivén incierto, al modo de una «hoja seca». Ese tiro anunciaba el otoño del portero.

Pocos jugadores han transmitido en la cancha la serenidad del Príncipe. Después de que Brasil anotó su primer gol en la final de Suecia, tomó el balón al fondo de las redes y caminó con él al centro del campo; lo hizo con toda calma, sugiriendo que el que se apresura pierde.

Cuando sus compañeros lo urgían a apurar jugadas, solía decirles: «Somos mejores que ellos, no hay que precipitarse». Convencido de que el tiempo beneficia a los mejores, jugó como si el reloj fuera una facultad mental.

Como tantos héroes, encontró la motivación en la desgracia. A los catorce años quedó en silla de ruedas por una riña y estuvieron a punto de amputarle una pierna. Decidió que si volvía a caminar, reinventaría el mundo con sus pies y lo haría sin preocupaciones, demostrando que no hay mayor virtuosismo que lo que parece sencillo.

Fue el mejor jugador en la historia del Fluminense y en 1950 anotó el primer gol en Maracaná. Con el Botafogo ganó el título en 1957 y cumplió la promesa de atravesar a pie Río de Janeiro; naturalmente, lo hizo con toda calma. «La puntualidad es la cortesía del Rey», dice el refrán. El Príncipe llega cuando lo juzga pertinente.

Didí volvió a ganar el Mundial en 1962 y se retiró en México, con los Tiburones Rojos del Veracruz.

Elegante y majestuoso, nos hizo creer que nadie podría imitarlo. En 1958 un joven talento declaró: «Yo no soy nada comparado con Didí. Nunca llegaré a los pies de Didí. Él es mi ídolo, mi referencia. Los primeros cromos que compré eran de él». ¿Quién era el novato de diecisiete años que idolatraba al Príncipe que jamás perdió la calma? Edson Arantes do Nascimento.


## Pelé: el Rey

Cuando Nelson Rodrigues vio jugar a Pelé, buscó un apodo para superar el que le asignó a Didí. El 25 de marzo de 1958 escribió que la realeza es un estado del alma. ¿Quién la tenía en la cancha? El cronista desvió su mirada impar hacia un adolescente que hizo una jugada de embrujo: «Para anotar un gol así no bastan dotes de futbolista. Se precisa algo más: esa confianza plena, esa certeza, ese optimismo que convierte a Pelé en un *crack* imbatible. Quiero creer que su mayor virtud es, justamente, la inmodestia absoluta. Está por encima de todo y de todos y acaba intimidando a la pelota misma». Rodrigues había visto al hombre que sería Rey.

La esclavitud se abolió en Brasil apenas en 1888. Edson Arantes pertenece a la tercera generación de negros libres y cambió la visión que un país tenía de sí mismo.

Cuando su padre lo sorprendió fumando en la adolescencia, le dijo: «No te conviene fumar si quieres ser futbolista profesional, pero si lo haces, aquí tienes dinero para comprar tabaco. No vayas pidiendo por ahí».

El Rey se comportó con la dignidad del que no debe pedir nada, comenzando por el dinero que le ofrecía su padre. No volvió a encender un cigarrillo, lo cual sorprendió al máximo juerguista que ha tenido el futbol, George Best: «¿Qué clase de rey eres tú, que ni bebes ni fumas?», le preguntó.

El futbol contemporáneo ha tenido una selecta aristocracia del empeine, pero sólo un monarca. Edson Arantes representa la perfección escénica. Incluso su manera de festejar los goles (con un salto elástico para latiguear el aire con el brazo) era un espectáculo. Ganó tres mundiales y logró más de mil anotaciones. Podía fintar a un defensa con el omóplato y superar por aire a un ruso de dos metros. Transformó la potencia física en una manera de llevar el ritmo. Tuvo la clase de Didí y el gusto por la velocidad de Jesse Owens.

Debutó a los quince años con el Santos y ejerció la excelencia durante dos décadas, imponiendo una soberanía irrepetible.

Además de los goles que convirtió, ensayó otros de delirio que no acabaron en la portería, pero que recordamos como piezas de arte por el arte.

## Bobby Charlton: el Resucitado

La nación de Shakespeare merecía un fantasma que ajustara cuentas con el destino. En 1958, el avión en que viajaba el Manchester United se vino abajo: ocho jugadores murieron. Bobby Charlton sobrevivió para recorrer la cancha con la sutileza de quien ha hecho pretemporada en el más allá.

Sus diagonales determinaron el estilo del futbol inglés, que hasta hoy domina la *Premier League*. No le mandaba el pase al jugador, sino al hueco al que debía llegar.

Sus goles parecían un acto de nobleza. El portero los recibía con el asombro del espadachín que cae admirando a su verdugo.

Es el máximo anotador en la historia de la selección inglesa y del Manchester United. Conquistó el Mundial en 1966 y fue nombrado sir, título que ya tenía en el césped.

En parte, a él se debe la invención de las tarjetas arbitrales. Durante el partido entre Argentina e Inglaterra en el Estadio de Wembley, el árbitro alemán Rudolf Kreitlein expulsó a Antonio Rattín, capitán albiceleste, por un enredo lingüístico (el argentino pedía un intérprete y el alemán pensó que lo insultaba). En ese mismo partido amonestó a Charlton, quien no se dio por enterado («para obedecer, primero hay que entender», diría después). El mariscal de campo de Inglaterra trató con desdén al árbitro que favorecía con descaro a su equipo. Avergonzado de esa ayuda no deseada, ignoró al silbante.

Al término de aquel confuso partido, el árbitro asistente, Ken Aston, repasó lo ocurrido en el camino a su casa. No era posible que el árbitro regañara a Charlton sin justificarse ante el estadio. Entonces tuvo la idea de notificar a los jugadores con tarjetas sobre su situación en el campo (el recurso se estrenaría en el siguiente Mundial, México 70).

Fiel a su idea de que el futbol es una forma de la estética, Charlton bautizó al estadio Old Trafford como el Teatro de los Sueños.

La acotación más célebre de la dramaturgia inglesa sucede en *Hamlet*: «Entra el fantasma». Los ochos que murieron en el desastre aéreo fueron vengados por un hombre pálido, capaz de regresar de la tierra de la que no hay retorno para demostrar que el hombre está hecho de la materia de los sueños.

## Overath: el Piloto

Aunque Lothar Matthäus participó en cinco mundiales (único jugador de campo que lo ha logrado), no tuvo la clase ni el carácter solidario de Wolfgang Overath, volante de pasiones firmes que sólo jugó para el Köln y la Alemania de Beckenbauer.

En *El hombre sin atributos*, Robert Musil comenta que Austria desarrolló la mejor burocracia del mundo; esto trajo un sistema de valoración que evita las sorpresas. En el imperio Austro-Húngaro resultaba muy difícil que un cretino fuera tomado por un genio, pero era muy fácil que un genio fuera confundido con un cretino.

En ocasiones los analistas del futbol proceden de ese modo. Saben descartar a los jugadores de evidente torpeza, pero les cuesta aquilatar la originalidad de un artista poco ostensible. Overath pertenece a la selecta categoría de los retóricos que no subrayan sus frases célebres.

Fue la mente tranquila de una escuadra épica que durante ocho años monopolizó la taquicardia. Alemania disputó la final de Wembley en 1966, donde padeció el «gol fantasma»; el «juego del siglo» contra Italia en México 70, y alzó la copa en Alemania 74, después de perder ante la RDA.

En esa selección que se oponía al destino, Overath ordenó el juego con la zurda. Era un 10 rezagado y prudente. Si se aíslan sus jugadas, resulta imposible saber cómo va el marcador: en forma sosegada, busca el pase exacto. En el tiempo extra del partido contra Inglaterra, en México 70, tiene las calcetas bajas, única seña de que pasa algo extraordinario.

Günter Netzer desafió su titularidad y eso lo hizo mejor. Muy a la alemana, los rivales descubrieron que la competencia era una razón para ser amigos y exigirse más.

De 1966 a 1974 Alemania no se privó de ninguna turbulencia. Ese equipo tempestuoso fue posible porque Overath conocía la ruta.

## Cruyff: el Iluminado

La desmesurada nación que le ganó terreno al mar, produjo a un jugador tan raro que se le llamó «completo». El futbol requiere de especialistas, pero en el Ajax y en la Naranja Mecánica Cruyff aprendió a estar en cualquier sitio. El sistema de rotaciones creado por Rinus Michels exigía corredores de fondo que además dominaran la marca y el tiro al ángulo.

Cruyff ejerció la omnipresencia del «futbol total» pero fue estrafalario en todas partes, comenzando por el vestidor, donde comía un sándwich antes del partido y fumaba un cigarro en el medio tiempo. Fue el primer 10 al que el pelo largo le sentó de maravilla, promovió la libertad sexual en las concentraciones y descubrió que la ruta más corta entre dos puntos es el zigzag. No caracoleaba como Pelé: corría en breves y cambiantes diagonales sin perder la pelota.

Tres veces Balón de Oro, subcampeón del mundo en 1974, es considerado el mejor futbolista europeo de la historia.

Como entrenador del Barcelona, hizo suficientes declaraciones para saber que también sus neuronas se mueven en zigzag: «Si tienes la pelota, no es preciso que defiendas porque sólo hay una pelota»; «Si vas ganando 4-0, es mejor dar en el poste para que el público diga "uuuuhh"; «En España, todos los jugadores se persignan; si eso sirviera, sólo habría empates».

Cuando el joven Jorge Valdano discutió con él en un partido, le dijo: «Soy Johan Cruyff y en la cancha se me habla de usted».

Sólo permitió que la pelota le hablara de tú.

## Platini: el Arquitecto

Como Cruyff, Michel Platini fue tres veces Balón de Oro. Convencido de que sus dotes no eran muy versátiles, mandó construir una pared a la altura de los defensas para perfeccionar sus tiros mortales.

A un tiempo elegante y desgarbado, rara vez erraba un remate o un penalti. Fue campeón de goleo con el Juventus, mérito esquivo tomando en cuenta que en Italia superar a la defensa es tan difícil como saltarse la siesta.

En cada partido se colocaba en un sitio diferente. Cuando enfrentaba a una oncena con volantes poderosos, se retrasaba para enviar pases de cuarenta metros, saltando al medio campo. Cuando la presión de su equipo era abrumadora, se incrustaba como un segundo centro delantero para rematar de cabeza. Al modo de un arquitecto, estudiaba cada terreno para saber en qué sitio debía poner una escalera.

Su inteligencia y su carisma lo convirtieron en líder de la selección francesa en los años ochenta. Amante de las soluciones prácticas, simplificaba los milagros. Cuando anotó tres goles en la Eurocopa, declaró: «Fue sencillo: hice uno con la izquierda, otro con la derecha y otro con la cabeza».

Sus respuestas verbales eran tan rápidas como sus pases. En una ocasión un aficionado lo encontró fumando en un café de Turín. Se sorprendió de que un atleta de alto rendimiento se relajara de ese modo, y se lo dijo. Con notable *savoir-faire*, el francés respondió: «Mientras Bonini no fume, todo está bien». Se refería a Massimo Bonini, conocido como el Maratonista, que recuperaba balones en cualquier parte del campo.

Nunca intentó lo que no sabía hacer. Sus virtudes provenían de evitar errores. Más cerca de la astucia que de la pasión, le sacó un rendimiento inaudito a sus cualidades. No es casual que al retirarse se convirtiera en el máximo político deportivo surgido de la cancha.

## Maradona: el Insurrecto

Ningún futbolista ha marcado tanta diferencia dentro del campo como Diego Armando Maradona. Criado en Villa Fiorito, llevó el barrio en el corazón para jugar como un extraterrestre.

Anotador del mejor gol legal y el mejor gol ilegal en la historia de los mundiales (ambos en México 86, ante Inglaterra), condujo a un equipo olvidado (el Nápoles) al *scudetto*. Arrogante y melodramático fuera de la cancha, recorrió el césped como un esclavo que desea liberar a los suyos. Ningún 10 ha sido tan emotivo ni ha llorado con mayor impacto público.

Su picardía para engañar contrarios se extendió a las frases que redondean su mitología: «La pelota no se mancha», «Fue la mano de Dios», «Me cortaron las piernas».

Rebelde de tiempo completo, se tatuó al Che en el cuerpo, se opuso a la FIFA, le habló a Dios como a un compañero de equipo (lo imagina en una especie de vestidor celestial y lo llama el Barbas), y una y otra vez admitió «haberla cagado».

Si un Mundial dependió de una persona, ese fue México 86. En México 70 Brasil podría haber ganado sin Pelé, quien nunca fue capitán del equipo ni cobrador oficial de los penaltis, pero sólo Diego podía elevar a sus compañeros a la cima.

Fue el hombre más famosamente pateado del siglo XX pero es difícil verlo como mártir. En su caso, el riesgo es una segunda naturaleza. Ha hecho todo para aniquilarse, sin lograrlo nunca.

Los peligros que asumía en el césped se resolvían por el inaudito surtido de respuestas en su pie izquierdo. Fuera del estadio no pasó lo mismo.

En todos los frentes coqueteó con el acabamiento. Conducir un megacirco televisivo y dirigir a la selección argentina son lances tan arriesgados como la droga o las muchas calorías, pero el metabolismo de Maradona ha podido con todo.

Hizo tantas veces lo improbable con un balón en la cancha o con una mandarina en una fiesta que llegamos a sentir que eso podía ser lógico. No lo era.

Ser número 10 es ser un «Maradona»: el rumano Hagi fue «el Maradona de los Cárpatos», y el colombiano Valderrama, «el Pibe».

«MaraD10S» sólo hay uno.


## Baggio: *el Fantasista*

Italia ama el juego seguro y considera que sólo uno de los once tiene derecho a la imaginación. Como el Papa, el «fantasista» carece de socio.

En México 70, Gianni Rivera jugaba un tiempo y Sandro Mazzola el otro; no alineaban juntos para no caer en pecado de creatividad.

De Giuseppe Meazza a Andrea Pirlo, Italia ha dependido del Leonardo da Vinci de turno que inventa maravillas. El más vistoso de ellos ha sido Roberto Baggio, enamorado del *dribbling* que sólo se daba por satisfecho al sortear a toda la defensa, superar la salida del portero y cambiar el balón de pie para empujarlo con desdén a las redes.

Su puntería era tan exacta que lo llevó a realizar una proeza tan inútil como inolvidable. Según la leyenda, durante un entrenamiento alguien remojó un balón en un bote de pintura y le pidió a Baggio que disparara al larguero. Con implacable destreza, el Divino pintó el travesaño a balonazos.

Balón de Oro en 1993 y subcampeón mundial en 1994, deslumbró en numerosos equipos italianos, demostrando que su talento podía florecer en cualquier parte porque estaba al margen de los demás.

Esto lleva a reflexionar sobre la función del individualismo en la liga italiana. El «fantasista» no es el apóstata que se aleja de su grey; es el único autorizado para ejercer la magia. Su condición es cercana a la del sacerdote que habla con Dios antes que los demás.

En su último lance en Estados Unidos 94 falló un penalti capital. Cuatro años después, en su primer partido en Francia 98, anotó un penalti con la presencia de ánimo de quien nunca ha fallado nada.

Convertido al budismo, sorteó patadas con prestancia revelando que el ataque puede ser una forma de la meditación.


## Zinedine Zidane: *el Místico*

Con el cráneo rapado como un monje zen y cuerpo de gladiador, Zinedine Zidane demostró que todas las jugadas se hacen con la cabeza.

Su capacidad de concentración le permitió ser el hombre de la circunstancia que anotó un penalti de oro en la semifinal de la Eurocopa, dos goles decisivos en la final de Francia 98, un golazo de volea en la final de la Copa Europea de Clubes y un penalti flotadito, al estilo Panenka, en la final de Alemania 2006.

Llevó a Francia a su más alto nivel (un campeonato del mundo y un subcampeonato) y a la Juventus y al Real Madrid a la cima de Europa.

Siempre en lucha con los nervios, demostró que la cabeza también se pierde. Fue justamente expulsado del Mundial de Francia por el árbitro mexicano Arturo Brizio y en su último lance profesional arremetió con la frente al italiano Materazzi, que puso en duda la honra de su familia.

La mayoría de los jugadores tratan de emular a los dioses del Olimpo. En la final de Berlín en 2006, Zidane le decía adiós al futbol; sus actos tenían ya un valor testamentario. Su última jugada no fue un lance en pos de la gloria: lo devolvió al barro común de los hombres.

Todos los grandes han tratado de ser Aquiles. Muy pocos han querido ser Héctor. Zizou aceptó la condena de ser hombre.

Introvertido, intenso, de mirada profunda, demostró que cada jugada tiene vida interior. Su misticismo no requiere de teología; pertenece al lote humano.

## Messi: el Genio

También los gigantes comienzan desde pequeños. Algunos son tan especiales que se ahorran la molestia de crecer y aun así revelan su excepcional estatura. Con un porte de 1.69, Lionel Messi supera a los demás.

A nivel de récords, será el 10 definitivo. Cuatro veces Balón de Oro, ha ganado todo con el Barça y es el máximo anotador en la historia del club.

Su estilo es tan parecido al de Maradona que logró calcar ante el Getafe el gol que Diego le marcó a Inglaterra.

Dueño de un insólito equilibrio, destronca defensas y culmina las jugadas con rara eficacia, a veces desde el suelo.

No busca faltas ni se tira a propósito. Tiene la ambición del novato que debuta. Su obsesiva manera de jugar es la del niño o el autista. También la del genio.

El heroísmo no tiene horarios de oficina; depende de momentos épicos. En la batalla de las Termópilas o la Copa del Mundo, hay que rendir. La única asignatura pendiente de Leo es triunfar con la selección mayor de Argentina (ya ganó un Mundial Sub-20 en 2005).

Aún no alza el trofeo decisivo, pero ha demostrado que un gigante puede ser talla S.

# San Mamés: réquiem por un estadio

Los coliseos romanos tuvieron que pasar por incendios y batallas para ser apreciados como maravillosas reliquias en las que se refugian los gatos. Sin padecer esos deterioros, San Mamés cumplió cien años perfeccionando la mitología hasta que en 2013 fue sustituido por otro estadio.

Sus gradas creaban la ilusión óptica de que ahí jugaba un equipo inglés; el señorío y la sobriedad del edificio remitían a los fundadores del futbol organizado. Sin embargo, cuando las tribunas comenzaban a hervir con camisetas rojiblancas, no quedaba duda de que se defendía otra forma de la pasión. San Mamés albergó al equipo con la más sólida identidad de la Liga española, el único que sólo juega con gente de la comarca.

El espejismo de estar en un trozo de Inglaterra se desvanecía al primer alarido sin que se perdiera el mágico aire de época. Aquel estadio recordaba los tiempos nobles en que no se hablaba de dinero, los porteros usaban gorra y el balón era de cuero crudo.

No es extraño que el sitio recibiera un sobrenombre que le confería autoridad y convertía a otros campos en parroquias menores: La Catedral.

El Athletic ha tenido evangelistas de primera fila, como Santiago Segurola. A esa raza de testigos de la revelación pertenece Eduardo Rodrigálvez, que ha sabido contar la relación del estadio con el santoral: «San Mamés era un santo poco conocido, con poco lustre en la hornacina religiosa, apenas reservado al sentimiento de sacerdotes y beatas de un Bilbao entonces santurrón y gris. Poca gente o nadie se llamaba Mamés en honor al santo aunque hubiera Petronilas o Poncianos que no renegaban de su carné de identidad. Pero comoquiera que el santo estaba allí al lado y había sido indultado por los leones que debían devorarlo, San Mamés se convirtió en santo y seña de identidad transformando el campo en un altar y al equipo en un grupo de leones tan fieros como educados, capaces de devorar al rival o de indultarlo cuando deleitaba al respetuoso respetable».

En señal de fortaleza y templanza, el equipo eligió como mascota a la fiera que sabe perdonar.

En un acto quizá profanatorio, pisé el césped sagrado y me senté en el banquillo del entrenador. Me llevé una sorpresa esencial: desde esa perspectiva, la cancha era ligeramente curva. A ras del suelo, el técnico contemplaba la superficie de la Tierra.

La pródiga historia del estadio fue escrita por los futbolistas pero también por los hinchas. La cercanía de las gradas convirtió la épica en un asunto íntimo: en San Mamés los jugadores oían los gritos con la piel.

Acaso el mejor aficionado de este estadio ha sido el clima; pocos lugares mejoran tanto con la lluvia. Al respecto escribe Andoni Zubizarreta, que pertenece a la señorial estirpe de arqueros vascos: «Yo diría que hasta la lluvia es diferente en San Mamés. No sé, más fría, más intensa, más mojada, más lluvia. Cuando nos concentrábamos en las instalaciones de Lezama y, tras la siesta nerviosa de antes de un partido, veía que las gotas mojaban los cristales de nuestra habitación, siempre creía que aquello que luego jugaríamos iba a acabar bien». Se necesita ser portero del Athletic para considerar que la pelota se empapa en tu favor.

San Mamés ha sido la única Catedral donde la pila bautismal está en el cielo, el lugar donde se moja la lluvia.

Para la afición mexicana, el País Vasco es la patria de Isidro Lángara. Aquel astro de leyenda llegó en los años duros de la guerra civil en compañía de la selección vasca y se quedó entre nosotros para reinventar el arte de chutar al ángulo y sortear defensas con tal picardía que su apellido pasó al lenguaje popular: alguien que superaba obstáculos en forma imprevista era conocido como «un lángara». El adjetivo ha caído en desuso pero fue inmortalizado en novelas como *La muerte de Artemio Cruz*, de Carlos Fuentes, y *José Trigo*, de Fernando del Paso.

Ya mencionamos a Zubizarreta. San Mamés se asocia con los grandes arqueros. En enero de 2012 tuve la fortuna de ver un partido en el palco de la directiva; dos asientos atrás de mí estaba José Ángel Iribar.

Un mes más tarde, el legendario guardameta del Athletic y la selección española visitaría en Rusia la tumba de Lev Yashin, único guardameta que ha conquistado el Balón de Oro.

«Vine aquí en nombre de todos los porteros», diría entonces, con la sencillez con se refiere a las proezas de los solitarios del futbol.

Recorté una foto de ese momento: Iribar limpiando la nieve con su guante en la tumba de Yashin. La imagen rebasa el interés deportivo porque condensa el respeto por un oficio: la mano que detuvo balones envenenados despeja la lápida de la Araña Negra. El gesto es tan entrañable como el del respetuoso Bobby Moore, capitán de la selección inglesa en 1966, cuando se limpió las manos en la camiseta antes de alzar la Copa Jules Rimet, mostrando que un trofeo está por encima de quienes lo reciben.

La dignidad de una profesión se comprueba cuando un colega celebra a otro. Recuerdo una espléndida conferencia de Alain Robbe-Grillet en el Instituto Francés de Barcelona, ante una veintena de asistentes. Javier Aparicio Maydeu, quien fungía de moderador, le preguntó acerca de *La invención de Morel*, novela que influyó en el guion de la película *El año pasado en Marienbad*, que Robbe-Grillet escribió para Alain Resnais. En vez de comentar la obra de Bioy Casares, el novelista francés decidió contarla: la asombrosa trama de un fugitivo que llega a una isla desierta habitada por hologramas, donde se enamora de la esquiva Faustine, llegó a nosotros como un inquietante espectro. Robbe-Grillet calcaba a su colega con admirada precisión.

Nadie ha rendido mejor homenaje a Iribar que otro portero: Andoni Zubizarreta. En el libro *Cultura(s) del fútbol*, compilado por Luis V. Solar y Galder Reguera, el exportero del Barça cuenta que de niño no iba a San Mamés. En su pueblo, Aretxabaleta, imaginaba las paradas del héroe que no había visto: «En mi mente anidaba la imagen del Iribar soñado a quien ansiaba emular». Ningún guardameta ha jugado mejor que Iribar imaginado por Zubizarreta.

Cada genio emula a un fantasma. Iríbar limpiando la nieve en la lápida de Yashin, Robbe-Grillet hablando por Bioy Casares y la ilusión de Zubi de ser como el Chopo Iribar pertenecen a la misma serie; quien logra algo, honra a un espectro.

Como Lángara, el número 1 del Athletic pasó al lenguaje popular: jugar de *chopo* en el País Vasco significa ser portero.

Seguí a José Ángel Iribar desde mi país mediante los reportajes en tinta sepia de la prensa y las filmaciones que lo mostraban como alguien elegante, serio, siempre concentrado: un hombre seguro. El primero de la tribu. El que da confianza.

No lo vi custodiar los tres postes en un estadio. El destino me hizo encontrarlo en un palco, la Siberia de los héroes. Entonces se produjo un milagro.

En enero de 2012 el Athletic enfrentó al Mallorca. Yo estaba en San Mamés con Iribar a mis espaldas; entendí, sin merecerlo, lo que tantos otros antes que yo. Frente a mí estaba la renovada maravilla del futbol. Atrás estaba el guardameta de leyenda.

Nunca un juego fue tan singular y nunca me sentí tan seguro.

# Despedida

El futbol depende del tiempo, los noventa minutos del partido y los que regala o inventa el árbitro, la duración de la temporada, los mundiales, la Champions. Fechas, cronologías, momentos que ordenan nuestras vidas.

También los libros se terminan, con la diferencia de que no se sabe si habrá otro.

Concluyo este viaje con una anécdota de clausura. Durante el Mundial de Alemania 2006 hice comentarios para la televisión mexicana. Nos instalamos en las afueras de Múnich, donde se encuentra el principal centro de transmisiones de Alemania.

Después de cubrir la final en el Estadio Olímpico de Berlín, regresamos en un vuelo chárter para hacer los últimos comentarios en la madrugada europea, diez de la noche en México.

A eso de las siete de la mañana salí del estudio. Los pasillos que habían estado atiborrados de gente eran recorridos por empleados que enrollaban alfombras y desmontaban mamparas. Un aire de mudanza y cosas acabadas.

No había dormido en toda la noche pero tenía una extraña sensación de recompensa, la de haber superado un trabajo en un medio que no es el mío. Alemania 2006 comenzaba a ser una forma del recuerdo, aunque todavía me quedaba un día en el país.

Fui a la parada de los camiones pensando en los pendientes de última hora, los regalos para mis hijos, el museo que aún no visitaba.

Un autobús se detuvo frente a mí sin que yo le hiciera la parada. Vi el letrero que llevaba al frente: no era mi ruta.

El conductor abrió la puerta y preguntó:

—¿Adónde va?

Era un árabe que hablaba alemán con fuerte acento. Su autobús estaba completamente vacío.

Dije el nombre de mi hotel.

—Yo lo llevo.

Como buen alumno del Colegio Alemán, aclaré que mi hotel estaba fuera de su ruta.

—No importa.

Subí a bordo.

—¿Qué le pareció el Mundial? —preguntó.

El futbol provoca muchas cosas, entre otras, que en el país más disciplinado de la Tierra un camión abandone su trayectoria para que un árabe le haga un favor a un mexicano mientras hablan de jugadores.

No siempre es malo que las cosas se terminen: la Odisea sirve para volver a casa.

**Planeta**

**España**
Av. Diagonal, 662-664
08034 Barcelona (España)
Tel. (34) 93 492 80 36
Fax (34) 93 496 70 58
Mail: info@planetaint.com
www.planeta.es
www.planetadelibros.com

**Argentina**
Av. Independencia, 1668
C1100 ABQ Buenos Aires
(Argentina)
Tel. (5411) 4382 40 43/45
Fax (5411) 4383 37 93
Mail: info@eplaneta.com.ar
www.editorialplaneta.com.ar

**Brasil**
Rua Ministro Rocha Azevedo, 346 -
8º andar
Bairro Cerqueira César
01410-000 São Paulo, SP (Brasil)
Tel. (5511) 3088 25 88
Fax (5511) 3898 20 39
Mail: info@editoraplaneta.com.br

**Chile**
Av. 11 de Septiembre, 2353,
piso 16
Torre San Ramón, Providencia
Santiago (Chile)
Tel. (562) 652 29 00
Fax (562) 652 29 12
Mail: info@planeta.cl
www.editorialplaneta.cl

**Colombia**
Calle 73, 7-60, pisos 7 al 11
Santafé de Bogotá, D.C.
(Colombia)
Tel. (571) 607 99 97
Fax (571) 607 99 76
Mail: info@planeta.com.co
www.editorialplaneta.com.co

**Ecuador**
Whymper, 27-166 y Av. Orellana
Quito (Ecuador)
Tel. (5932) 290 89 99
Fax (5932) 250 72 34
Mail: planeta@access.net.ec
www.editorialplaneta.com.ec

**Estados Unidos y Centroamérica**
2057 NW 87th Avenue
33172 Miami, Florida (USA)
Tel. (1305) 470 0016
Fax (1305) 470 62 67
Mail: infosales@planetapublishing.com
www.planeta.es

**México**
Presidente Masaryk 111, 2º piso
Col. Chapultepec Morales
Deleg. Miguel Hidalgo
11570 México, D.F.
Tel. (52 55) 3000 6200
Fax (52 55) 3000 6257
Mail: info@planeta.com.mx
www.editorialplaneta.com.mx
www.planeta.com.mx

**Perú**
Grupo Editor
Jirón Talara, 223
Jesús María, Lima (Perú)
Tel. (511) 424 56 57
Fax (511) 424 51 49
www.editorialplaneta.com.co

**Portugal**
Publicações Dom Quixote
Rua Ivone Silva, 6, 2.º
1050-124 Lisboa (Portugal)
Tel. (351) 21 120 90 00
Fax (351) 21 120 90 39
Mail: editorial@dquixote.pt
www.dquixote.pt

**Uruguay**
Cuareim, 1647
11100 Montevideo (Uruguay)
Tel. (5982) 901 40 26
Fax (5982) 902 25 50
Mail: info@planeta.com.uy
www.editorialplaneta.com.uy

**Venezuela**
Calle Madrid, entre New York y Trinidad
Quinta Toscanella
Las Mercedes, Caracas (Venezuela)
Tel. (58212) 991 33 38
Fax (58212) 991 37 92
Mail: info@planeta.com.ve
www.editorialplaneta.com.ve

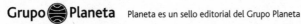 **Grupo Planeta**   Planeta es un sello editorial del Grupo Planeta